西藏自治区养老和儿童福利机构地方标准汇编

（上册）

西藏自治区民政厅
中国标准化研究院　编

中国质量标准出版传媒有限公司
中国标准出版社

北京

图书在版编目(CIP)数据

西藏自治区养老和儿童福利机构地方标准汇编.上册/西藏自治区民政厅,中国标准化研究院编.—北京:中国标准出版社,2020.12

ISBN 978-7-5066-9820-7

Ⅰ.①西… Ⅱ.①中… Ⅲ.①养老院—标准化管理—地方标准—汇编—西藏②儿童福利—组织机构—标准化管理—地方标准—汇编—西藏 Ⅳ.①D669.6-65 ②D632.1-65

中国版本图书馆 CIP 数据核字(2021)第 105669 号

中国质量标准出版传媒有限公司
中　国　标　准　出　版　社 出版发行

北京市朝阳区和平里西街甲 2 号(100029)

北京市西城区三里河北街 16 号(100045)

网址 www.spc.net.cn

总编室:(010)68533533　发行中心:(010)51780238

读者服务部:(010)68523946

中国标准出版社秦皇岛印刷厂印刷

各地新华书店经销

*

开本 880×1230 1/16　印张 11.5　字数 348 千字

2021 年 12 月第一版　2021 年 12 月第一次印刷

*

定价 200.00 元(上、下册)

编委会名单

前　　言

党的十八大以来，以习近平同志为核心的党中央秉持以人民为中心的发展理念，把改善人民生活、增进人民福祉作为治国理政的出发点和落脚点。西藏自治区党委、政府紧紧围绕党的中心工作，立足西藏实际，全力保障和改善民生，“十二五”期间，全区共投入30多亿元，建设80个特困人员集中供养机构和10个儿童福利机构，在全国率先实现有意愿的特困老人全部集中供养和所有孤儿全部集中收养（以下简称“双集中”）的目标。

为切实做好特困人员集中供养机构和孤儿集中收养机构管理服务等工作，西藏自治区人民政府办公厅于2015年12月印发了《关于切实做好五保集中供养和孤儿集中收养有关工作的通知》（藏政办发〔2015〕96号），对双集中机构的机构设置、人员配备、经费保障、部门职责等作了具体的规定。在西藏自治区党委、政府的坚强领导下，各级各部门切实担负起特困人员集中供养和孤儿集中收养工作职责，建立健全“政府主导、民政主管、部门协作、社会参与”的工作机制，认真抓好各项工作落实，推动特困人员集中供养和孤儿集中收养工作持续、健康发展。

为向特困老人、孤儿提供安全舒适、标准规范的服务，西藏自治区民政厅从2018年开始，开展了养老机构、儿童福利机构标准化建设工作。在拉萨市、山南市试点的基础上，完成了全自治区养老机构标准化体系、儿童福利机构标准化体系建设框架主要内容设定；在西藏自治区财政厅、市场监督管理局等部门的大力支持下，委托中国标准化研究院，开展标准制定工作；经过历时近2年的调研、起草和专家评审，共制定西藏自治区养老机构管理服务18项地方标准、儿童福利机构管理服务20项地方标准，并于2020年7月发布。

《西藏自治区养老和儿童福利机构地方标准汇编》汇集了上述38项地方标准，分为上、下两册出版。本册为上册，收集了西藏自治区养老机构管理服务

18项地方标准，是西藏自治区正式发布的第一批养老机构地方标准，其中通用基础类标准1项、服务提供类标准7项、服务保障类标准9项、评价与改进类标准1项。相信通过标准的贯彻实施，有利于规范儿童福利机构的管理和服务行为，提升管理服务水平，推动儿童福利机构管理服务科学化、规范化、标准化，对促进西藏自治区儿童福利服务高质量发展具有重要意义。

由于标准的制定是一项周期性工作，同时随着我国经济社会进入新发展阶段，标准也会随着标准化对象、业务、技术和管理要求的变化而不断地更新、变化和完善。我们将在标准的实施过程中，加强对标准技术内容与实际工作符合性、衔接性的跟踪。同时，也希望各地在实施过程中，结合实际对标准提出改进意见和建议，以便我们对标准进一步修订完善。

编委会

2021年11月

目　　录

ICS 03.080.99
A 16

DB54

西 藏 自 治 区 地 方 标 准

DB54/T 0193—2020

养老机构标准体系建设指南

Guide for standard system construction of senior care organization

2020-07-21 发布 2020-08-19 实施

西藏自治区市场监督管理局 发布

前　言

本标准按照 GB/T 1.1—2009 给出的规则起草。

本标准由西藏自治区民政厅提出并归口。

本标准起草单位：中国标准化研究院、西藏自治区民政厅、拉萨市民政局、山南市民政局、西藏自治区标准化研究所。

本标准主要起草人：李文武、王志强、张莺、张剑、李坤威、魏利伟、白玛玉珍、刘文红、李彦鹏、次仁德吉、达娃次仁、石维彬、扎西央宗、贡桑卓玛。

养老机构标准体系建设指南

1 范围

本标准规定了养老机构标准体系建设的总体要求、建设原则、需求分析、标准体系结构、标准明细表、编制说明、标准体系运行、标准体系评价与改进等的内容和要求。

本标准适用于养老机构标准体系的建设。

2 规范性引用文件

下列文件对于本文件的应用是必不可少的。凡是注日期的引用文件，仅注日期的版本适用于本文件。凡是不注日期的引用文件，其最新版本(包括所有的修改单)适用于本文件。

GB/T 13016 标准体系构建原则和要求

GB/T 13017 企业标准体系表编制指南

GB/T 19273 企业标准化工作 评价与改进

GB/T 20000.1 标准化工作指南 第1部分:标准化和相关活动的通用术语

GB/T 24421.1 服务业组织标准化工作指南 第1部分:基本要求

GB/T 24421.4 服务业组织标准化工作指南 第4部分:标准实施及评价

GB/T 35778 企业标准化工作 指南

3 术语和定义

下列术语和定义适用于本文件。

3.1

标准 standard

通过标准化活动，按照规定的程序经协商一致制定，为各种活动或其结果提供规则、指南或特性，供共同使用和重复使用的文件。

注1：标准宜以科学、技术和经验的综合成果为基础。

注2：规定的程序指制定标准的机构颁布的标准制定程序。

注3：诸如国际标准、区域标准、国家标准等，由于它们可以公开获得以及必要时通过修正或修订保持与最新技术水平同步，因此它们被视为构成了公认的技术规则。其他层次上通过的标准，诸如专业协(学)会标准、企业标准等，在地域上可影响几个国家。

[GB/T 20000.1—2014,定义5.3]

3.2

标准体系 standard system

一定范围内的标准按其内在联系形成的科学的有机整体。

[GB/T 13016—2018,定义2.4]

3.3

标准体系表 diagram of standard system

一种标准体系模型，通常包括标准体系结构图、标准明细表，还可以包含标准统计表和编制说明。

[GB/T 13016—2018,定义2.6]

3.4

养老机构标准体系表　diagram of standard system for senior care organization

养老机构标准的一种体系模型，通常包括标准体系结构图、标准明细表。

4　总体要求

4.1　标准体系应遵循“PDCA”持续改进方法构建、运行、评价与改进。

4.2　标准体系应以机构发展战略为导向，根据对相关方的需求和期望、本机构标准化现状的分析，形成标准体系构建规划，确定标准化对象，设计标准体系结构。

4.3　标准体系应主题突出、目标明确、结构合理、层次清晰、相关联的标准协调，满足相关方需求。

4.4　标准体系内所有标准应边界清楚、接口顺畅，构成有机整体。

4.5　标准体系应适宜、有效。

4.6　标准体系表编制应符合 GB/T 13016 和 GB/T 13017 的要求。

4.7　养老机构可根据需求和内外部环境变化调整标准体系，结合本机构实际情况进行删减和扩充。

4.8　养老机构标准体系宜吸纳和提供其他管理体系所需的标准化文件，并与之相互协调、完整配套。

4.9　养老机构应建立健全以企业标准为主体的标准体系。

4.10　养老机构应定期开展标准体系评价工作，确保体系持续有效。

5　建设原则

5.1　需求主导与兼顾已有

5.1.1　标准体系建设应以养老机构和老年人的实际需求为导向，以达到标准化目标为目的。

5.1.2　养老机构应根据实际需求对本标准体系框架和标准明细表进行修改和完善。

5.2　层次适当与适度开放

5.2.1　养老机构标准体系表应从个性标准出发，提取共性要求作为上一层的共性标准，以利于一定范围内的统一。列入标准明细表内的每一项标准都应安排在恰当的层次上。为便于理解、减少复杂性，标准体系的层次不宜太多。

5.2.2　标准体系应是开放的，既应采纳本体系之外现有的相应标准，又应能适应环境变化和人们认识的深化而适时改进。

5.3　突出重点与适度超前

5.3.1　构建标准体系表时，应结合养老机构服务和管理重点，体现服务特色。

5.3.2　养老机构应根据养老服务发展的现状，结合本机构特点，采用成熟、可靠、高效的方法，按照适度超前原则，统筹各类标准的制定。

5.4　覆盖全面与有效实施

5.4.1　标准体系应覆盖养老服务和管理的环节和事项。纳入的所有标准，应包括现有的标准和需要制定的标准。标准体系与其他管理体系应有机融合。

5.4.2　标准体系中的标准应得到有效应用。

6　需求分析

6.1　养老机构应通过对相关方的需求和期望及本机构标准化现状进行分析，形成标准体系构建规划、标准化方针、目标，识别本机构适用的法律法规和指导标准的要求，构建标准体系。养老机构标准体系构建图见图1。

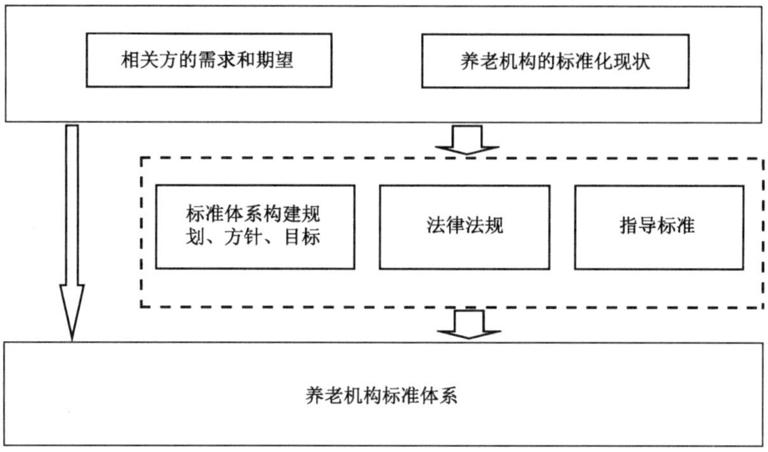

注：指导标准是企业不直接执行，而需将其全部或部分转化为企业标准体系中的标准，对企业标准体系有指导作用的标准。

图1 养老机构标准体系构建图

6.2 可按表1对相关方的需求和期望进行分解。

表1 相关方的需求和期望

相关方	需求和期望
服务对象	服务时间、服务质量、服务价格、服务交付……
服务业组织	服务提供能力、服务人员配置、服务环境、服务设施设备……
服务人员	人员资质、服务行为、服务技能、职业健康……
供方/合作伙伴	互利、连续性……
社会	社会责任、遵守法律法规、环境保护……

6.3 养老机构应在对相关方的需求和期望分解的基础上，识别相关方需求和期望的关键过程、资源和要素，确定本机构的标准化对象。

6.4 养老机构可按表2对标准化现状进行分析，作出标准体系建设的决定。

表2 标准化现状分析

<table>
<tr><th colspan="2">对象</th><th colspan="2">要素</th><th>结论</th></tr>
<tr><td colspan="2">养老机构</td><td colspan="2">养老机构与服务流程适宜性</td><td>优化组织机构或建立、调整相关标准体系</td></tr>
<tr><td rowspan="2">标准体系</td><td>已建立</td><td colspan="2">体系的目标性、完整性、适宜性</td><td>标准体系的延续、变更或再设计</td></tr>
<tr><td>未建立</td><td colspan="2">体系的必要性</td><td>建立标准体系</td></tr>
<tr><td rowspan="3">其他管理体系</td><td rowspan="2">已建立</td><td rowspan="2">各管理体系标准已整合</td><td>通用性</td><td rowspan="2">对其他管理内标准文件直接纳入或修订后纳入标准体系</td></tr>
<tr><td>特定性</td></tr>
<tr><td>未建立</td><td colspan="2">各管理体系标准未整合</td><td>建立标准体系</td></tr>
<tr><td colspan="2">管理制度</td><td colspan="2">制度涉及的对象流程等与标准化对象的契合度</td><td>将相关系统性管理活动固化为标准，纳入体系</td></tr>
<tr><td colspan="2">……</td><td colspan="2">……</td><td>……</td></tr>
</table>

7 标准体系结构

7.1 标准体系总体结构

7.1.1 养老机构应根据对相关方的需求和期望、本机构标准化现状分析，形成标准体系总体结构图。养老机构标准体系总体结构图见图 2。

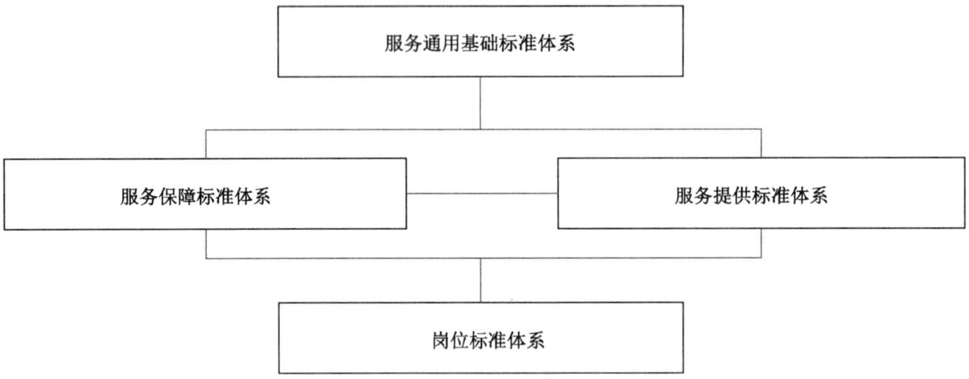

图 2 标准体系总体结构图

7.1.2 养老机构标准体系由服务通用基础标准体系、服务保障标准体系、服务提供标准体系和岗位标准体系四大子体系组成。服务通用基础标准体系是服务保障标准体系、服务提供标准体系的基础，服务保障标准体系是服务提供标准体系的直接支撑，服务提供标准体系促使服务保障标准体系的完善，岗位标准体系是实现服务通用基础标准体系、服务保障标准体系、服务提供标准体系在本机构基层的落实。

7.1.3 各类管理体系文件是养老机构标准体系的一部分。对于各管理体系的通用要求，可采用整合、兼容和拓展的方式，将相应标准修订后纳入标准体系。如质量管理体系、环境管理体系等。

7.1.4 养老机构应根据自身的特点，研究建立协调配合、科学合理的标准体系，并有效运行。

7.1.5 养老机构也可根据自身实际对标准体系结构进行自我设计，自我设计的结构应满足服务、管理的要求，并涵盖服务和管理的全过程。

7.2 服务通用基础标准体系

7.2.1 结构

服务通用基础标准体系一般包括：标准化工作标准、符号与标志标准、数值和数据标准、量和单位标准、测量标准等子体系。服务通用基础标准体系结构图见图 3。

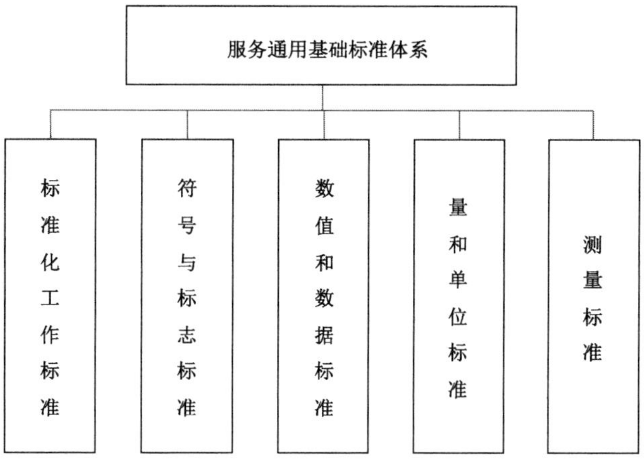

图 3　服务通用基础标准体系结构图

7.2.2　标准化工作标准

7.2.2.1　养老机构开展标准化活动，实现标准化管理而收集、制定的标准化工作标准，包括标准化工作组织与管理、标准化工作评价等内容。

7.2.2.2　标准化工作组织与管理，包括但不限于：

a)　标准化工作目标；
b)　标准化工作内容与要求；
c)　标准化工作原理和方法；
d)　标准化工作的组织与开展；
e)　标准制(修)订管理；
f)　标准复审及其结果的处置；
g)　标准化信息管理。

7.2.2.3　标准化工作评价，包括但不限于：

a)　标准体系构建；
b)　标准编写；
c)　标准实施与检查；
d)　标准体系运行、评价与改进；
e)　标准化奖励；
f)　标准化经济效益与社会效益的评价。

7.2.3　符号与标志标准

7.2.3.1　适用于养老机构的符号与标志相关国家标准、行业标准、地方标准，如 GB/T 10001、GB 2894等。

7.2.3.2　养老机构对符号与标志的样式、颜色、字体、结构及其含义制定的规范性文件。

7.2.4　数值与数据标准

7.2.4.1　养老机构运行和管理活动涉及的数值和数据相关国家标准、行业标准、地方标准。

7.2.4.2　养老机构对各种数值和数据的判定与表示制定的标准等。

7.2.5　量和单位标准

7.2.5.1　养老机构运行和管理活动中采用的量和单位相关国家标准。

7.2.5.2 养老机构对量和单位的选用和确定制定的标准等。

7.2.6 测量标准

7.2.6.1 养老机构运行和管理活动中使用的测量方法和测量设备相关国家标准、行业标准、地方标准。

7.2.6.2 养老机构制定的测量相关标准，包括但不限于：

a) 测量方法、依据和程序技术规范；

b) 测量设备使用技术规范；

c) 测量设备检定规程及校准、安装和使用程序；

d) 测量记录、统计方法；

e) 测量标志、证书等使用要求。

7.3 服务保障标准体系

7.3.1 结构

服务保障标准体系一般包括：环境和能源标准、安全与应急标准、设施设备及用品标准、职业健康标准、信息标准、人力资源标准、财务管理标准、合同管理标准和综合管理子体系。服务保障标准体系结构图见图4。

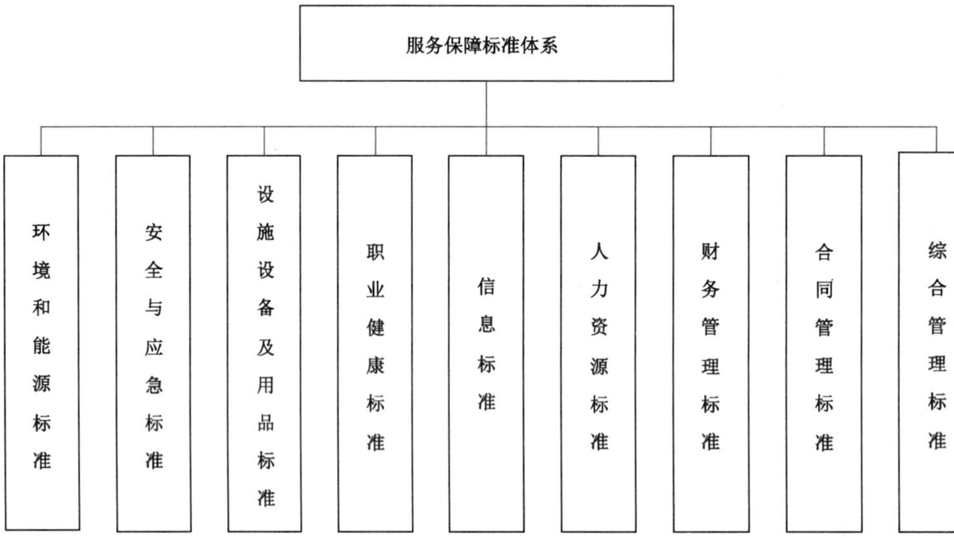

图4 服务保障标准体系结构图

7.3.2 环境和能源管理标准

养老机构应收集、制定的环境条件和环境保护标准、用能和节能标准，包括但不限于：

a) 落实国家法律法规和标准要求应采取的管理措施。

b) 环境质量、监测方法、环境保护措施标准；经营和管理活动中废气、废水、废渣和有毒有害物质等的限量和处理标准；环境目标、实施、运行和持续改进的管理要求；服务提供所需的温度、湿度、光线、空气质量、卫生、清洁度、噪声、场地面积等基本条件的要求；机构场所日常环境管理标准。

c) 能源使用管理标准，如煤、电、油、气体燃料、热力、水等的使用标准和使用与管理记录的保存；能源计量和能耗的分析标准；经济运行及评价标准。

7.3.3 安全与应急标准

养老机构应分析服务和管理过程中可能出现的风险点，以保护老年人和职工生命和财产安全为目的收集、制定的标准，包括但不限于：

a） 安全目标的设定与管理标准；

b） 安全管理、安全防护等管理标准，含服务过程、突发、运行的安全；

c） 安全标志、报警信号、危险因素分类等安全标准；

d） 突发事件分类标准，应对预案、上报程序、检查与处置程序标准；

e） 识别风险、评估风险、控制风险的管理标准；

f） 安全人员配备及安全培训标准；

g） 设施、设备安全标准，如电器、压力容器、锅炉、电梯等特种设备使用安全标准，无障碍基础设施标准；

h） 各类风险控制与应急的工作预案和处理程序，如传染病职业暴露保护预案、各类安全运行预案、各类突发事件预案；

i） 安全监测技术与评价、控制技术标准，如食物中毒、火灾、医疗事故等监测、评价与防范规范；

j） 落实国家法律法规和标准要求应采取的管理措施，如院内感染控制、消毒、交通安全管理、消防安全管理等标准；

k） 老年人的安全教育、风险控制及应急技术要求；

l） 预防、补救和纠正措施标准；

m） 安全与应急信息沟通形式、流程及其管理的标准。

7.3.4 设施设备及用品标准

7.3.4.1 养老机构应对设施设备及用品的需求评估、采购计划、购置、验收、安装、调试、出入库、控制、维护保养、停用改造和报废处理全过程进行管理，并制定管理标准，包括但不限于：

a） 设施、设备及用品的需求评估及采购计划管理、申请审批程序、购置程序。

b） 验收管理：验收程序、抽样及试验方法，包括设备开箱验收记录及有关图样、制造厂产品标准、合格证等的保存、建档。

c） 安装管理：安装交付管理要求、验收技术条件，对安装完工后的试运行技术要求和方法的规定。

d） 出入库管理：设施、设备及用品入、出库管理、盘点查库。

e） 控制、维护保养管理：设施、设备及用品的使用操作、运行要求，包括设施、设备维护保养计划，日常管理，自检和巡回检查；测量设备按规定定期检测。

f） 停用改造与报废管理：设施、设备失效评判、报废评判与处置、设备技术档案管理程序。

7.3.4.2 养老机构应对内部或外部提供的支持性服务，应建立管理标准予以控制，包括但不限于：水、电、暖等依靠外部供给的，应按合同建立良好的供方关系，建立内部或外部管理程序。

7.3.4.3 养老机构对基本建设工程的计划、审批、建设、验收、维护、改建和报废等事项进行管理，并制定管理标准。

7.3.5 职业健康标准

为消除和减少服务提供过程中产生的职业安全风险，针对工作人员从事职业活动中的健康损害、安全危险及其有害因素收集、制定的标准，包括但不限于：

a） 机构内空气、噪声、温湿度限值，有害物质限量标准。

b） 劳动防护标准，配备劳动防护服装和用品，定期体检，职业健康教育等。

c） 职业危害预防和纠正措施标准，如常见职业损伤、传染病的防护、职业心理问题干预；职业危害预防和纠正措施标准，如常见职业损伤、传染病的防护、职业心理问题干预。

d） 职业安全培训标准。

e） 职业禁忌病的诊断与管理标准。

7.3.6 信息标准

信息标准包括担不限于：

a) 信息分类与控制、适用范围和有效性管理；
b) 信息加工、发布、回收、借阅、销毁的要求；
c) 信息发布的评审与更新批准要求；
d) 资料的收集与更新要求；
e) 网络和安全管理；
f) 信息安全管理；
g) 老人档案管理；
h) 文件、档案的书写规范等。

7.3.7 人力资源标准

人力资源管理应从人员的配备、使用和考核等方面作出规定，管理标准包括但不限于：

a) 人员聘用管理；
b) 人员培训管理；
c) 劳动合同管理；
d) 薪酬、福利管理；
e) 晋职晋级管理；
f) 离职调岗管理；
g) 绩效考核管理。

7.3.8 财务管理标准

养老机构应按法律法规和标准的要求，对财务活动中的成本核算和收支等方面进行管理，收集、制定的标准包括但不限于：

a) 筹资、投资管理标准：筹集资金比例评估与核算、投资项目评估与管理、成本管理；
b) 营运资金管理标准：流动资产和流动负债的管理；
c) 利润分配管理标准；
d) 财务决策管理：财务计划分析与控制；
e) 固定资产管理；
f) 捐赠管理。

7.3.9 合同管理标准

养老机构将服务需求形成文件或口头协定，达成一致并组织实施整个过程的相关标准，包括但不限于：

a) 合同的分类与格式要求，包括：采购合同，外包服务(设备维保、购买社会服务等)合同等；
b) 合同的评估要求，包括：需求评估、能力评估、风险评估、经济性与合法性评估；
c) 合同签订、授权或委托的权限和程序要求；
d) 合同实施管理要求。

7.3.10 综合管理标准

综合管理标准包括但不限于：

a) 印章管理；

b） 对外接待管理；

c） 车辆使用管理；

d） 招投标管理；

e） 捐赠管理。

7.4 服务提供标准体系

7.4.1 体系结构

服务提供标准体系一般包括：服务实现标准、运行管理标准、服务评价与改进标准子体系。服务提供标准体系结构图见图5。

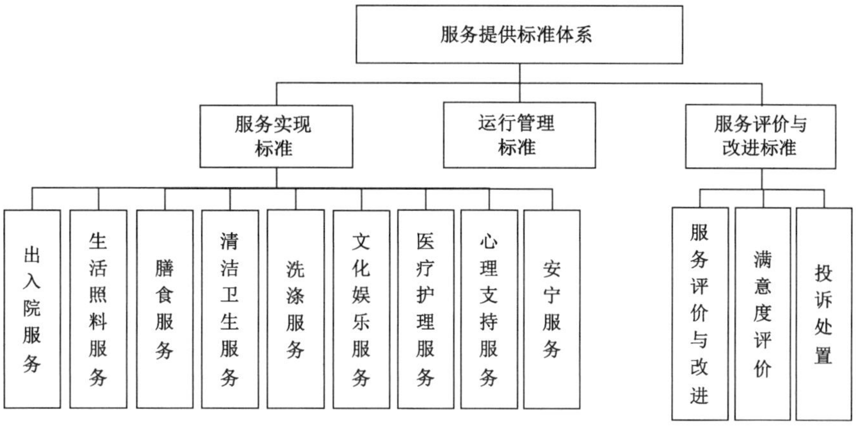

图5 服务提供标准体系结构图

7.4.2 服务实现标准

7.4.2.1 出入院服务

为规范出入院的服务内容和服务流程而收集或制定的标准，主要包括老年人能力评估、出入院服务和咨询服务等方面的内容。

7.4.2.2 生活照料服务

为满足住院老年人的基本生活需求而制定的标准，主要包括但不限于：协助老年人个人饮食、起居、清洁卫生、排泄、体位转移等方面的内容。

7.4.2.3 膳食服务

为满足住院老年人膳食基本需求而收集或制定的标准，主要包括但不限于：为老年人提供集体用餐和个人用餐服务等方面的内容。

7.4.2.4 清洁卫生服务

为满足住院老年人的卫生清洁需求而制定的标准，主要包括但不限于：公共区域及老年人居室内的清洁的内容。

7.4.2.5 洗涤服务

为满足住院老年人举办基本需求而收集或制定的标准，主要包括但不限于：老年人衣物、被褥等织物的收集、清洗和消毒等方面的内容。

7.4.2.6 文化娱乐服务

为满足住院老年人举办包括主题文化、生日庆祝和节日庆祝等休闲娱乐服务活动而收集或制定的标准，主要包括但不限于：文化、体育、娱乐、节日及纪念日庆贺活动等方面的内容。

7.4.2.7 医疗护理服务

为维持和促进住院老年人健康，提升住院老年人生活质量，为住院老年人提供日常保健护理、常见疾病诊断、医疗护理和康复医疗等服务活动而收集或制定的标准，主要包括但不限于：常见病多发病诊疗、健康指导、预防保健、康复护理、院内感染控制等方面的内容。

7.4.2.8 心理支持服务

为维护住院老年人心理健康，增强住院老年人社会适应性，规范住院老年人心理健康状况的了解行为和流程、治疗措施等服务活动而收集或制定的标准，主要包括但不限于：环境适应、情绪疏导、心理支持、危机干预等方面的内容。

7.4.2.9 安宁服务

为缓解临终老年人的身心痛苦，尊重临终老年人的生活尊严，规范临终关怀和后事处理等活动而收集或制定的标准，主要包括但不限于：临终关怀、哀伤辅导和后事指导等方面的内容。

7.4.3 运行管理标准

养老机构为实现服务的要求，收集、制定的标准包括但不限于：

a) 落实国家法律法规和标准要求应采取的管理措施；
b) 服务提供过程中的各种因素的平衡要求，如人员、设备调配等；
c) 服务资源调剂与组织的一般要求；
d) 服务人员的有序组织和配备要求；
e) 设施、设备与用品的配置标准；
f) 工作现场各类信息沟通要求和反馈渠道要求；
g) 工作现场整理、整顿、清理、清扫要求。

7.4.4 服务评价与改进标准

7.4.4.1 服务评价与改进

对服务的有效性、适宜性和老年人及家属满意程度进行评价，并对达不到预期效果的服务进行改进而收集、制定的标准，包括但不限于：

a) 评价的基本条件、原则和依据；
b) 评价的组织机构和人员；
c) 评价的程序和方法；
d) 评价内容和要求；
e) 检验和验证；
f) 数据分析、处理和评价；
g) 改进的原则与方法；
h) 服务产品的开发与设计。

7.4.4.2 满意度评价

为规范满意度测评而收集或制定的相关标准,主要包括养老机构服务满意度测评等方面的标准。

7.4.4.3 投诉处置

为规范投诉处理等而收集或制定的相关标准,主要包括养老机构投诉处理管理要求等方面的标准。

7.5 岗位标准体系

7.5.1 岗位标准体系结构应以养老机构架构为基础向下延伸,并涵盖养老机构的各个岗位。
7.5.2 岗位标准体系结构应层次合理,每个岗位都应有标准。
7.5.3 岗位标准应以服务保障标准和服务提供标准为依据,明确各岗位职责、要求、流程、考核评价等内容。
7.5.4 当服务保障标准体系和服务提供标准体系中的标准能够满足该岗位要求时,服务保障标准体系和服务提供标准体系中的标准可直接作为岗位标准使用。

8 标准明细表

8.1 标准明细表给出的信息应能满足养老机构对标准的管理和运用需要,并便于检索和分析,其至少包括标准的基本信息、关联信息和使用信息等。
8.2 养老机构应根据标准体系结构,对服务通用基础标准体系、服务保障标准体系、服务提供标准体系和岗位标准体系编制对应的标准明细表。
8.3 标准明细表格式应满足养老机构对标准管理和运用的需要,可参考 GB/T 13016 的规定。
8.4 标准编号规则应具有唯一性,宜采用无含义流水号,不与体系代码相关联。
8.5 养老机构标准体系明细表由下列项目组成:

a) 序号:该标准在本标准明细表中的按前后位置排列的顺序号;
b) 标准名称:标准的名称;
c) 标准编号:国家标准、行业标准或地方标准的编号,对“制定中”和“待制定”的标准,该项为空;
d) 标准级别:国家标准、行业标准或地方标准;
e) 标准性质:推荐性或强制性;
f) 标准状态:“已发布”“制定中”和“待制定”;
g) 备注:上述内容之外还需说明的内容。

9 编制说明

体系编制说明是养老机构开展标准体系活动的必要说明,内容应包括但不限于:

a) 标准体系建设背景;
b) 标准体系建设目标、构建依据及实施原则;
c) 标准体系与服务业组织战略/服务理念/经营方针、目标、标准化规划相符合的情况;
d) 服务基础标准体系、服务保障标准体系、服务提供标准体系、岗位标准体系内层次的划分依据和划分情况,标准主要内容、适用范围;
e) 自我设计的标准体系结构与本标准体系结构的差异说明;
f) 与其他体系交叉情况和处理意见;
g) 需要其他体系协调配合的意见;

h） 分析现有标准与国际、国外标准的差距和薄弱环节，明确今后的主攻方向；
i） 其他。

10 标准体系运行

10.1 原则

体系运行前应得到发布，运行应满足以下原则：
a） 整体性：体系内各项标准均应得到实施；
b） 持续性：体系内各项标准均应长期得到实施；
c） 协调性：体系内标准与法律法规协调、标准之间协调；
d） 有效性：体系内各项标准均应切实对服务业组织各项活动支撑有效。

10.2 程序

体系运行一般包括制定计划、成立评价小组、前期准备、运行实施。

11 标准体系评价与改进

11.1 标准体系评价

11.1.1 评价原则

评价原则应坚持持续改进，寻找改进问题，实施改进工作。

11.1.2 评价方法

11.1.2.1 评价一般采用整体评价的方法，由服务业组织组成独立的评价小组，对建立的标准体系以及实施相关标准进行整体评价。
11.1.2.2 可采用现场察看、提问、听取陈述、检查、比对、验证的方式进行。根据检查记录和评价结果，对不符合标准要求的项目制定纠正和预防措施，并跟踪实施和改进。
11.1.2.3 记录并保存各种数据。

11.1.3 评价依据

评价依据包括以下内容：
a） 国家有关方针、政策；
b） 标准化及相关法律、法规和强制性标准；
c） 养老机构标准化方针、目标；
d） GB/T 24421.1、GB/T 24421.4、GB/T 35778、GB/T 19273 和本标准；
e） 养老机构标准体系及相关文件。

11.2 标准体系改进

11.2.1 改进依据

改进依据主要包括以下内容：
a） 适用的标准化方针、政策、法律法规、目标和其他要求发生变化；
b） 标准体系运行、标准实施和评价提出的改进要求；
c） 与服务有关的科研成果、新技术、新工艺等方面的信息；

d） 老年人、其他相关方反馈的意见；

e） 领导意识、员工能力和建议；

f） 测量、检验、试验报告；

g） 标准化工作纠正措施和预防措施。

11.2.2 改进内容

11.2.2.1 改进和完善标准，调整标准体系结构。

11.2.2.2 改进和提升标准体系整体运行状况及动态维护情况等。

参 考 文 献

［1］ GB/T 29353—2012 养老机构基本规范
［2］ 养老机构管理办法（中华人民共和国民政部令第49号）
［3］ 养老服务标准体系建设指南（民发〔2017〕145号）

ICS 03.080.99
A 16

DB54

西藏自治区地方标准

DB54/T 0194—2020

养老机构清洁卫生服务规范

Specification of cleaning and sanitation services for senior care organization

2020-07-21 发布 2020-08-19 实施

西藏自治区市场监督管理局 发布

前　　言

本标准按照 GB/T 1.1—2009 给出的规则起草。

本标准由西藏自治区民政厅提出并归口。

本标准起草单位：中国标准化研究院、西藏自治区民政厅、拉萨市民政局、山南市民政局、西藏自治区标准化研究所。

本标准主要起草人：李文武、王志强、张莺、张剑、李坤威、魏利伟、白玛玉珍、刘文红、李彦鹏、次仁德吉、达娃次仁、石维彬、扎西央宗、贡桑卓玛。

养老机构清洁卫生服务规范

1 范围

本标准规定了养老机构清洁卫生服务的基本要求、服务内容与要求、服务质量控制等。

本标准适用于养老机构老年人居室和公共区域的卫生清洁。

2 规范性引用文件

下列文件对于本文件的应用是必不可少的。凡是注日期的引用文件，仅注日期的版本适用于本文件。凡是不注日期的引用文件，其最新版本(包括所有的修改单)适用于本文件。

GB 38600—2019 养老机构服务安全基本规范

3 术语和定义

下列术语和定义适用于本文件。

3.1

清洁卫生服务 cleaning and sanitation services

通过使用专门清洁设施设备及其他相关用品，对老年人居室、公共区域进行清扫保洁的活动。

3.2

老年人居室 room for the aged

专门供老年人起居使用的房间。

3.3

床单元 bed unit

养老机构老年人床位所包含的设备和物品。

[GB 38600—2019 定义 3.2]

4 基本要求

4.1 养老机构清洁卫生服务应符合 GB 38600—2019 规定的服务防护要求。

4.2 服务人员应经培训合格后上岗。

5 服务内容与要求

5.1 物品准备

服务人员应准备清洁车、清洁工具、清洁用品和安全警示标识牌。清洁工具和清洁用品应按不同使用区域备用。

注：不同使用区域是指卫生间、餐厅和一般区域。

5.2 清洁

5.2.1 居室

居室卫生清洁应符合下列要求：

a) 每日收集垃圾袋，清洗垃圾桶，更换垃圾袋；

b) 每日由内向外清扫、擦拭地面，做到无灰尘、无杂物、无水渍；

c) 每日将门把手、家具、电器、桌面、座椅等擦拭干净；

d) 每日将卫生间面盆、镜面、恭桶、台面、落水口活塞周围、墙面、地面擦拭、清洗干净，做到无污迹、无水渍、无杂物；

e) 每日整理床单元和老年人的用品，做到整洁、摆放有序，其中污染织物应按 GB 38600—2019 中 4.7 的规定，单独清洗、消毒和处置；

f) 每周擦拭地角线、门窗边框、开关、插座，做到无尘土、无水渍；

g) 每月更换床上用品；

h) 每月对冰箱进行清洁和整理；

i) 每月擦拭门窗玻璃、清洗纱窗；

j) 每半年清洗窗帘、门帘、卡垫和座椅套；

k) 每年清扫居室顶棚，做到无尘土、无蛛网。

5.2.2 公共区域

公共区域包括走廊、楼梯、电梯间、大厅、餐厅、公共卫生间、活动娱乐空间、停车场、室外绿化带、室外道路、阳台等，其卫生清洁应符合下列要求：

a) 每日清理垃圾桶，更换垃圾袋；

b) 每日开窗通风；

c) 每日清扫、擦拭室内地面，不应少于 1 次，做到无灰尘、无杂物、无水渍，擦拭地面时应放置“当心滑倒”的安全警示标识；

d) 每餐后擦拭餐厅的餐桌桌面、地面，做到无污物、无水渍，桌椅摆放整齐；

e) 每日擦拭公共卫生间的面盆、镜面、恭桶、地面，做到无灰尘、无水渍、无杂物；

f) 每周擦拭门把手、柜台、扶手、桌面、座椅、电梯间等，做到无灰尘、无水渍；

g) 每周清扫绿化带、室外道路、停车场、健身器材，做到干净、无杂物；

h) 每月擦拭门窗玻璃、清洗纱窗，做到无尘土、无水渍、无蛛网；

i) 每年清扫顶棚，做到无尘土、无蛛网。

5.3 物品整理

5.3.1 清洁用品使用后，应放置在有效氯浓度为 400 mg/L 的次氯酸钠类消毒剂中浸泡 20 min。浸泡后使用清水清洗干净，晾晒后分类码放备用。

5.3.2 清洁完毕后应将清洁车放回原位。

5.3.3 物品整理完毕，服务人员应填写《消毒记录》(参见附录 A)。

6 服务质量控制

养老机构应设置服务质量检查部门，制定服务质量检查方案、程序和要求，配备专(兼)职的服务质量检查人员，对清洁服务现场和记录进行检查或抽查，对发现的问题提出整改措施，并再次检查。

附 录 A
(资料性附录)
消毒记录

消毒记录见表 A.1。

表 A.1 消毒记录

时间	物品		数量	消毒方法	签字
	抹布	拖布			

参 考 文 献

［1］ GB/T 20000.1—2014 标准化工作指南 第1部分：标准化和相关活动的通用术语
［2］ GB/T 29353—2012 养老机构基本规范
［3］ DB11/T 148—2017 养老机构服务质量规范
［4］ 次氯酸钠类消毒剂卫生质量技术规范（卫监督发〔2007〕265号）

ICS 03.080.99
A 16

DB54

西 藏 自 治 区 地 方 标 准

DB54/T 0195—2020

养老机构洗涤服务规范

Specification of laundry service for senior care organization

2020-07-21 发布

2020-08-19 实施

西藏自治区市场监督管理局 发布

前　言

本标准按照GB/T 1.1—2009给出的规则起草。

本标准由西藏自治区民政厅提出并归口。

本标准起草单位:中国标准化研究院、西藏自治区民政厅、拉萨市民政局、山南市民政局、西藏自治区标准化研究所。

本标准主要起草人:李文武、王志强、张莺、张剑、李坤威、魏利伟、白玛玉珍、刘文红、李彦鹏、次仁德吉、达娃次仁、石维彬、扎西央宗、贡桑卓玛。

养老机构洗涤服务规范

1 范围

本标准规定了养老机构洗涤服务的基本要求、服务内容与要求、服务质量控制。

本标准适用于养老机构老年人衣物的洗涤服务。

2 规范性引用文件

下列文件对于本文件的应用是必不可少的。凡是注日期的引用文件，仅注日期的版本适用于本文件。凡是不注日期的引用文件，其最新版本(包括所有的修改单)适用于本文件。

GB/T 35796—2017 养老机构服务质量基本规范

GB 38600—2019 养老机构服务安全基本规范

3 术语和定义

下列术语和定义适用于本文件。

3.1

洗涤服务 laundry service

为老年人提供衣物收集、分类、清洗、晾晒、送回的过程。

4 基本要求

4.1 洗涤服务应符合 GB/T 35796—2017 中 5.5.2 的要求。

4.2 洗涤服务应符合 GB 38600—2019 规定的服务安全防护要求。

4.3 养老机构配备的洗涤、消毒用品应符合相关法律法规和国家、行业标准的要求。

4.4 服务人员应经培训合格后上岗。

4.5 养老机构应有提供洗涤服务的固定场所。洗涤场所宜布局合理，洁污分开，物流由污到洁，顺行通过；地面采用防滑材料，易于清洁、不渗漏；有满足洗衣、消毒、叠衣、存放的空间。

4.6 养老机构应配备满足洗涤服务所需的洗涤设备，配有洗衣机、布草车、洗衣篮，应洁污分开，并设有标识。

4.7 有条件的养老机构宜配备烘干机、熨烫台、缝纫机、灭菌设备。

4.8 养老机构应设置污物处理间、浸泡池、冲洗池或消毒设备。配备清洁车、清洁用具等清洁卫生设备。

4.9 养老机构应设置晾晒场所、配置晾晒设备。

4.10 洗涤后，老年人的衣物应标识清楚，做到清洁、无破损、不染色、折叠整齐，准确无误送还老年人。

4.11 污染织物应按 GB/T 38600—2019 中 4.7 的要求，单独清洗、消毒和处置。

4.12 洗涤污染织物的洗衣机应做到一次一消毒。

4.13 养老机构每周应用含氯消毒液对洗衣机进行不少于 1 次的消毒。

5 服务内容与要求

5.1 洗涤周期

5.1.1 根据不同的洗涤对象，应按照表1的要求，按周期为老年人提供洗涤服务。

表1 不同洗涤对象的洗涤周期

序号	洗涤对象	洗涤周期	
		夏季	冬季
1	内衣	每周2次	每周1次
2	藏装/氆氇	每2周1次	每月1次(约20 d)
3	羊皮类衣物	沐浴节	
4	其他衣物(毛衣)	每周1次	2周1次
5	床上用品和座椅套	每2周1次	每月1次
		每年更换不少于1次	
6	窗帘、门帘、卡垫、地毯	每半年不少于1次	

5.1.2 应根据老年人的实际需求，随时为老年人清洗衣服、床上用品、窗帘、门帘和被褥等。

5.2 收集

5.2.1 收集老年人衣服时，护理员应检查确认衣服有无破损，掏净衣兜，每位老年人的衣服应单独放置在一个篮子内，并做标识。

5.2.2 收集被污染的衣物时，应使用固定容器，传染病污染衣物应封闭送往洗涤场所。

5.3 清洗

5.3.1 清洗前分类

清洗前应按下列要求进行分类：

a) 不同老年人的衣服应分开，且应将内外衣分开；

b) 褪色的衣物应单独分类；

c) 每位老年人的床上用品宜集中，但不同老年人的应分开；

d) 窗帘、门帘、卡垫、地毯和座椅套做好标识后，分开清洗；

e) 被污染的衣物应单独分类。

5.3.2 清洗

5.3.2.1 衣服、床上用品、窗帘、门帘和桌椅套

衣服、床上用品、窗帘、门帘和桌椅套的清洗应按下列要求执行：

a) 清洗被污染的衣物时，应先用不超过35 ℃的清水冲洗掉衣物的污染物，再用有效氯含量250 mg/L～400 mg/L的消毒液浸泡20 min以上；

b) 根据衣物分类，每类的衣物应单独清洗；

c) 不同老年人衣物清洗之间，应用含氯消毒液对洗衣机用含氯消毒液进行擦拭消毒；

d) 洗衣前，接通电源，将衣物按照分类放入洗衣机内，按照衣物数量加适量的洗衣粉或洗衣液，调

整适合的洗涤模式，摁下开关键，开始洗衣；

e） 洗衣机使用后，清水冲洗，关闭电源。

5.3.2.2 卡垫和地毯

卡垫和地毯的清洗应按下列要求执行：

a） 用清水浸泡卡垫或地毯不少于 30 min；

b） 将浸泡好的卡垫或地毯平放于地面上，并将洗衣粉或洗衣液均匀撒于卡垫或地毯上；

c） 用手刷由左至右洗刷，来回洗刷 3 次～4 次，上下行距互叠不少于 50 mm；

d） 手刷后用清水冲洗两遍。

5.4 晾晒

洗涤完毕后，将织物送到指定晾晒场所，晾晒前应用力抖开织物，将易脱色的织物反过来，搭在晾衣杆上，做到织物无褶皱。

5.5 送回

晾干的衣物收集后，用布草车或洗衣篮将衣物送至老年人房间，并将不同衣物折叠后放于指定位置。

5.6 记录

服务结束后，服务人员应填写《洗涤服务记录》（参见附录 A）。

6 服务质量控制

养老机构应设置服务质量的检查部门，制定服务质量检查方案、程序和要求，配备专（兼）职的服务质量检查人员，对洗涤服务现场和记录进行检查或抽查，对发现的问题提出整改措施，并再次检查。

附　录　A
（资料性附录）
洗涤服务记录

洗涤服务记录见表 A.1。

表 A.1　洗涤服务记录

时间	老人房间号	老人姓名	洗涤件数	签字

参 考 文 献

[1] GB/T 20000.1—2014 标准化工作指南 第1部分:标准化和相关活动的通用术语
[2] GB/T 29353—2012 养老机构基本规范
[3] DB37/T 2891—2016 养老服务基本术语

ICS 03.080.99
A 16

DB54

西 藏 自 治 区 地 方 标 准

DB54/T 0196—2020

养老机构膳食服务规范

Specification of catering service for senior care organization

2020-07-21 发布　　2020-08-19 实施

西藏自治区市场监督管理局　发布

前　　言

本标准按照GB/T 1.1—2009给出的规则起草。

本标准由西藏自治区民政厅提出并归口。

本标准起草单位:中国标准化研究院、西藏自治区民政厅、拉萨市民政局、山南市民政局、西藏自治区标准化研究所。

本标准主要起草人:王志强、李文武、张莺、张剑、李坤威、魏利伟、白玛玉珍、刘文红、李彦鹏、次仁德吉、达娃次仁、石维彬、扎西央宗、贡桑卓玛。

养老机构膳食服务规范

1 范围

本标准规定了养老机构膳食服务的基本要求、服务内容与要求、服务质量控制。

本标准适用于养老机构食谱的制定、营养配餐、食品加工与制作。

2 规范性引用文件

下列文件对于本文件的应用是必不可少的。凡是注日期的引用文件，仅注日期的版本适用于本文件。凡是不注日期的引用文件，其最新版本（包括所有的修改单）适用于本文件。

GB/T 38600 养老机构服务安全基本规范

WS/T 552 老年人营养不良风险评估

WS/T 556 老年人膳食指导

3 术语和定义

下列术语和定义适用于本文件。

3.1

膳食服务 catering service

根据营养学、卫生学要求，向老人提供均衡饮食的活动。

4 基本要求

4.1 养老机构应根据老年人营养需求，提供搭配合理、营养均衡的饮食。

4.2 养老机构应遵守食品安全法律法规和标准规定，按照食品安全相关要求，建立健全食品安全管理制度和突发公共卫生、食品安全事件、断餐、停电、停水等情况应急预案。

4.3 养老机构应配备膳食服务提供人员，宜配备专职或兼职营养师，提供膳食服务的人员应具备相关技能，并持有健康合格证。

4.4 养老机构应定期对服务提供人员进行食品安全培训、服务技能培训和应对突发事件的培训，并定期演练。

4.5 膳食服务人员应身着洁净的工作服，佩戴口罩和工作帽，保持个人清洁。

4.6 提供膳食服务应根据营养学、卫生学要求，老年人生活、地域特点，民族、宗教习惯制定菜谱，为老年人提供营养丰富、全面合理的均衡饮食。

4.7 养老机构餐食设备、工具、容器、包装材质应无毒、安全，符合国家食品安全相关法规及标准的要求。

4.8 养老机构应提供分餐、就餐所需的餐具，每餐对接触食品的工具、容器和餐具进行清洗消毒。

4.9 养老机构应配备消毒设备，消毒设施设备应定期维护保养，保持安全、整洁、卫生和有效。

4.10 养老机构应尊重少数民族饮食习惯，尊重素食者饮食习惯，就餐设备设施、容器、用具等应分开专用，并有明显标识。

4.11 养老机构就餐场所和就餐环境应有序，清洁卫生，无安全隐患。

4.12 养老机构的厨余垃圾应及时清理，严格控制废弃物的流向，做好分类处理。

4.13 养老机构应定期了解老年人膳食需求，监督膳食质量，做好膳食服务满意度调查。

4.14 养老机构的膳食安全应符合GB 38600有关膳食服务安全的要求。

5 服务内容与要求

5.1 食谱制定

5.1.1 营养师应根据老年人的需求，按照WS/T 556的要求，制定适合老年人生理特点、身体状况、民族风俗习惯，少油、限盐、低糖，荤素搭配、干稀搭配的菜谱。

5.1.2 营养配餐应多种多样，粗细搭配，蛋白质、脂肪、碳水化合物、维生素和矿物质比例应合理，达到营养均衡。对有特殊膳食需求的老年人，应根据WS/T 552进行营养评估后进行膳食配制。

5.1.3 每周应对食谱内容进行调整，向老年人公布并存档。临时调整时，应提前告知。食谱表格可参见附录A。

5.2 食品加工与制作

5.2.1 食品加工使用的原料应选用新鲜、无变质、无毒、无害食品。

5.2.2 加工用的工具、容器、设备应清洗、消毒，分类存放。

5.2.3 加工后的储存应做到成品与半成品分开、生熟分开、食物与药物分开、食物与天然冰分开。

5.2.4 应对餐具进行一洗、二刷、三冲、四消毒，并放置在指定位置。

5.2.5 食品加工与制作应符合下列要求：

a) 食材加工：

  1) 配料：

  ——根据菜单和菜品对原材料的要求，将粗加工过的原材料进行细加工；

  ——精心选料，不同风味菜品配以不同品种、规格和部位的原料。

  2) 切料：

  ——将原料制作成符合要求的丝、片、块、段等不同形状；

  ——将切配好的原料分别装盒放在菜架或桌面上，供厨师使用；

  ——清理场地，清洗刀具和其他厨具。

b) 应根据当天食谱，由厨师负责烹炒。

c) 食品加工的设施设备操作人员，应按照设备的操作规范进行操作。

d) 操作间宜采用开放式厨房或视频方式，将食品加工的重点环节进行展示。

5.2.6 糌粑、酥油茶、干肉、奶渣等应按照民族习惯和卫生要求进行加工。

5.2.7 成品到食用间隔较长(超过2 h)的食品，应在高于60 ℃或低于8 ℃的条件下存放。

5.3 送餐

5.3.1 养老机构应配备送餐工具或专用保温送餐车。送餐人员每日应做好送餐前准备工作，并检查送餐工具和设备的完好性。

5.3.2 送餐人员应准备好器皿，分餐、装车。装车后，再次核对餐品和数量。

5.3.3 送餐人员应按照规定路线和时间，将餐饮送到餐厅或老年人居室。

5.3.4 送餐人员应身着洁净的工作服，佩戴口罩和工作帽，分餐、发餐时应佩戴手套。送餐人员应按照要求对餐具、饮具进行清洗、消毒，并在专用保洁设施内备用，不应使用未经清洗和消毒的餐具、饮具。

5.3.5 送餐人员应与老年人沟通，了解老年人需求，包括老年人的饮食习惯和饮食禁忌等，将老年人信息及时向餐饮管理部门进行反馈。

5.4 分餐

5.4.1 应安排专人负责餐食分发。分餐人员在分餐前应洗手消毒，分餐时应穿工作服，戴工作帽、卫生手套和口罩。分餐时，应认真核对，严格执行操作规范。

5.4.2 分餐时，分餐人员应将餐品盛放到老年人的餐具中，不应将饭、菜、汤溅出餐具。

5.4.3 餐后应及时清理餐桌、回收餐具，保持环境清洁。

5.4.4 分餐结束后，应将餐车停放在指定区域，并对餐具、餐车等设施设备按规定进行清洗，消毒备用。

5.4.5 分餐人员发现有食品安全潜在风险，及发生食品安全事件时应按规定报告。

5.4.6 老年人集体用餐时，应配备相应服务人员予以协助。

5.5 食品留样

5.5.1 养老机构应对每日三餐的各种食品，分别放入清洗消毒后的专用密闭容器中，每种样品不少于125 g，并在专用密闭容器上标注品名、时间、餐别、采样人，将留样容器放置于 0 ℃～4 ℃冰箱内，储存时间不少于 48 h。留样后填写留样记录，留样记录表可参见附录 B。

5.5.2 储存食品留样的设备应设有留样专用标签，上锁、专人管理。

5.6 餐具清洗消毒

5.6.1 老年人就餐结束后，送餐人员应按原路返回餐厅，将未发放完的餐品送回，按一洗、二涮、三冲、四消毒的程序对餐具、饮具进行清洗、消毒。清洗、消毒后放置在清洁设施内备用。

5.6.2 送餐结束后，送餐人员应按照要求对餐车进行清洗、消毒。将清洗、消毒后餐车停放在指定区域。

6 服务质量控制

养老机构应设置服务质量的检查部门，制定服务质量检查方案、程序和要求，配备专（兼）职的服务质量检查人员，对膳食服务现场和记录进行检查或抽查，对发现的问题提出整改措施，并再次检查。

附 录 A
（资料性附录）
膳食食谱表

膳食食谱表见表A.1。

表A.1 膳食食谱表

	早餐	午餐	晚餐
星期一 月 日			
星期二 月 日			
星期三 月 日			
星期四 月 日			
星期五 月 日			
星期六 月 日			
星期日 月 日			

附　录　B
（资料性附录）
食品留样记录表

食品留样记录表见表 B.1。

表 B.1　食品留样记录表

月	日	留样时间	品名	餐次	留样人	数量/g

ICS 03.080.99
A 16

DB54

西 藏 自 治 区 地 方 标 准

DB54/T 0197—2020

养老机构护理服务规范

Specification of nursing service for senior care organization

2020-07-21 发布 2020-08-19 实施

西藏自治区市场监督管理局 发 布

前　言

本标准按照 GB/T 1.1—2009 给出的规则起草。

本标准由西藏自治区民政厅提出并归口。

本标准起草单位：中国标准化研究院、西藏自治区民政厅、拉萨市民政局、山南市民政局、西藏自治区标准化研究所。

本标准主要起草人：李文武、王志强、张莺、张剑、李坤威、魏利伟、白玛玉珍、刘文红、李彦鹏、次仁德吉、达娃次仁、石维彬、扎西央宗、贡桑卓玛。

养老机构护理服务规范

1 范围

本标准规定了养老机构疾病护理服务的基本要求、服务内容与要求、服务质量控制等。

本标准适用于养老机构老年人基础护理和常见症状的护理。

2 规范性引用文件

下列文件对于本文件的应用是必不可少的。凡是注日期的引用文件,仅注日期的版本适用于本文件。凡是不注日期的引用文件,其最新版本(包括所有的修改单)适用于本文件。

GB 38600—2019 养老机构服务安全基本规范

MZ/T 132—2019 养老机构预防压疮服务规范

3 术语和定义

下列术语和定义适用于本文件。

3.1

护理服务 nursing service

通过护理干预,为住院老年人提供连续、综合的健康及医疗服务的活动。

4 基本要求

4.1 提供老年护理服务的人员应由护士或养老护理员担任。养老护理员应在护士指导下担任老年人护理服务中的基础护理工作。

4.2 提供服务的护士应具备护士执业资格,定期参加继续教育,按照《临床护理实践指南》的要求完成护理技术操作。

4.3 护士在工作过程中应掌握语言沟通技巧。

4.4 护士应遵医嘱做到操作前、操作中和操作后查对老年人信息,用药时核对床号、姓名、年龄、药品、剂量、浓度、用法、时间、批号、有效期,确认无误后进行操作,并注意用药后老年人的反应,做好记录。

5 服务内容与要求

5.1 护理评估

护士应对老年人健康状态、护理和治疗效果、各种风险因素及病情进行评估,以便及时发现问题、调整服务内容及范围。

5.2 基本护理

5.2.1 护士应遵医嘱,执行护理常规和护理技术操作规范。

5.2.2 护理技术操作包括但不限于:清洁与舒适管理,营养与排泄护理,身体活动管理,常见症状护理,皮肤、伤口、造口护理，气道护理，引流护理，常用监测技术与身体评估，急救技术，常用标本采集，给药治疗与护理。

5.3 预防并发症

5.3.1 压疮预防

5.3.1.1 应按 MZ/T 132—2019 中第 3 章的要求为老年人进行预防压疮服务的评估。
5.3.1.2 应检查老年人皮肤是否干燥、颜色有无改变、有无破损，尿布、衣被等是否干燥平整。应按 MZ/T 132—2019 中第 4 章的预防方法进行预防。
5.3.1.3 交接班时，应一同检查压疮高危风险各等级的老年人，确认有无压疮发生。

5.3.2 感染预防

应确保环境卫生、空气清新，定期消毒，避免感染，避免传染病来源及其传播，二便及时清理；老年人个人物品及卫生用品应及时清洗更换、不应混用，一次性物品不应重复使用。

5.3.3 其他预防

应注意久坐及卧床老年人的下肢按摩、翻身叩背，防止静脉栓塞及坠集性肺炎。

5.4 安全防护

5.4.1 养老机构应按照 GB/T 38600—2019 中第 5 章的要求对老年人进行安全风险评估。
5.4.2 养老机构应提供安全保护服务必要的设施、设备及用具，包括但不限于：床档、防护垫、安全标识、安全扶手、紧急呼救系统等。
5.4.3 养老机构应根据评估结果，为老年人采取预防跌倒、坠床、烫伤、压疮、误吸、窒息、管路滑脱等安全保护措施。使用保护性约定前应告知家属，并签署知情同意书。
5.4.4 护士应按技术操作规范使用安全设施、设备和用具。
5.4.5 养老护理员使用约束物品前，应得到医师或护士的书面认可，并签署知情同意书。
5.4.6 安全防护应以预防为主，定期对老年人进行安全教育。

5.5 健康指导

5.5.1 护士应配合医生为老年人提供医疗、护理、康复等方面咨询，定期对老年人进行疾病相关知识的指导。
5.5.2 健康指导主要包括：
- a） 休息与活动的指导；
- b） 饮食与排泄指导；
- c） 皮肤清洁与衣着卫生的指导；
- d） 老年慢性病的康复及并发症预防的指导；
- e） 自我保健和行为促进的指导。

5.5.3 根据老年人具体情况制定健康教育计划并落实措施，且有详细记录。

5.6 心理护理

5.6.1 护士应根据老年人的需求，配合心理咨询人员提供心理咨询、疏导服务，应保护老年人隐私。
5.6.2 心理护理应包括以下内容：
- a） 收集心理社会资料；
- b） 护患沟通；

c） 情绪调节；

d） 尊重老年人权利；

e） 老年人心理卫生教育；

f） 老年人心理卫生评估；

g） 实施老年人心理护理干预措施。

5.7 安宁护理

5.7.1 安宁护理应包括：疼痛及其他症状的护理、舒适照护、配合社工进行心理精神及社会支持。

5.7.2 护士应安抚老年人情绪，动作轻柔的抚触老年人，以减轻其孤寂恐惧心理，减轻老年人痛苦，必要时遵医嘱用药。

5.8 慢病管理

护士应根据老年人慢性非传染性疾病情况，制定服务计划、实施维持性治疗、观察老年人症状变化、定期检测、生活方式干预、健康教育、落实护理措施、做好记录。

5.9 康复护理

5.9.1 护士应传授老年人自我护理技术、老年病并发症康复预防方法、如何使用康复治疗技术。

5.9.2 康复护理主要包括下列内容：

a） 语言功能训练；

b） 关节活动范围训练；

c） 排泄功能训练；

d） 腿部站立、行走功能训练；

e） 协助专业康复训练。

5.10 常见病症护理

5.10.1 常见症状包括：发热、咳嗽、心悸、恶心或呕吐、腹痛、腹泻、头痛等。

5.10.2 常见疾病包括：高血压、冠心病 、糖尿病、骨性关节病等。

5.10.3 护士应对老年人常见病症进行观察，根据病情变化，按照医嘱或按照《临床护理实践指南》要求进行有针对性的护理。

5.10.4 护士应观察、记录老年人意识状态、心理状态，以及与其疾病相关的临床症状和表现。

5.10.5 护士应观察老年人进食饮水情况，呕吐、排泄物颜色、性状及量，二便情况等。

5.10.6 护士应每日测量老年人生命体征，包括心率、血压、体温、脉搏。

6 服务质量控制

养老机构应设置服务质量的检查部门，制定服务质量检查方案、程序和要求，配备专（兼）职的服务质量检查人员，对护理服务现场和《护理服务日常工作记录》（参见附录 A）进行检查或抽查，填写《护理服务抽查记录》（参见附录 B），对发现的问题提出整改措施，并再次检查。

附 录 A
（资料性附录）
护理服务日常工作记录

护理服务日常工作记录见表 A.1。

表 A.1 护理服务日常工作记录

日期	房号	姓名	症状	护理措施	护士

附　录　B
（资料性附录）
护理服务抽查记录

护理服务抽查记录见表 B.1。

表 B.1　护理服务抽查记录

日期：		抽查人：
抽查对象：		抽查区域：
抽查情况		
整改情况		

ICS 03.080.99
A 16

DB54

西 藏 自 治 区 地 方 标 准

DB54/T 0198—2020

养老机构休闲娱乐服务规范

Specification of leisure and recreation services for senior care organization

2020-07-21 发布　　2020-08-19 实施

西藏自治区市场监督管理局　发布

前　言

本标准按照 GB/T 1.1—2009 给出的规则起草。

本标准由西藏自治区民政厅提出并归口。

本标准起草单位：中国标准化研究院、西藏自治区民政厅、拉萨市民政局、山南市民政局、西藏自治区标准化研究所。

本标准主要起草人：张荫芬、王志强、李文武、张莺、张剑、李坤威、魏利伟、白玛玉珍、刘文红、李彦鹏、次仁德吉、达娃次仁、石维彬、扎西央宗、贡桑卓玛。

养老机构休闲娱乐服务规范

1 范围

本标准规定了养老机构休闲娱乐的基本要求、服务内容与要求、服务质量控制等。

本标准适用于养老机构的文体娱乐、主题文化与节日庆典、参观游览等休闲娱乐服务。

2 规范性引用文件

下列文件对于本文件的应用是必不可少的。凡是注日期的引用文件，仅注日期的版本适用于本文件。凡是不注日期的引用文件，其最新版本(包括所有的修改单)适用于本文件。

GB 38600—2019 养老机构服务安全基本规范

3 术语和定义

下列术语和定义适用于本文件。

3.1

休闲娱乐服务 leisure and recreation services

为住院老年人提供休闲娱乐的活动。

4 基本要求

4.1 养老机构应根据老年人需要开展相应的休闲娱乐活动。

4.2 养老机构应提供适合老年人开展休闲娱乐活动的场所。

4.3 养老机构应制定休闲娱乐服务计划并实施。

4.4 养老机构开展休闲娱乐活动的场所应有明显标志。设置的标志应统一、清晰、无破损，使用规范。标志应安装在醒目、没有视线遮挡的位置。

4.5 养老机构休闲娱乐活动的场所应整洁、卫生。

4.6 养老机构休闲娱乐活动的场所应配置休息座椅。

4.7 养老机构宜配备相应的医疗急救设施设备及药品。

4.8 养老机构服务人员应参加岗位培训，掌握相应的专业知识和服务技能。

4.9 休闲娱乐服务中，服务人员应使用适合老年人的语速和音量。

4.10 服务过程中涉及老年人的个人信息和影像资料应妥善保管。

5 服务内容与要求

5.1 服务内容

5.1.1 文体娱乐

主要包括运动会、健身操、藏牌、掷骰子、锅庄舞等。

5.1.2 主题文化与节日庆典

主要包括民俗传统活动、文艺演出、主题展览、集体生日、春节、藏历新年、九九重阳节、五一劳动节、十一国庆节等。

5.1.3 参观游览

主要包括过林卡、参观爱国主义教育基地和博物馆、公园活动等。

5.2 服务安全

5.2.1 养老机构应按照 GB 38600—2019 中 6.9 的要求，保障老年人文娱活动的安全。

5.2.2 休闲娱乐活动场所地面应采用防滑耐磨、弹性面层材料；墙体阳角部位应为圆角或切角；家具应无锐角并摆放合理。

5.2.3 休闲娱乐活动过程中，服务人员应观察老年人的身体和精神状态，如遇老年人不适，应立即停止活动。

5.3 服务流程与要求

5.3.1 活动策划

5.3.1.1 主题文化与节日庆典、参观游览活动，应提前 1 个月完成策划方案，并填写活动计划，参见附录 A。

5.3.1.2 活动策划方案应包括但不限于：

a) 活动名称；

b) 活动时间；

c) 活动地点；

d) 活动负责人；

e) 拟邀请的嘉宾和演出单位；

f) 经费预算；

g) 所需物资；

h) 活动内容。

5.3.2 前期准备

5.3.2.1 主题文化与节日庆典、参观游览活动，服务人员应根据活动策划方案，编写详细的活动实施方案，明确各项工作的具体负责人。

5.3.2.2 院内老年人和工作人员宜参与主题文化与节日庆典演出的准备。

注：如有需要，应为参演老年人或工作人员提供必要的节目排练环境。

5.3.2.3 主题文化与节日庆典活动应提前确定参会嘉宾和演出单位，协调演出单位的参演节目。

5.3.2.4 提前准备服装、布置场地和节目安排。

5.3.2.5 活动前应做以下工作：

a) 通知全院所有老年人和工作人员；

b) 准备所需的相关物品和急救用品；

c) 彩排；

d) 确定到场嘉宾、演出单位和节目单；

e) 布置活动室场所，检查并调试所需设备；

f) 组织和协助老年人化妆、更衣，引导老年人依次入场，安排就座；

g） 查询天气情况；

h） 准备蛋糕和蜡烛。

5.3.3 现场服务

5.3.3.1 主题文化与节日庆典活动现场服务应包括以下要求：

a） 对外来车辆进行登记和引导停放；

b） 指定专人拍照和录像；

c） 提供茶水服务；

d） 活动过程中观察老年人的情绪变化和身体状况，若老年人出现不适时，采取相应措施；

e） 活动过程中指定专人进行安全巡视和疏导。

5.3.3.2 参观游览现场应包括以下要求：

a） 出发前应分发胸牌，组织和协助老年人上车，清点人数；

b） 车辆行驶过程中提醒老人坐稳扶好，系好安全带；

c） 车辆停稳后组织老年人依次下车，清点人数；

d） 活动过程中观察老年人的情绪变化和身体状况，若老年人出现不适时，采取相应措施；

e） 活动结束后清点老年人数量。

5.3.4 活动结束

5.3.4.1 主题文化活动结束后，服务人员应组织和协助老年人依次退出活动场所，提醒老年人带好随身用品，清扫场地、摆放桌椅、设备归位、关闭门窗，活动评估，填写活动总结并归档，参见附录 A。

5.3.4.2 参观游览活动结束后应清点老年人数量，组织和协助老年人依次上车，活动评估，填写活动总结并归档，参见附录 A。

6 服务质量控制

养老机构应设置服务质量的检查部门，制定服务质量检查方案、程序和要求，配备专（兼）职的服务质量检查人员，对养老机构休闲娱乐服务现场和记录进行检查或抽查，对发现的问题提出整改措施，并再次检查。

附　录　A
（资料性附录）
活动计划与总结

活动计划与总结见表 A.1.

表 A.1　活动计划与总结

<table>
<tr><td colspan="4">活动名称：</td></tr>
<tr><td>活动日期</td><td></td><td>活动时间</td><td></td></tr>
<tr><td>活动地点</td><td></td><td>负 责 人</td><td></td></tr>
<tr><td>活动经费</td><td></td><td>邀请嘉宾</td><td></td></tr>
<tr><td colspan="4">活动内容：</td></tr>
<tr><td colspan="4">人力投入：</td></tr>
<tr><td colspan="4">所需物资：</td></tr>
<tr><td colspan="4">其他(含注意事项)：</td></tr>
<tr><td colspan="4">评估与总结(建议)</td></tr>
<tr><td colspan="4"></td></tr>
</table>

参 考 文 献

[1] GB/T 20000.1—2014 标准化工作指南 第1部分:标准化和相关活动的通用术语
[2] GB/T 29353—2012 养老机构基本规范

ICS 03.080.99
A 16

DB54

西 藏 自 治 区 地 方 标 准

DB54/T 0199—2020

养老机构安宁服务规范

Specification of hospice services for senior care organization

2020-07-21 发布　　2020-08-19 实施

西藏自治区市场监督管理局 发 布

前　言

本标准按照GB/T 1.1—2009给出的规则起草。

本标准由西藏自治区民政厅提出并归口。

本标准起草单位：中国标准化研究院、西藏自治区民政厅、拉萨市民政局、山南市民政局、西藏自治区标准化研究所。

本标准主要起草人：李文武、王志强、张莺、张剑、李坤威、魏利伟、白玛玉珍、刘文红、李彦鹏、次仁德吉、达娃次仁、石维彬、扎西央宗、贡桑卓玛。

养老机构安宁服务规范

1 范围

本标准规定了养老机构安宁服务的基本要求、服务内容与要求、服务质量控制等。

本标准适用于养老机构为老年人及其亲属提供安宁服务支持、心理慰藉和办理后事的活动。

2 规范性引用文件

下列文件对于本文件的应用是必不可少的。凡是注日期的引用文件,仅注日期的版本适用于本文件。凡是不注日期的引用文件,其最新版本(包括所有的修改单)适用于本文件。

GB 38600 养老机构服务安全基本规范

3 术语和定义

下列术语和定义适用于本文件。

3.1

安宁服务 hospice service

为老年人及其亲属提供特别服务支持,及心理慰藉和办理后事的活动。

4 基本要求

4.1 养老机构安宁服务应符合 GB 38600 规定的服务防护要求。

4.2 养老机构宜根据需要合理配置专(兼)职工作人员,包括临床医师、护士、养老护理员、心理师、社会工作者、志愿者等。

4.3 服务人员应具有安宁服务经验和服务技能,培训合格后上岗。

4.4 养老机构应具有开展安宁服务相对独立、专用的场所。

4.5 养老机构应配备常用医疗设备和治疗设施。

4.6 室内环境设施应温馨、清洁、安静,光线柔和,温湿度适中,空气清新,床单元清洁平整。根据老年人的生活习惯和信仰,尽可能满足老年人对环境的需求。

4.7 安宁服务过程中应实施院内感染控制,进行常规物品消毒。

5 服务内容与要求

5.1 服务内容

安宁服务内容包括但不限于:

a) 疼痛及其他症状的护理。

b) 舒适照护:减少老年人身体和精神上的痛苦。

c) 心理、精神支持:进行言语沟通、行为互动、情绪疏导、心理咨询和心理专业治疗。

d) 社会支持:引导家属陪伴和照料老年人,坦诚沟通,表达关爱;协调社会资源,维护老年人在医疗保障、社会福利、慈善捐助、法律等方面的权益。

e) 濒死期照护：评估和观察老年人濒死期状况，采取相应的护理措施，并及时通知家属，做好善终和善后准备。

f) 灵性照护：评估老年人的灵性需求和灵性痛苦，开展生命教育，陪伴和引导老年人，协助老年人完成心愿，达到内心安宁，舒适、安详、有尊严的离世。

g) 居丧照护：老年人去世后，应重视和预知家属的悲伤情绪反应，采取陪伴、倾听、交流等方式及适宜的悼念仪式，让家属充分表达悲伤情绪，接受现实，给予后事方面的指导等。

5.2 服务要求

5.2.1 应对老年人进行疼痛评估，实施疼痛控制，包括用药及各种专业护理措施，以及陪伴及交流，缓解老年人的病痛及不适。

5.2.2 对处于情绪困扰和心理危机状态的老年人，应倾听其诉说，满足其合理诉求。无法满足要求时，应做好解释。

5.2.3 应根据老年人营养状况和所患疾病，提供相应的食品，尊重其饮食习惯和爱好。

5.2.4 应帮助老年人翻身、扣背，防止并发症的发生。

5.2.5 应观察老年人的情绪变化，适时进行沟通和交流。

5.2.6 应告知亲属、村居委会或街道办事处，增加探视次数和时间，给予老年人陪伴和支持。亲属或护理员应 24 h 轮流陪伴老年人，缓解老年人的痛苦和恐惧。

5.2.7 应尊重老年人的民族习惯和信仰，根据其不同的职业、心理反应、性格和社会文化背景，有针对性地进行精神安慰和心理疏导，减轻其孤独感和恐惧感，引导其正确对待生命和疾病。

5.2.8 应做好老年人生命体征和病情的监测与记录。

5.2.9 老年人去世后，应填写《住院老年人死亡登记记录》(参见附录 A)，尊重宗教信仰或民族习俗，办理后事。

5.2.10 老年人去世后，应清理和处置去世老年人的财产和各种物品，并填写《财产和物品登记处置记录》(参见附录 B)。应尊重老年人的信仰、按照当地民俗为过世老年人举办怀念活动。

6 服务质量控制

养老机构应设置服务质量的检查部门，制定服务质量检查方案、程序和要求，配备专(兼)职的服务质量检查人员，对安宁服务现场和记录进行检查或抽查，对发现的问题提出整改措施，并再次检查。

附 录 A
（资料性附录）
住院老年人死亡登记记录

住院老年人死亡登记记录见表 A.1。

表 A.1 住院老年人死亡登记记录

序号	姓名	户口所在地	死亡时间	死亡原因	丧葬费	备注

附　录　B
（资料性附录）
财产和物品登记处置记录

财产和物品登记处置记录见表 B.1。

表 B.1　财产和物品登记处置记录

姓 名		性 别	
身份证号码		年 龄	
户口所在地			
财产和物品：			
老年人遗愿：			
处置结果：			
经 办 人：		院领导(签章)：	

参 考 文 献

［1］ GB/T 20000.1—2014 标准化工作指南 第1部分:标准化和相关活动的通用术语
［2］ GB/T 29353—2012 养老机构基本规范

ICS 03.080.99
A 16

DB54

西藏自治区地方标准

DB54/T 0200—2020

养老机构医疗保健服务规范

Specification of medical care services for senior care organization

2020-07-21 发布　　2020-08-19 实施

西藏自治区市场监督管理局 发布

前　言

本标准按照 GB/T 1.1—2009 给出的规则起草。

本标准由西藏自治区民政厅提出并归口。

本标准起草单位:中国标准化研究院、西藏自治区民政厅、拉萨市民政局、山南市民政局、西藏自治区标准化研究所。

本标准主要起草人:李文武、王志强、张莺、张剑、李坤威、魏利伟、白玛玉珍、李宏、刘文红、李彦鹏、次仁德吉、达娃次仁、石维彬、扎西央宗、贡桑卓玛。

养老机构医疗保健服务规范

1 范围

本标准规定了养老机构医疗保健服务的基本要求、服务内容与要求、服务质量控制等。

本标准适用于养老机构为老年人提供的常见病、多发病、慢性非传染性疾病的诊断、治疗、预防和院前急救、康复治疗和转诊等。

2 规范性引用文件

下列文件对于本文件的应用是必不可少的。凡是注日期的引用文件，仅注日期的版本适用于本文件。凡是不注日期的引用文件，其最新版本(包括所有的修改单)适用于本文件。

GB 38600 养老机构服务安全基本规范

3 术语和定义

下列术语和定义适用于本文件。

3.1

医疗保健服务 medical care services

为入住老年人提供基本医疗、预防和保健的活动。

4 基本要求

4.1 养老机构医疗保健服务应符合 GB 38600 规定的服务防护要求。

4.2 医师应持有医师资格证书和医师执业证书，并符合相关国家规定和行业规范对执业资质和条件的要求。医师应执行首诊首问负责制，诊治时应按《临床医疗诊疗常规》执行，合理检查、合理用药。

4.3 护士应持有护士执业证书，并符合相关国家规定和行业规范对执业资质和条件的要求。基础操作应按照《临床护理常规》的规定执行，动作轻柔，耐心细致。

4.4 养老机构应配备满足医疗保健服务的相应设备，设备应完好。

4.5 养老机构应建立养老服务人员、医务人员、管理人员及相关协助人员联动工作机制。

4.6 养老机构应配置接送老年人就医专用的轮椅、担架、移动病床等转运工具及相应的保护装置。

4.7 养老机构应配置老年人常见病、多发病、慢性病、突发疾病等常用及紧急救治的设备和药品。

4.8 养老机构宜配备信息化健康服务与管理平台，实现对老年人的日常健康管理，应保护老年人患者的隐私。

5 服务内容与要求

5.1 服务内容

5.1.1 常见病、多发病、慢性非传染性疾病的诊断、治疗、预防。

5.1.2 为老年人建立健康档案，进行健康状况及老年人能力评估。

5.1.3 到老年人房间提供病情排查和疾病诊疗等巡诊服务。
5.1.4 为老年人提供传染病预防、慢性病管理、健康教育等服务。
5.1.5 规范管理老年人的药物使用。
5.1.6 协助家属办理转诊转院，紧急送医服务。

5.2 服务要求

5.2.1 评估与建档

5.2.1.1 医师应定期评估老年人身体状况和精神状态。老年人身体状况和精神状态发生变化时，应即时评估。
5.2.1.2 医师应根据评估结果，为老年人建立健康档案。健康档案应包括病史记录、体检报告及评估报告。

5.2.2 问诊

5.2.2.1 医师应全面巡诊问病，倾听老年人患者主诉，询问病史、包括现病史、既往病史、家族病史、婚育史、药物过敏史。
5.2.2.2 藏医医师还应给患者把脉，分辨疾病的原因，推断疾病的变化，识别病情的真假。

5.2.3 体格检查

5.2.3.1 应采用视、触、叩、听的方法，检查生命体征，再按头颈部、胸部、腹部、脊柱、四肢和神经系统的顺序进行，确定诊治方案，或进一步辅助检查。
5.2.3.2 养老机构应开展健康体检，每年组织老年人体检不少于 1 次。

5.2.4 诊断与处置

5.2.4.1 医师根据问诊、体格检查，作出初步诊断，将诊断结果告知老年人患者，开具相应处方及处置方案，开具的处方应符合相关要求。
5.2.4.2 医师对于病情较重，需要住院治疗的老年人，或不能明确诊断的病情，提出住院或转诊建议。
5.2.4.3 医师诊断后应填写《诊疗登记表》和《老年人健康档案》。

5.2.5 巡诊

医师应每天到老年人房间进行巡诊，发现老年人病情变化，及时做好问诊、体格检查及辅助检查，根据病史、临床表现及辅助检查明确疾病诊断，给予合理治疗。

5.2.6 预防与保健

医师应做好老年人预防保健和传染病的防控，定期开展卫生知识宣教和预防接种工作。

5.2.7 健康教育

5.2.7.1 医师应定期为老年人开展健康教育，健康教育的内容主要包括膳食指导、疾病预防、用药、健康生活方式、危机干预及突发事件的处置。
5.2.7.2 健康教育形式包括发放印刷资料、设置健康教育宣传栏、举办健康教育知识讲座及开展个性化健康教育等。

5.2.8 慢病管理

5.2.8.1 医师应对高血压、Ⅱ型糖尿病、冠心病、脑卒中、关节炎等患者，通过筛查、建档、随访、教育和干预对慢性病老年人患者进行健康管理。

5.2.8.2　医师应有针对性的对慢性病老年人患者开展健康教育,制定饮食方案和活动建议。

5.2.9　药品管理

5.2.9.1　医师应根据老年人评估结果,签订相应的服药管理协议。

5.2.9.2　医师应对老年人外带口服及外用药品进行核查,开具外带药品医嘱,并对药品进行交接。医师应密切观察老年人用药反应,根据病情及时调整用药方案。

5.2.10　院前急救

5.2.10.1　发现老年人突发疾病或意外时,医生应携带急救物品,查看老年人的生命体征,初步识别和评估老年人的病情,采取相应的急救措施。

5.2.10.2　拨打“120”急救电话,并与“120”急救医师做好病情交接。

5.2.10.3　通知老年人亲属,并告知病情。

5.2.10.4　急救结束后,医师应将诊断记录和抢救过程填写在《老年人健康档案》。

5.2.11　转诊服务

5.2.11.1　养老机构应与周边大型综合或专科医疗机构建立急诊和转诊服务流程,开设转诊“绿色通道”,确保实现及时有效转诊。

5.2.11.2　老年人患者需要转诊时应安排专车和 1 名～2 名陪护人员陪同就医,陪护人员应 24 h 陪护就医。

6　服务质量控制

养老机构应设置服务质量的检查部门,制定服务质量检查方案、程序和要求,配备专(兼)职的服务质量检查人员,对医疗保健服务现场和记录进行检查或抽查,对发现的问题提出整改措施,并再次检查。

参 考 文 献

[1] 中华人民共和国执业医师法(中华人民共和国主席令第5号)
[2] 中华人民共和国老年人权益保障法(中华人民共和国主席令第72号)
[3] 医疗卫生机构仪器设备管理办法(1996年9月20日卫生部发布)
[4] 医院感染管理办法(中华人民共和国卫生部令第48号)
[5] 抗菌药物临床应用管理办法(中华人民共和国卫生部令第84号)
[6] 医疗机构管理条例(中华人民共和国国务院令第149号)
[7] 医疗事故处理条例(中华人民共和国国务院令第351号)
[8] 处方管理办法(中华人民共和国卫生部令第53号)
[9] 医疗机构病历管理规定(国卫医发〔2013〕31号)

ICS 03.080.99
A 16

DB54

西 藏 自 治 区 地 方 标 准

DB54/T 0201—2020

养老机构环境管理规范

Specification of environment management for senior care organization

2020-07-21 发布 2020-08-19 实施

西藏自治区市场监督管理局 发布

前 言

本标准按照GB/T 1.1—2009给出的规则起草。

本标准由西藏自治区民政厅提出并归口。

本标准起草单位:中国标准化研究院、西藏自治区民政厅、拉萨市民政局、山南市民政局、西藏自治区标准化研究所。

本标准主要起草人:张剑、张茵芬、张莺、李文武、陈煌、白玛玉珍、刘文红、李彦鹏、次仁德吉、达娃次仁、李坤威、魏利伟、石维彬、扎西央宗、贡桑卓玛。

养老机构环境管理规范

1 范围

本标准规定了养老机构老年人居室环境与卫生、公共区域保洁、垃圾的收集和处理、废水、废气(油烟)、化粪池、绿化、公共信息标志、灭蟑灭鼠及环境管理控制等方面的要求。

本标准适用于养老机构对环境的管理和维护。

2 规范性引用文件

下列文件对于本文件的应用是必不可少的。凡是注日期的引用文件,仅注日期的版本适用于本文件。凡是不注日期的引用文件,其最新版本(包括所有的修改单)适用于本文件。

GB 2894 安全标志及其使用导则

GB 3096 声环境质量标准

GB 5768.2 道路交通标志和标线 第2部分:道路交通标志

GB/T 10001.1 标志用公共信息图形符号 第1部分:通用符号

GB/T 10001.9 标志用公共信息图形符号 第9部分:无障碍设施符号

GB 13495.1 消防安全标志 第1部分:标志

GB/T 15566.1 公共信息导向系统 设置原则与要求 第1部分:总则

GB 18483 饮食业油烟排放标准

GB/T 18883 室内空气质量标准

GB 18918 城镇污水处理厂污染物排放标准

GB/T 19095 生活垃圾分类标志

GB/T 31200 电梯、自动扶梯和自动人行道乘用图形标志及其使用导则

HJ 421 医疗废物专用包装袋、容器和警示标志标准

DB54/T 0194 养老机构清洁卫生服务规范

3 老年人居室环境与卫生

3.1 居室环境

3.1.1 老年人居室环境应通风换气,保持室内空气新鲜、无异味,温度、湿度适宜,室内空气质量应符合GB/T 18883的要求。

3.1.2 老年人居室灯光照度应柔和,避免光线直射到老年人的头面部,以防发生目眩。设置壁灯,以便老年人夜间使用。

3.1.3 老年人居室噪声应符合GB 3096中0类要求。噪声值建议控制为:白天小于50 dB、夜晚小于40 dB。不应有强噪声源。

3.2 居室卫生

居室卫生清洁应按DB54/T 0194的规定执行。

4 公共区域保洁

4.1 公共区域管理范围

公共区域管理的范围应包括：

a） 公共区域；

注：包括办公区域、活动娱乐场地、公共走廊、公共卫生间、楼梯、室外场地、道路、绿化带、停车场。

b） 餐厅；

c） 厨房；

d） 垃圾收集和处理区域；

e） 医务室/医院。

4.2 公共区域

4.2.1 每日应清扫地面、树叶、纸屑、丢弃物等，做到无异物、无尘土、无污迹。

4.2.2 每日应擦拭公共区域桌、椅、开关盒、楼层扶手、楼道扶手、装饰物等。

4.2.3 每日应清洁院内垃圾箱、运动器械、外围座椅、栏杆扶手等物品。

4.2.4 每日应清运垃圾1次。

4.2.5 每日应巡视检查清洁状况，发现污渍及时清理。

4.2.6 遇刮风或雨雪等特殊天气，应清理道路雨雪和杂物。

4.3 餐厅

4.3.1 应保持环境干净整洁，地面、台面、墙角、桌面等部位应做到无积水、无油垢、无杂物、无卫生死角，沟渠通畅；干净见本色，无灰尘油垢，餐桌不应有餐纸、杂物，地面不应有污泥脚印。

4.3.2 垃圾桶应加盖密封，保持外观整洁。

4.3.3 每餐前后应进行打扫，环境干净、清洁、无异味。

4.3.4 物品、桌椅应存放整齐，桌椅、餐具等应干净、卫生，保持通风。

4.3.5 应每日定时进行卫生清理、巡视。

4.3.6 应配备除蝇设施。

4.4 厨房

4.4.1 有水龙头冲洗地面的操作间应有单独下水道，且应布置明沟。每日应清洁加工场所地面、排水沟及设施设备等。

4.4.2 操作间应有良好的通风设备，应安装排烟罩、排气罩。

4.4.3 垃圾桶应加盖密封并及时清理。

4.4.4 应配置防鼠设施。

5 垃圾的收集和处理

5.1 垃圾收集

公共区域应设置垃圾收集装置，垃圾收集装置应按GB/T 19095的要求进行分类和标识。垃圾收集应符合以下要求：

a） 收集装置摆放位置固定；

b） 收集装置和场地清洁；

c） 每日定时收集。

5.2 垃圾处理

5.2.1 生活垃圾

5.2.1.1 应设置可回收垃圾、厨余垃圾、有害垃圾、其他垃圾的容器，表面张贴显著标志，并符合GB/T 19095的规定。

5.2.1.2 垃圾收集容器应符合相关环境卫生安全要求，密封、防渗透，并及时维护和更换。应定期清扫垃圾收集容器内部及周边区域，喷洒消毒药水，消杀控制蚊、蝇、鼠、蟑螂等，做好卫生防疫工作。

5.2.1.3 应使用黑色塑料袋进行收集，存放到指定地点，集中进行处置。

5.2.1.4 可回收垃圾应统一收集后进行回收处理。

注：可回收垃圾包括废纸、废塑料、废玻璃、废织物。

5.2.1.5 厨余垃圾应采用密闭、防腐专用容器盛放；应做到日产日清，并应直接运输到垃圾转运站或处理厂，存放、运输过程中，应采取防止发生霉变措施。

5.2.1.6 有害垃圾应定点存放并定期消除。

注：有害垃圾包括废电池、水银温度计、过期药品。

5.2.2 医疗废物

5.2.2.1 应设置专用回收设备，张贴医疗废物标志，并由专人定期集中处置。

5.2.2.2 应使用黄色塑料袋进行分类收集，不应使用没有医疗废物标识的包装容器。

5.2.2.3 医疗机构废弃物的处理应符合《医疗废物管理条例》和《医疗废物分类目录》的规定，由专业回收单位处理。

5.2.3 建筑垃圾

建筑垃圾应由施工方按国家规定负责处理。

6 废水、废气（油烟）

6.1 废水排放应符合 GB 18918 的要求。

6.2 厨房油烟排版应符合 GB 18483 的要求。

7 化粪池

应委托专业清掏机构定期清掏化粪池；应定期对化粪池进行巡视，发现堵塞情况立即通知清掏机构进行处理。

8 绿化

8.1 植物配置

绿化植物主要包括木本、草本、藤本、水生等类型，其配置应遵循以下原则：

a） 满足绿地的性质和功能的要求；

b） 植物造景与绿地总体布局相一致；

c） 根据植物生态环境条件选择恰当的植物种类；

d） 合理的密度；

e） 体现植物的季节变化；

f） 具有一定的多样性和层次性。

8.2 绿化管理

8.2.1 在植物生长的各个阶段，应定期巡检、养护、补栽、调整与充实，使植物群落完整，层次丰富，有整体观赏效果。

8.2.2 应定期对树木进行修剪。树木应无徒长枝、病虫枝、过密枝、枯枝、伤损枝，宿根植物应及时翻种、断根、无死株。

8.2.3 应有效控制病虫害，使树木具有较高的成活率。

8.2.4 宜建立植物养护管理档案，制定各类植物标志牌等。

9 灭蟑灭鼠

9.1 应每年委托防疫站等专业机构定期开展灭蟑灭鼠工作，并对消杀后的虫体进行无害化处理。

9.2 消杀处理时，应设警示标识，并记录相关内容。

9.3 应定期巡查消杀效果，发现虫害密度增高时，增加防治次数。

10 公共信息标志

10.1 公共区域应设有明显的公共信息标志，标志应按 GB 2894、GB 5768.2、GB/T 15566.1、GB/T 10001.1、GB/T 10001.9、GB 13495.1、GB/T 19095、GB/T 31200 和 HJ 421 的要求进行设置，或根据实际情况进行设计。

10.2 设置文字标志牌时，应使用藏汉文字联用，藏文在上，汉文在下。

10.3 设置的标志应统一、清晰、无破损，使用规范。

10.4 标志应安装在醒目、没有视线遮挡的位置，便于老年人和社会公众识别和查看。

10.5 应根据标志的大小、重量和位置选择适宜的安装方式，标志应安装牢固。

10.6 应建立标志管理规范，明确管理维护人员，定期对标志进行清洁，保持清晰和完整。如有破损或内容发生变化，应及时修整或更换。

11 环境管理控制

养老机构应设立负责环境管理的部门，其职责主要包括：

a） 专人对养老机构环境的监督检查，并有记录；

b） 定期对老年人居室、公共区域、餐厅、厨房进行监督检查，并有记录；

c） 向机构老年人和工作人员宣传环境保护的知识，开展宣传与教育活动。

ICS 03.080.99
A 16

DB54

西藏自治区地方标准

DB54/T 0202—2020

养老机构能源管理规范

Specification of energy management for senior care organization

2020-07-21 发布　　2020-08-19 实施

西藏自治区市场监督管理局　发布

前　言

本标准按照 GB/T 1.1—2009 给出的规则起草。

本标准由西藏自治区民政厅提出并归口。

本标准起草单位：中国标准化研究院、西藏自治区民政厅、拉萨市民政局、山南市民政局、西藏自治区标准化研究所。

本标准主要起草人：魏利伟、刘守华、张莺、张剑、李坤威、李文武、白玛玉珍、刘文红、李彦鹏、次仁德吉、达娃次仁、石维彬、扎西央宗、贡桑卓玛。

养老机构能源管理规范

1 范围

本标准规定了养老机构能源管理的基本要求、能源计量设备管理、节能降耗措施以及能源统计与分析等。

本标准适用于养老机构使用的水、电、燃气、汽油及柴油的节能降耗管理。

2 规范性引用文件

下列文件对于本文件的应用是必不可少的。凡是注日期的引用文件，仅注日期的版本适用于本文件。凡是不注日期的引用文件，其最新版本(包括所有的修改单)适用于本文件。

GB 17167 用能单位能源计量器具配备和管理通则

3 术语和定义

下列术语和定义适用于本文件。

3.1

能源 energy

水、电、燃气、汽油、柴油等介质。

4 基本要求

4.1 养老机构应遵守法律法规要求，制定能源方针和目标，建立相应的能源管理和统计制度。

4.2 养老机构应制定年度能源使用管理目标。

4.3 养老机构应使用符合国家节能产品认证的产品，不应采用国家明令淘汰的用能产品和设备。

4.4 养老机构能源的使用应有监控。

4.5 养老机构宜使用新技术、新产品(如太阳能)。

5 能源计量设备管理

5.1 能源计量器具的配备

5.1.1 养老机构应按 GB 17167 的要求对机构内的水、电、气等能源计量器具进行配备和管理。

5.1.2 养老机构应做好能源计量器具的监视工作，及时识别不合格计量器具，定期对计量器具进行校准。

5.2 能源设备的使用和管理

设备的使用和管理要求如下：

a) 应加强能源计量器具的日常管理和维护，保证正常使用；

b) 应每月对能源消费情况进行统计，并建立台账；

c) 计量器具应依据计量法进行年检、校准。

6 节能降耗措施

6.1 应开展节能宣传，倡导节约用水、用电，提高节能意识，公共场所设置节约用水标识。

6.2 应选用节能型设备，并合理使用。

6.3 应安装和使用节能灯具。在满足照明亮度且不降低服务质量的前提下，根据需要开启照明灯，减少照明灯具的使用。

6.4 应定期开展能源设备和器具的巡查和保养，出现故障及时检修，不应出现“跑、冒、滴、漏”现象。

6.5 应建立主要耗能设备台账，填写耗能记录。

6.6 应根据自身特点积极推广与采用高效空调冷热源设备、热回收技术、LED 照明、智能控制、空气源热泵等节能新产品和新技术，有条件的养老机构宜采用太阳能热水等可再生能源技术。

7 能源统计与分析

7.1 能源统计

7.1.1 能源统计内容包括：

a） 综合能耗，如：电量、冷热量、蒸汽量、水量、燃气量、燃油量等；

b） 系统能耗，如：照明和插座、通风系统、取暖和制冷系统、动力设备、热水供应等；

c） 设备能耗，如：用电办公设备；

d） 公务用车能耗。

7.1.2 统计的数据应直接来源于独立运行的设备或过程的计量仪表或账单。

7.1.3 统计的数据应尽量详尽和准确，必要时，对部分耗能设备、配套设备进行必要的测试，以便后续的能源评估和分析以及相关制度的制定。

7.1.4 统计的数据应至少能够覆盖 1 个完整的周期，数据频次至少为季度。

7.1.5 每年应填写《年用能统计记录》(参见附录 A)。

7.2 能源分析

7.2.1 应将采集的能耗和管理信息进行整理，确定分析范围，对能源使用和管理进行分析，分析结果宜形成文件。

7.2.2 应对能耗数据进行对比分析，分析周期内总体用能情况和能耗水平，以及重要用能设备、设施的用能情况和能耗水平。

7.2.3 应定期分析能耗分布状况和运行数据，分析节能潜力，提出节能运行和改造建议。

7.2.4 应分析能耗构成及所占比例，总结变化规律。

7.2.5 定期分析主要设备运行能耗及低能效运行时段。

7.2.6 应对能源管理活动和管理制度进行评价，评价设备设施运行和维护保养制度的适宜性和有效性，分析它们对能源绩效的影响。

附　录　A
（资料性附录）
年用能统计记录

年用能统计记录见表 A.1。

表 A.1　年用能统计记录

月份	用电量/°	（　）号水表用水量/t	（　）号水表用水量/t	（　）号水表用水量/t	汽油用量/L	天然气/m^3
1						
2						
3						
季计						
4						
5						
6						
季计						
7						
8						
9						
季计						
10						
11						
12						
季计						
合计						

ICS 03.080.99
A 16

DB54

西藏自治区地方标准

DB54/T 0203—2020

养老机构设施设备及用品管理规范

Specification of facilities and appliances management for senior care organization

2020-07-21 发布　　2020-08-19 实施

西藏自治区市场监督管理局　发布

前　言

本标准按照 GB/T 1.1—2009 给出的规则起草。

本标准由西藏自治区民政厅提出并归口。

本标准起草单位：中国标准化研究院、西藏自治区民政厅、拉萨市民政局、山南市民政局、西藏自治区标准化研究所。

本标准主要起草人：魏利伟、刘守华、张莺、张剑、李坤威、李文武、白玛玉珍、刘文红、李彦鹏、次仁德吉、达娃次仁、石维彬、扎西央宗、贡桑卓玛。

养老机构设施设备及用品管理规范

1 范围

本标准规定了养老机构设施设备及用品管理的基本要求，以及设施设备及用品的分类、采购、验收、使用、运行和维护保养等管理要求。

本标准适用于养老机构设施设备及用品的管理。

2 规范性引用文件

下列文件对于本文件的应用是必不可少的。凡是注日期的引用文件，仅注日期的版本适用于本文件。凡是不注日期的引用文件，其最新版本(包括所有的修改单)适用于本文件。

GB 50016 建筑设计防火规范

GB 50116 火灾自动报警系统设计规范

GB 50140 建筑灭火器配置规范

GB 50763 无障碍设计规范

JGJ 450 老年人照料设施建筑设计标准

3 基本要求

3.1 养老机构应配备与服务相匹配的设施设备及用品。

3.2 养老机构应建立健全设施设备及用品的日常管理、维护保养等各项管理制度，建立事故隐患排查以及设备故障应急处置预案。

3.3 养老机构应定期对员工进行设施设备、工具和劳动防护用品的使用、维护保养技能培训。

3.4 养老机构应建立健全设施、设备安全管理制度和操作技术规程。

3.5 养老机构应建立健全设备日常巡检、定期维保、维修、应急处置等过程的相关记录和档案。

3.6 养老机构应对运行的设施设备进行日常的维护管理，设专人负责，建立台账，每日检查设备的运行状态，设备应能正常使用。

4 设施设备及用品分类

设施设备及用品分类如下：

a) 设施：建筑本体、配电室、中控室、无障碍设施、消防设施、供暖设施、危化品储存室等；
b) 设备：特种设备、电气设备、医疗设备、交通工具、康复设备、娱乐设备(含健身设备)、消防设备、照明器具、家具、餐厨设备、办公设备、洗涤设备、监控设备、采暖设备等；
c) 用品：办公用品、生活用品(如：衣服、牙膏牙刷、床单被罩等)、清洁用品、消毒用品、一次性卫生用品、临终关怀用品(如：酥油灯)等。

5 设施设备配备要求

5.1 养老机构应按 JGJ 450 的要求配备生活、医疗、康复、娱乐、通信、交通和其他相关设备等。

5.2 设施设备配置应符合相关法律法规、政策文件的规定。
5.3 消防设施设备配置应符合 GB 50016、GB 50116 及 GB 50140 的相关规定。
5.4 无障碍设施应符合 GB 50763 的相关规定。
5.5 应配置监控系统,监控范围应覆盖公共区域。应在醒目位置设置视频监控提示标志。
5.6 应在公共服务区配置呼叫系统的终端设备。
5.7 应配置室内温度控制设施设备。
5.8 应配置满足服务需求和办公需要的设施设备。
5.9 应配置老年人所需的基本生活用具。

6 设施设备管理

6.1 采购

6.1.1 应根据每年度设施设备的实际需求提出采购计划,针对欲采购的设施设备提出性能、型号、质量、数量等要求,组织相关人员开展技术论证,制定科学合理的设施设备采购申请建议。
6.1.2 设施设备采购应按照国家法律法规和自治区相关的要求进行,并纳入预算管理,按照上级主管部门批复的预算执行。
6.1.3 采购流程应按照相关规定执行。

6.2 验收

设备到货后,应根据设备采购合同和相关标准进行验收,对符合要求的设备予以接收。

6.3 使用

6.3.1 设备需要安装时,应在查验符合要求后,联系供应商进行安装、调试。指定设备操作员或者维护人员,厂家负责对操作人员或维护人员开展培训。安装、调试后,进行质量验收,填写《设施设备验收表》(参见附录 A),设备验收合格后方可使用。
6.3.2 设备使用时,应执行各类设备安全管理规范,由设备管理人员负责检查落实。
6.3.3 应在设备危害部位安装安全保护装置和张贴安全警示标志。
6.3.4 专用设施设备应专人管理,建立设备技术档案,存档保存。
6.3.5 设施设备应按照使用说明书或操作规程进行安全操作。操作者应熟悉设施设备的构造和使用方法,应能识别设备的主要危险部位,有效地自我保护。

6.4 运行

6.4.1 人员管理

应由专人对设施设备的运行、维修保养进行管理,人员要求如下:

a) 定期参与职业道德教育和专业技能培训;
b) 特种设备(如:电梯、锅炉)及消防设备、医疗设备、康复设施、交通车等,控制室如消防控制室、配电室、水泵房、监控室等操作人员还应接受专业技能培训,持证上岗;
c) 掌握各项管理制度、技术规程和安全操作规程;
d) 熟悉设施设备的结构、工作原理、工艺流程、各项技术指标和参数;
e) 掌握维修、保养相关技术知识和要求;
f) 具备设施设备运行、维保、维修和应急处置相应技能,能及时发现并排除故障隐患的能力。

6.4.2 巡检

应实行 24 h 巡视检查，重点巡检设备的运行状态。设备应性能良好，运转正常，安全保护装置齐全、可靠。如发现问题应进行处置和报告，填写《设施设备运行/巡检情况记录表》(参见附录 B)。

6.4.3 安全管理

6.4.3.1 电梯、锅炉、压力容器、压力管道等特种设备的使用、检验和维护保养应符合相关法律法规、标准的规定。

6.4.3.2 特种设备应设置专人负责管理，对在用特种设备每月应进行 1 次自查，发现问题及时处理。不能自行处理的，及时联系厂家或相关单位。特种设备应由生产制造单位或指定的维护、保养单位定期进行维护和保养。

6.4.3.3 监控系统控制室、配电室的入口处应设置明显标志。监控系统控制室、配电室应配备专(兼)职人员 24 h 值班。专(兼)职人员应持证上岗。非工作人员进入时，应进行登记，进入后不应随意触动设备。

6.4.4 档案管理

6.4.4.1 设施管理中，应收集以下资料：

a) 设计、施工、竣工验收及接管验收的基础档案资料；

b) 设施设备工艺流程图；

c) 接管验收过程中形成的相关资料。

6.4.4.2 设备管理中，应收集以下资料：

a) 质量证明文件；

b) 设施设备清单及出厂随机资料；

c) 使用说明书；

d) 安装调试记录、安装调试查验记录。

6.4.4.3 设施设备的运行管理中，应收集以下资料：

a) 巡检工作记录；

b) 定期维保计划、维保记录等；

c) 维修计划、方案、维修记录等；

d) 运行故障及事故处置记录等；

e) 各类计量器具的校准、检测报告等。

6.4.4.4 设施设备应归档管理，归档文件材料应为原件，并真实、准确、齐全、完整。

6.4.4.5 档案应字迹清楚、图样清晰、图表整洁、签字手续完备、材料完整、无破损。

6.4.4.6 档案应实行分级负责、集中统一管理的原则。

6.5 维护维修

6.5.1 维护保养

6.5.1.1 应定期对设施设备进行技术检修、及时维护保养，并记录相关数据。

6.5.1.2 维保单位应按照维保合同对设施设备状态和效果进行巡视检查，发现问题及时进行处理。

6.5.1.3 设施设备大、中、小修，应制定计划，根据预算资金按程序报批并实施。

6.5.2 故障及应急处理

设施设备出现故障或紧急事故，应立即排除故障，排除不了的要立即上报情况，防止事故扩大。应确保水、电、暖、气等基础设施符合相关规范的要求，每次故障维修及时进行记录和存档，《设施设备故障维修记录》参见附录C。

6.5.3 检定

设备检定(校准)应符合下列要求：

a) 应制定设备检定(校准)计划，按时进行检定(校准)；

b) 列入国家强制检定目录的计量器具，应由法定计量检定机构或者授权的计量检定部门检定，并签发检定证书；

c) 设备的检定(校准)证书和自校准记录应归档保存；

d) 经检定合格的设备应加贴检定合格标志，标明有效期。设备应在检定有效期内使用。

6.6 报废

6.6.1 存在下列问题之一，且经过改造仍不能满足安全要求的设备，应报废：

a) 在设计规定的运行范围内不能安全运行的；

b) 对运行、维修人员的人身安全有威胁的；

c) 设备本身有严重缺陷的。

6.6.2 发生严重损坏且不能修复或无修复价值的设备，应报废。

6.6.3 超过规定的折旧年限，经检测存在较大安全隐患的设备，应报废。

6.6.4 未到规定折旧年限，但技术状况差且无配件来源的设备，或设备陈旧，技术落后，可报废。

6.6.5 国家其他政策规定报废的设备，按相应政策执行。

6.6.6 设备报废后不应对环境造成污染。

7 用品管理

7.1 采购

7.1.1 采购前，应制定采购计划、了解市场行情、询价、选择供应商，按照国家法律法规和自治区相关的要求进行采购，纳入预算管理的应按照上级主管部门批复的预算执行。

7.1.2 应制定采购检查、批准和处理的程序，保证所接收的用品均来自合格的供应商。

7.1.3 采购的用品应符合规定的采购要求和国家有关标准。

7.1.4 采购时应查验用品的质量和有关标识。

7.2 验收与保管

7.2.1 应对采购用品进行验收，验收合格后进行登记，办理入库手续，填写《用品验收入库记录》(参见附录D)。不合格的用品退回或拒绝接收。

7.2.2 入库的用品应按性能、规格等分类分区存放，并进行标识。

7.2.3 库房应由专人进行管理，定期对所保管的用品进行盘点，核实账物等情况，并将盘点表交财务部门存档。

7.2.4 库房应有防火、防盗、防鼠、防潮等措施。

附　录　A
（资料性附录）
设施设备验收表

设施设备验收表见表 A.1。

表 A.1　设施设备验收表

<table>
<tr><td colspan="3">需求部门</td><td colspan="3"></td><td colspan="2">验收组织人(签字)</td><td colspan="3"></td></tr>
<tr><td>序号</td><td>仪器设备
名称</td><td>规格/
型号</td><td>数量
台</td><td>金额
万元</td><td>到货
日期</td><td>所属项目
编号</td><td>供应商</td><td>出厂
编号</td><td>安装
地点</td><td>保管人</td></tr>
<tr><td>1</td><td></td><td></td><td></td><td></td><td></td><td></td><td></td><td></td><td></td><td></td></tr>
<tr><td>2</td><td></td><td></td><td></td><td></td><td></td><td></td><td></td><td></td><td></td><td></td></tr>
<tr><td>3</td><td></td><td></td><td></td><td></td><td></td><td></td><td></td><td></td><td></td><td></td></tr>
<tr><td>4</td><td></td><td></td><td></td><td></td><td></td><td></td><td></td><td></td><td></td><td></td></tr>
<tr><td>5</td><td></td><td></td><td></td><td></td><td></td><td></td><td></td><td></td><td></td><td></td></tr>
<tr><td>6</td><td></td><td></td><td></td><td></td><td></td><td></td><td></td><td></td><td></td><td></td></tr>
<tr><td>7</td><td></td><td></td><td></td><td></td><td></td><td></td><td></td><td></td><td></td><td></td></tr>
<tr><td>…</td><td></td><td></td><td></td><td></td><td></td><td></td><td></td><td></td><td></td><td></td></tr>
<tr><td colspan="3">售后服务信息</td><td colspan="8">质保期　年，　年　月　日——　年　月　日
售后服务联系人：　　电话：</td></tr>
<tr><td colspan="3">开箱检查情况</td><td colspan="8">1.外观　完好□　有破损□　变形□　碰撞□　锈蚀□
2.技术资料　齐全□　不全□；已□未□进行基本操作培训
3.附件/配件数量及货号与合同　相符□　不符□
（附明细清单）</td></tr>
<tr><td colspan="3">仪器设备测试</td><td colspan="8">测试指标与合同要求　相符□　不符□；有□无□测试报告</td></tr>
<tr><td colspan="3">仪器设备安装</td><td colspan="8">正常安装□，有□无□安装报告；
非正常安装□，原因及解决方案：</td></tr>
<tr><td colspan="3">验收结论</td><td colspan="8">通过验收□；不通过验收□；调试后再次验收□
验收组成员(签名)
年　月　日</td></tr>
</table>

附　录　B
（资料性附录）
设施设备运行/巡检情况记录表

设施设备运行/巡检情况记录表见表 B.1。

表 B.1　设施设备运行/巡检情况记录表

序号	设备名称	日期	使用人	使用时间	设备运行情况		故障维修记录及维修人员（施工单位）	检查人	备注
					正常	故障			

附　录　C
（资料性附录）
设施设备故障维修记录

设施设备故障维修记录见表 C.1。

表 C.1　设施设备故障维修记录

序号	报修 时间	设备故障描述	更换零部件的 名称及金额	修复时间	维修人员签字	报修人 签字	备注

附 录 D
（资料性附录）
用品验收入库记录

用品验收入库记录见表D.1。

表 D.1 用品验收入库记录

年　　月　　日

序号	物品名称	采购数量	供货方	入库时间	保存期限	保存地点	入库人

参 考 文 献

[1] 中华人民共和国特种设备安全法(中华人民共和国主席令第4号)
[2] 中华人民共和国计量法(中华人民共和国主席令第28号)
[3] 强制检定的工作计量器具实施检定的有关规定(试行)(技监局量发〔1991〕374号)
[4] 中华人民共和国强制检定的工作计量器具检定管理办法(国发〔1937〕31号)

ICS 03.080.99
A 16

DB54

西 藏 自 治 区 地 方 标 准

DB54/T 0204—2020

养老机构人员管理规范

Specification of employee management for senior care organization

2020-07-21 发布 2020-08-19 实施

西藏自治区市场监督管理局 发布

前　言

本标准按照 GB/T 1.1—2009 给出的规则起草。

本标准由西藏自治区民政厅提出并归口。

本标准起草单位：中国标准化研究院、西藏自治区民政厅、拉萨市民政局、山南市民政局、西藏自治区标准化研究所。

本标准主要起草人：张荫芬、张剑、张莺、魏利伟、李坤威、李文武、陈煌、白玛玉珍、刘文红、李彦鹏、次仁德吉、达娃次仁、石维彬、扎西央宗、贡桑卓玛。

养老机构人员管理规范

1 范围

本标准规定了养老机构人员管理的基本要求，人员配置、职责与任职要求，人员培训和考核等管理要求。

本标准适用于养老机构人员的管理。

2 规范性引用文件

下列文件对于本文件的应用是必不可少的。凡是注日期的引用文件，仅注日期的版本适用于本文件。凡是不注日期的引用文件，其最新版本（包括所有的修改单）适用于本文件。

GB/T 29353 养老机构基本规范

GB/T 37276 养老机构等级划分与评定

DB54/T 0194 养老机构清洁卫生服务规范

DB54/T 0195 养老机构洗涤服务规范

DB54/T 0196 养老机构膳食服务规范

DB54/T 0197 养老机构护理服务规范

DB54/T 0198 养老休闲娱乐服务规范

DB54/T 0200 养老机构医疗保健服务规范

3 术语和定义

GB/T 29353 界定的以及下列术语和定义适用于本文件。

3.1

管理人员 managers

在养老机构中从事领导、管理、组织等工作的人员，能妥善处理突发事件和一般矛盾，有较强的工作协调能力。

3.2

养老护理员 senior care workers

在养老机构中从事照料和护理老年人生活，并协助专业人员对老年人进行康复、教育、保健服务的人员。

3.3

专业技术人员 professional and technical personnel

在养老机构中指导养老护理员，从事膳食营养、康复保健、心理咨询、文化教育、社会工作、医疗卫生等专业技术工作的人员。

3.4

工勤人员 rear service staff

在养老机构中从事保洁、安保、餐饮等服务工作的人员。

4 基本要求

4.1 服务人员应按照法律法规及行业要求经培训合格后上岗，具备养老服务相关知识和技能。

4.2 服务人员应守法诚信，具有良好的职业道德。

4.3 服务人员应使用文明用语，具备与老年人良好沟通的能力。

4.4 服务人员应尊重民族习俗和宗教信仰，保护老年人隐私和信息安全。

4.5 服务人员应熟练掌握本岗位设施设备的安全使用、操作要求及卫生清洁要求。

4.6 应对各类专业技术人员建立专业技术档案，定期参加继续教育。

4.7 服务人员服务过程中应做好服务相关资料的保存工作，并做好服务记录，记录应及时、准确、完整，字迹清晰，签字确认。

5 人员配置

5.1 养老机构中服务人员主要由管理人员、养老护理员、专业技术人员和工勤人员等组成。人员配置的比例应根据本机构的实际情况进行。

5.2 养老机构的专业技术人员宜包括医疗卫生人员、社会工作者、康复师、心理咨询师、营养师等，至少有1名社会工作者指导开展社会工作服务。

6 人员职责与任职要求

6.1 管理人员

6.1.1 基本要求

具有大专及以上文化程度，5年及以上的相关工作经验。

6.1.2 职责

管理人员的职责主要包括：

a) 制定机构的各项规章制度；
b) 查验特困人员入住的相关资料；
c) 做好各类经费的使用；
d) 对机构内的老年人进行评估；
e) 收集机构服务信息，管理各自记录、档案；
f) 招募、培训和管理护理人员；
g) 建立相应的安全机制并制定严格的护理人员上岗程序；
h) 签订有关服务协议；
i) 对护理人员的服务态度和服务质量进行考评；
j) 依据 GB/T 37276 组织机构申请等级评定工作；
k) 做好机构服务工作的宣传与咨询。

6.2 养老护理员

6.2.1 基本要求

宜具有初中及以上学历，经培训后持证上岗。

6.2.2 职责

养老护理员的主要职责包括：

a） 为老年人提供生活照料、健康保健等服务，协助专业技术人员对老年人进行康复护理、心理引导等服务；

b） 掌握老年人护理专业知识和技能操作规程等能力。

6.2.3 服务技能

护理员应掌握生活照料的基本知识和急救常识，根据老年人的生理和心理特点，对老年人的生活进行照料。在专业技术人员的指导下，开展清洁卫生、洗衣、膳食等服务工作。具体要求可参见DB54/T 0194、DB54/T 0195、DB54/T 0196 及 DB54/T 0197。

6.3 专业技术人员

6.3.1 基本要求

应持有与其岗位相适应的专业资格证书。

6.3.2 职责

专业技术人员的职责主要包括：

a） 指导养老护理员，为老年人提供膳食营养、康复护理、心理咨询、文化教育、社会工作、医疗保健等服务；

b） 掌握专业技术知识和技能操作规程等能力。

6.3.3 服务技能

6.3.3.1 膳食营养

应掌握膳食营养的基本知识，根据老年人的生理和心理特点，对老年人的膳食进行评价、管理和指导。

膳食营养的基本技能应包括：

a） 进行老年人膳食营养状况评价；

b） 进行老年人膳食营养评价、管理和指导；

c） 对老年人食谱进行营养评价；

d） 进行膳食营养知识的咨询与宣教。

具体要求可参见 DB54/T 0196。

6.3.3.2 医疗保健

应掌握医疗保健基本知识，根据老年人的生理和心理特点，对老年人的生活习惯进行医疗保健指导，帮助老年人掌握保健知识，树立健康观念，消除或减轻影响老年人健康的不利因素，预防疾病，促进健康，提高老年人生活质量。

健康保健指导基本技能应包括：

a） 对老年人常见病、多发病和传染病的咨询与预防指导；

b） 对老年人生活习惯的健康指导。

具体要求可参见 DB54/T 0200。

6.3.3.3 康复护理

应掌握康复护理基本知识，根据老年人疾病特点，协助老年人进行康复锻炼。

康复护理基本技能应包括：

a） 帮助特殊老年人进行肢体被动运动；

b） 指导老年人使用各类活动器材；

c） 协助完成个体康复计划的实施；

d） 协助老年人开展休闲活动。

6.3.3.4 心理咨询

应掌握心理咨询的基本知识，根据老年人的生理和心理特点，对老年人的心理进行护理指导。心理咨询基本技能应包括：

a） 向老年人讲解心理保健知识；

b） 观察老年人情绪变化，并能对老年人进行心理疏导；

c） 与老年人进行情感交流并予以心理支持。

6.3.3.5 文化娱乐

应根据老年人身心状况需求，开展文艺、美术、棋牌、健身、游艺、观看影视、参观游览等活动。具体要求可参见DB54/T 0198。

6.4 工勤人员

6.4.1 职责

工勤人员的职责主要包括：

a） 定期进行消防、安全等方面的检查，保障安全；

b） 保障养老机构平稳运行；

c） 保障食品安全。

6.4.2 服务技能

工勤人员应具备相关领域的职业技能和资格。

6.5 志愿者

6.5.1 职责

志愿者的职责应包括：

a） 协助护理员开展老年人护理服务；

b） 利用专业知识为老年人提供相关服务。

6.5.2 服务技能

志愿者应尊重老年人的生活习惯，为老年人提供生活照料、精神慰籍等服务。其服务技能主要包括：

a） 具有一定的老年人护理基本知识；

b） 具有与老年人沟通的技巧；

c） 具有专业特长，能用专业知识为老年人服务。

7 人员培训

7.1 培训方式

7.1.1 养老机构中服务人员培训包括岗前培训和在职培训,分为内部培训和外部培训两种方式。

7.1.2 内部培训主要包括:

a) 由老员工向新员工介绍本机构的人员规章制度、文化以及基本护理操作;
b) 邀请具有一定资质的专业人员,通过讲座的方式对养老机构的工作人员进行培训;
c) 组织员工现场观摩,提高员工服务技能;
d) 通过个案分析,提升员工对突发事件的应对能力;
e) 开展工作经验交流会及技能比赛等活动。

7.1.3 外部培训主要包括:

a) 养老机构组织参观考察、学习培训;
b) 养老机构中服务人员参加相关部门组织的业务培训。

7.2 培训内容

7.2.1 文化培训

从养老机构制度建设、核心价值观、团队精神、关爱老年人、养生文化等方面开展培训。

7.2.2 安全培训

安全培训的内容主要包括:

a) 安全管理相关法律、法规、规章、标准;
b) 危险源识别、评价以及控制措施;
c) 安全应急预案的有效实施。

7.2.3 技能培训

技能培训的内容主要包括:

a) 基础技能,包括老年人的生理心理特点、护理特点、营养需求等;
b) 日常生活照护,包括清洁卫生的照护、睡眠、饮食、排泄、安全等;
c) 常见疾病和治疗的照护等。

7.2.4 心理培训

从心理压力管理、情绪释放、EQ型情绪管理及生命素质修炼等方面对养老机构中服务人员进行培训。

注1: EQ型情绪管理主要包括认识自己的情绪、妥善管理情绪、自我激励、认识他人情绪、人际关系管理。

注2: 生命素质修炼主要包括认识生命价值、找到生命目标、实现自我价值。

7.3 有效性评价

每个项目培训实施后,应进行有效性评价,主要包括:

a) 对于内部培训评价,可由相关部门对参加培训的人员进行培训有效性评价,可采用试卷、现场操作及工作业绩评估等方式进行,形成记录;
b) 对于外部培训评价,以获得培训部门发放的相应资格证为准;
c) 评价不合格的养老机构服务人员,应重新进行培训。

8 人员考核

8.1 养老机构应定期对服务人员进行满意度调查及绩效考核。

8.2 对于优秀的人员，宜制定相应的奖励或晋级措施。

8.3 对于不合格的人员，根据情节的严重程度宜采取以下措施：

a） 批评告诫；

b） 进行再培训；

c） 降低其职业等级；

d） 解除劳动合同。

ICS 03.080.99
A 16

DB54

西藏自治区地方标准

DB54/T 0205—2020

养老机构档案管理规范

Specification of archives management for senior care organization

2020-07-21 发布　　　　2020-08-19 实施

西藏自治区市场监督管理局 发布

前 言

本标准按照 GB/T 1.1—2009 给出的规则起草。

本标准由西藏自治区民政厅提出并归口。

本标准起草单位：中国标准化研究院、西藏自治区民政厅、拉萨市民政局、山南市民政局、西藏自治区标准化研究所。

本标准主要起草人：刘守华、魏利伟、张莺、张剑、李坤威、李文武、白玛玉珍、刘文红、李彦鹏、次仁德吉、达娃次仁、石维彬、扎西央宗、贡桑卓玛。

养老机构档案管理规范

1 范围

本标准规定了养老机构档案管理的基本要求，以及档案的分类、收集、整理、立卷、归档、保管、鉴定、销毁和利用等管理要求。

本标准适用于养老机构的档案管理。

2 术语和定义

下列术语和定义适用于本文件。

2.1

档案　archives

国家机构、社会组织或个人在社会活动中直接形成的有价值的各种形式的历史记录。

[DA/T 1—2000，定义 2.1]

2.2

档案管理　archives management

档案的收集、整理、保管、借阅和提供利用等活动。

3 基本要求

3.1 养老机构应按照国家有关政策建立档案的管理制度、审批授权制度、监督检查制度、人员管理培训制度等，具体要求如下：

a) 明确工作流程，编制技术操作手册和管理要求等；

b) 明确审批授权的范围、权限内容、方式和程序等；

c) 明确监督检查的内容、方式、频率和责任人等；

d) 明确人员岗位职责和要求，以及人员培训的内容、方式、对象和频率等。

3.2 养老机构应对本机构形成的业务材料做好收集、整理、立卷、归档、保管、鉴定、销毁、统计、利用和移交等工作。档案应真实、完整、安全和有效。

3.3 档案应由养老机构集中保存。

3.4 养老机构应对档案中记载的信息负保密责任。

3.5 档案同时存在纸质和电子两种载体形式的，在内容、相关说明及描述上应保持一致，不一致时应以纸质档案记载信息为准。

3.6 养老机构应设置档案室和配备档案管理人员。

3.7 养老机构应对所有档案进行分类管理，且每份档案应有唯一的档案号，即唯一的编码。

3.8 档案管理人员应遵守保密守则和保密纪律，无关人员不应随意浏览档案柜或翻阅档案资料，不应在私人通信、电话、公共场所或与无关人员谈论工作中透露档案内容和档案机密，不携带任何档案外出。绝密档案应存入保险柜，借出或归还的档案应仔细清点登记，不应擅自提供或复制保密档案。

3.9 档案应进行定期或不定期检查，注意查看永久保存的档案，发现破损、字迹模糊应及时加以修补和复制。

3.10 档案记录应满足如下要求：

a) 记录及时、准确、完整,内容简明扼要、实用,医用、安全等专用术语应准确。

b) 字迹清楚、端正;出现错字时,应用双线划在错字上,保留原记录清楚、可辨,并注明修改时间,修改人签名;不应采用刮、粘、涂等方法掩盖或去除原来的字迹。

c) 眉栏、页码填写完整,记录者签全名。

d) 使用钢笔、签字笔,颜色为蓝黑色或黑色。

4 档案分类

4.1 档案按类别分为:

a) 老年人档案:入院档案、健康档案、院期档案和后事档案;

b) 文书档案:行政管理档案、服务档案和党务档案;

c) 科技档案:工程建设档案和设施设备档案;

d) 人事档案:入职档案、培训档案、职位档案、薪酬考核档案和其他档案;

e) 会计档案:会计凭证、会计账簿、财务报表、账簿备份数据及单位经济活动相关的其他资料;

f) 声像实物档案:照片、磁性载体、电子文件、电子邮件及实物等。

4.2 档案按材质分为纸制档案和电子档案。

4.3 档案保管期限按时间分为永久、长期、中期和短期,具体保管时限如下:

a) 永久保管;

b) 长期保管:30 年;

c) 中期保管:10 年;

d) 短期保管:5 年。

5 档案管理

5.1 收集

5.1.1 范围

档案材料的收集范围见表 1。

表 1 档案材料的收集范围

序号	档案分类		收集范围	保管期限	归档时间
1	老年人档案	入院档案	基本情况登记表(包括家属信息),入住申请书,特困供养证(五保供养证),身份证和户口本复印件(包括亲属身份证和户口本复印件),入住合同(供养协议)	长期	第二年第一季度完成
		健康档案	入住评估结果,初次入住体检结果,每年体检表,医务室诊疗记录,重大疾病住院记录		
		院期档案	老年人在院期间形成的具有一定保存价值的各种材料		
		后事档案	遗嘱、财产处置记录等		

表 1（续）

序号	档案分类		收集范围	保管期限	归档时间
2	文书档案	行政管理档案	外来文件、内部文件、法律法规、产权产籍、资质、合同协议、质量管理体系文件、标准化建设文件等	中期	第二年第一季度完成
		服务档案	为老年人提供服务或相关支撑保障过程中所形成的材料，例如清洁卫生服务记录、洗涤服务记录、膳食服务记录、能源统计记录和消防巡视演练记录等	短期	
		党务档案	党务工作中形成的文件材料	中期	
3	科技档案	工程建设档案	工程申请、设计、施工、验收等过程中形成的基础性的文件材料	长期	验收完成后即时登记归档
		设施设备档案	说明书，采购、安装、调试和验收过程中的技术性与凭证性文件材料，运行、维修记录，设备改进、改装和报废的文件材料等		
4	人事档案	入职档案	个人简历、员工登记表、身份证、学历/学位证书、英语等级证书、计算机等级证书、各类资格证书复印件等个人入职基本信息，劳动合同、劳务合同、保密协议、补充协议、实习协议等	永久	3个月内
		培训档案	入职培训试卷、培训总结或结业证、培训登记表、培训申请表		
		职位档案	职务任命书、职务变动申请表、职位职务变更记录表		
		薪酬考核档案	试用期考核、年度考核、调薪申请		
		其他档案	个人党团相关资料、各类奖励和处罚记录、离职申请、离职交接表、离职证明存根、补偿金协议等		
5	会计档案		会计凭证、会计账簿、财务报表、账簿备份数据及单位经济活动相关的其他资料	长期	第二年第一季度完成
6	声像实物档案		处级以上领导检查指导工作等重大活动、本机构重大会议活动所拍摄的照片、录像，奖旗、奖状、奖杯、奖章、证书等材料	长期	第二年第一季度完成

5.1.2 要求

5.1.2.1 各部门应定期收集应归档的材料，按照档案分类结合办结时间进行归集。

5.1.2.2 收集材料时应按照“业务用表在前、审核凭证在后，重要凭证在前、次要凭证在后”的原则顺序排列。业务审核凭证排列顺序应与业务报表名册中人员顺序保持一致。

5.1.2.3 材料的字迹、印章和日期应完整、清晰、准确。

5.1.2.4 各部门档案管理人员应对收集的材料进行检验，经检验合格后与经办人员办理交接手续，做到账物相符。

5.2 整理

5.2.1 各部门档案管理人员应按照档案分类对收集的材料进行整理。

5.2.2 归档材料所使用的载体应符合档案保管及保护的要求。

5.2.3 纸质材料宜采用国际标准A4幅面,表头方向应向上或向左。

5.2.4 材料应剔除影响档案保管保护的附着物。

5.3 立卷

5.3.1 组卷

5.3.1.1 经收集整理的材料应及时组卷,视情况可按月、季或年度组卷,不应跨年组卷。材料以办结日期确定形成时间。

5.3.1.2 案卷内材料应按照案卷封面、卷内文件目录、材料、卷内备考表的顺序依次排列。

5.3.2 编号

5.3.2.1 档案的案卷档号包括:年度、保管期限代码、档案类别、案卷类别、案卷号。

5.3.2.2 档案的文件档号包括:年度、保管期限代码、档案类别代码、案卷类别代码、案卷号、件号。

5.3.2.3 档号编制要求为:

a) 年度:以四位阿拉伯数字表示;

b) 保管期限:以中文表示;

c) 档案类别:以中文表示;

d) 案卷号:在分类的最低一级案卷类别内从“0001”开始依次标注;

e) 件号:在案卷内从“001”开始依次标注。

5.3.2.4 案卷内材料应编制页码,以三位阿拉伯数字表示,在案卷内从“001”开始依次标注。页码位置在材料右上角处,背面有正文的位置在左上角相同位置。

5.3.2.5 案卷内以“件”为单位组卷的,应在卷内文件目录中标注材料的页数。

5.3.3 编目

5.3.3.1 案卷封面项目应包括:全宗名称、档案类别、案卷题名、案卷档号、材料形成起止年月、保管期限、材料件数、材料页数。

5.3.3.2 卷内文件目录项目应包括:件号、单位名称(姓名)、文件题名、材料形成年月、页号(页数)。

5.3.3.3 卷内备考表项目应包括:本卷情况说明(卷内材料缺损、修改、补充、移出、销毁等情况的说明,由档案管理人员注明发生或发现问题的时间、人员)、立卷人、立卷日期、检查人、检查日期。

5.3.3.4 案卷目录项目应包括:全宗名称、年度、保管期限、档案类别、案卷题名、案卷号、材料件数、材料页数、存放位置、备注。

5.3.4 装订

5.3.4.1 材料装订时应使用对纸张无害的装订工具及耗材。

5.3.4.2 具有电子文件形式的纸质材料可不装订,采取封装方式保管。

5.4 归档

5.4.1 档案形成后应按表1的归档时间要求归集到本机构档案管理部门集中保管。

5.4.2 实物档案应原件归档。

5.4.3 档案归档时,档案管理人员应对档案进行检验,根据档案目录查收档案,合格后与各部门办理归档交接手续，做到账物相符。

5.4.4　交接时，双方应在档案交接清单上(一式两份)签字，双方各自保存1份。

5.4.5　档案管理人员按类将拟归档的档案存放于档案室中，填写《档案归档登记记录》(参见附录A)。

5.5　保管

5.5.1　要求

5.5.1.1　档案实体应避免受到人为因素和自然因素的损害，在保管和利用过程中应始终有序。

5.5.1.2　养老机构应设置专门的档案室，采取防护设备和管理措施，维护档案实体的完整与安全。

5.5.1.3　档案室宜按照保管期限(见表1)、档案类别和年度划分区域，入库档案应按统一规则定位。

5.5.1.4　档案管理人员应定期清点库存档案，检查受损情况，并对受损档案采取措施进行抢救和修复。

5.5.1.5　有条件的养老机构宜采用档案室安全保护智能化综合管理、物联网等技术提高库房管理水平。

5.5.2　档案室管理

5.5.2.1　档案室面积应不少于15 m^2。

5.5.2.2　档案室应指定专(兼)职的档案管理人员管理，其他人员未经批准不应进入。进入时，应由专职档案管理人员陪同并登记进入人员姓名、进入事由和进出时间。

5.5.2.3　档案室应配备必要的防火、防盗、防水、防潮、防光、防紫外线、防尘、防高温、防有害生物以及照明等设备。

5.5.2.4　档案室内温、湿度应符合相关要求，设备应定期进行保养和维护。

5.5.3　应急预案

档案管理部门应对可能发生的突发事件和自然灾害制定应急预案，提高对各种险情的应急抢险能力，最大限度地防止灾害对档案可能造成的损害。

5.6　鉴定和销毁

5.6.1　养老机构应由相关负责人、档案管理人员和经办人员组成档案鉴定小组，负责鉴定材料的归档范围和保管期限，并对到期档案进行销毁鉴定。

5.6.2　档案保管时间自形成之日的次年1月1日开始计算。

5.6.3　对达到或超过保管期限的档案应定期组织鉴定。鉴定时，应对照材料归档范围和保管期限的条款从档案的内容、来源、产生时间和利用价值等方面综合分析判断档案的保存价值，提出销毁或延长保管期限的意见。

5.6.4　对经过鉴定可以销毁的档案应编制销毁清册，报养老机构主要负责人批准。

5.6.5　销毁档案时，应由两人或两人以上监销，在档案行政管理部门指定地点实施销毁。

5.6.6　销毁人员和监销人员应在销毁清册上签字确认。销毁清册应永久保存。

5.7　利用

5.7.1　档案利用包括阅览、复制、摘录、外借、编研等方式。

5.7.2　养老机构应按相关规定提供检索和查询服务。

5.7.3　查阅、借阅档案应填写《档案借阅登记记录》(参见附录B)，履行审批手续，采取保护措施，避免造成档案损害和遗失。

5.7.4　查阅人员对借用的档案应妥善保管和爱护，不应涂改、转借、拆散、毁损、复印。

5.7.5　确因工作需要外带、借阅，应写情况说明，经相关负责人批准后方可外带。外带时间一般不超过3个工作日。外带时应保管好档案，确保档案的安全。

5.7.6 使用、借阅档案时,应注意档案的安全和保密性,不应自行转借、涂改、拆散、抽取,未经负责人批准不应复印。

5.7.7 档案室管理人员对借阅、外带归还的档案应检查、确认档案无差错、无短缺、无破损后办理归还手续。

5.7.8 借阅、外带的档案发生丢失、损坏、泄密时,档案管理人员应立即报告,并采取措施妥善处理,撰写处理情况说明。

附 录 A
（资料性附录）
档案归档登记记录

档案归档登记记录见表 A.1。

表 A.1 档案归档登记记录

序号	档案类别	归档范围	档案编号	保管期限	归档时间	归档人

附　录　B
（资料性附录）
档案借阅登记记录

档案借阅登记记录见表B.1。

表B.1　档案借阅登记记录

序号	借阅日期	文件名	目的	期限	文件编号	借阅人签字	归还日期	备注

参 考 文 献

[1] 中华人民共和国档案法(中华人民共和国主席令第57号)
[2] 中华人民共和国档案法实施办法(国家档案局第5号令)
[3] 会计档案管理办法(财会字〔1998〕32号)

ICS 03.080.99
A 16

DB54

西藏自治区地方标准

DB54/T 0206—2020

养老机构突发事件应急管理规范

Specification of emergency management for senior care organization

2020-07-21 发布　　2020-08-19 实施

西藏自治区市场监督管理局　发布

前　　言

本标准按照 GB/T 1.1—2009 给出的规则起草。

本标准由西藏自治区民政厅提出并归口。

本标准起草单位：中国标准化研究院、西藏自治区民政厅、拉萨市民政局、山南市民政局、西藏自治区标准化研究所。

本标准主要起草人：张剑、张荫芬、张莺、魏利伟、李坤威、李文武、陈煌、白玛玉珍、刘文红、李彦鹏、次仁德吉、达娃次仁、石维彬、扎西央宗、贡桑卓玛。

养老机构突发事件应急管理规范

1 范围

本标准规定了养老机构突发事件应急管理的总则、突发事件分类分级、运行机制及典型突发事件的应急处置等。

本标准适用于养老机构突发事件应急管理和处置。

2 术语和定义

GB/T 29353、GB/T 35561 和 GB/T 37228 界定的以及下列术语和定义适用于本文件。

2.1

突发事件　emergency events

突然发生，造成或者可能造成严重社会危害，需要采取应急处置措施予以应对的自然灾害、事故灾难、公共卫生事件和社会安全事件。

2.2

危险源　hazard

可能导致人员伤害或疾病、物质财产损失、工作环境破坏或这些情况组合的根源或状态因素。危险源由 3 个要素构成：潜在危险性、存在条件和触发因素。

3 总则

3.1 养老机构应结合自身特点，建立与保持应急管理体系。应急管理体系应包括以下内容：

a) 应急管理目标与原则；

b) 事故预防与应急准备；

c) 应急预案的编制与实施；

d) 应急响应与恢复；

e) 应急管理评定与持续改进。

3.2 养老机构应明确应急管理的目标与原则，目标与原则应体现事故预防及损失控制，以人为本、预防为主、常备不懈、高效协调以及持续改进。

3.3 养老机构应开展的工作包括：确定应急管理工作计划和方法，分配有关职能和层次的职责及确保完成工作任务所需的资源，建立包括事故预防、应急准备、应急响应、恢复等环节的应急管理机制，保持应急管理体系的实施与持续改进。

4 突发事件分类分级

4.1 突发事件类别

突发事件主要分为以下几类：

a) 自然灾害：干旱、洪涝等气象灾害，地震、雪灾、风灾、泥石流、山体崩塌等地质灾害，森林草原火灾和生物灾害等；

b） 事故灾难：各类安全事故，火灾，环境污染和生态破坏等；

c） 公共卫生事件：传染病疫情，食品和药品安全事件以及其他严重影响公众健康和生命安全的事件；

d） 社会安全事件：恐怖袭击事件、民族宗教事件、群体性事件、涉外突发事件和舆情突发事件等；

e） 老年人意外伤害事件：噎食、食品药品误食、压疮、烫伤、坠床、跌倒、他伤和自伤、走失、文娱活动意外等事件。

4.2 突发事件级别

各类突发事件按照其性质、造成损失、社会危害程度和影响范围等因素，由低到高划分Ⅳ级（一般）、Ⅲ级（较大）、Ⅱ级（重大）和Ⅰ级（特别重大）4个级别。

5 运行机制

5.1 应急组织

5.1.1 养老机构应建立完善的应急组织机构，包括应急管理的领导机构和覆盖各有关职能和层次的应急组织机构。

5.1.2 养老机构应对应急管理中承担任务的所有应急组织机构，明确相应的职责。应急组织机构和人员的具体职责应同相关机构和人员工作职责紧密结合。

5.1.3 应急组织的职责应包括以下内容：

a） 制定和更新突发事件响应的目标；

b） 确定参与突发事件应急响应的角色、责任和相互关系；

c） 制定突发事件应急响应的规则、限制条件和计划；

d） 制定应急指挥方案和下达任务；

e） 开展安全知识、救援和急救技能的培训及应急预案的实施和演练；

f） 开展日常安全工作检查，督促、落实隐患整改工作，及时消除隐患；

g） 反馈和评估应急指挥方案实施情况；

h） 记录关键决策和决策依据；

i） 应急资源管理；

j） 信息发布。

5.2 风险分析

5.2.1 养老机构应通过风险分析明确应急的对象、事件的性质及其影响，为应急准备和应急响应提供决策和指导依据。风险分析包括危险源辨识、脆弱性分析和风险评价。

5.2.2 养老机构通过开展风险分析应明确：

a） 危险源的种类、数量、特性及分布；

b） 风险等级、脆弱目标、潜在事故的类型、影响范围及后果；

c） 可能对事故应急处置造成影响的因素。

5.3 潜在风险的控制

养老机构应依据风险分析结果，针对可能发生事故的潜在风险策划并实施风险控制措施。控制措施可包括安全技术措施、管理措施、安全培训与教育等。

5.4 应急能力评估

5.4.1 养老机构应根据风险分析确定的主要风险，开展应急能力评估，明确应急救援所需的资源，包括各类应急力量的组成及分布情况、各种应急设备、物资、用品的准备情况、应急救援组织或周边可用的应急资源等。

5.4.2 养老机构应就其应急能力进行评估，包括但不限于：

a) 内部应急能力：本机构应急救援力量、个人防护用品、应急组织和人员、通讯、监控及报警设备、监视和测量设备、应急电力设备、应急救援所需各种保障制度等；

b) 外部可用资源：区域应急救援力量、医疗救护分布及救护能力、应急专家系统、人群疏散条件等。

5.5 物资与装备准备

5.5.1 养老机构应根据风险分析确定的主要风险，组建专业的社会救援力量，配备应急救援所需的救援手段、各种救援设备设施、监测仪器、堵漏、隔离和洗消材料、交通工具、个人防护设备、医疗设备和药品、生活保障物资等，并定期检查、维护与更新，保证应急物资与装备始终处于完好状态。

5.5.2 养老机构应对机构内固定场所设置应急警报系统。

5.5.3 养老机构在配备应急装备时，应考虑外部可支援的应急能力。

5.6 预防与预警

5.6.1 风险防控

5.6.1.1 养老机构应依法对各类危险源、危险区域进行调查、辨识、评估、分级、登记，定期进行检查、监控，准确掌握本机构的各类风险情况，对可能发生的突发事件进行综合性评估和趋势分析，按照应急预案的程序及时研究应对措施，做好应急准备。

5.6.1.2 养老机构应结合老年人日常生活活动、精神状态、感知觉与沟通、社会参与进行安全风险评估，根据风险评估结果划分风险等级。

5.6.2 监视与测量

5.6.2.1 养老机构应对服务安全和应急管理绩效进行监视和测量，建立监视与测量制度，完善监视与测量机制，加强对监视与测量工作的管理和监督，保证监视与测量质量。

5.6.2.2 监视与测量应包括以下内容：

a) 适合机构需要的定性监视和定量测量；

b) 记录监视和测量的数据和结果，以便改进。

5.6.2.3 监视和测量的范围应包括所有与应急管理相关的场所、环境、人员、设备设施和活动。

5.6.3 预警

5.6.3.1 养老机构应建立健全突发事件预警制度、预警机制，统筹预警信息发布。

5.6.3.2 养老机构的安全管理部门应对可能发生的突发事件进行分析，按照应急预案的程序及时研究应对措施，做好应急准备。

5.7 应急处置和救援

5.7.1 应急预案

5.7.1.1 养老机构应结合本机构实际情况制定处置突发事件应急预案，包括但不限于：老年人意外伤害事件处置预案、群体性事件处置预案、设备设施故障处置预案、火灾处置预案、民族宗教事件处置预案、食物中毒处置预案、传染病处置预案、自然灾害处置预案、恐怖袭击事件处置预案以及机构认为有必要制定的其他预案。

5.7.1.2 应急预案的内容包括但不限于：

a） 组织机构；

b） 职责分工；

c） 处置原则；

d） 预案等级；

e） 预案启动和报警；

f） 处置程序；

g） 物资储备；

h） 工作要求。

5.7.1.3 养老机构应建立应急预案演练制度，应急预案演练应每半年不少于1次。

5.7.1.4 养老机构应根据实际情况的变化，对各类应急预案内容进行补充和完善。

5.7.1.5 养老机构应建立定期评估、灾后评估和演练评估相结合的应急预案评估制度，分析评价预案内容的针对性、实用性和可操作性，实现应急预案的动态化和科学规范管理。

5.7.2 信息报告

5.7.2.1 养老机构应建立健全突发事件报告制度，按照突发事件报告的相关规定逐级报告。事件发生后，现场有关人员应立即报告安全管理人员或安全责任人，安全责任人接到报告后，应按照相关规定立即向上级主管部门及当地政府报告。

5.7.2.2 特别重大或者重大突发事件发生后，上报时间最迟不应超过4 h。应急处置过程中，应及时续报有关情况。

5.7.2.3 重大突发事件不应瞒报、迟报、谎报或者授意他人瞒报、谎报，不应阻止他人报告。

5.7.3 应急处置

5.7.3.1 养老机构安全管理部门应及时对突发事件的有关信息进行筛选、整理、评估，由安全责任人按照本标准的分类分级规定，依级启动预案。

5.7.3.2 重大级别以下突发事件应急处置工作由本机构安全管理部门负责组织实施。超出本级应急处置能力时，应及时报请上级安全管理部门提供指导和支持。

5.7.3.3 突发事件应急处置或先期处置工作由本机构安全管理部门负责组织实施，并按要求逐级上报，程序应符合下列要求：

a） 工作人员发现设施故障或在服务过程中发现安全隐患，应向安全管理部门报告，安全管理部门应及时组织力量采取措施，实施营救、疏散、撤离、安置受威胁人员；

b） 控制危险源/隔离传染源，标明危险区域，封锁危险场所，维护秩序，并采取措施控制事态发展，消除隐患，采取防止发生次生、衍生灾害和事件的必要措施，组织先期处置与救援工作，并按规定上报；

c） 发生安全事故或重大疫情，应立即向安全管理部门/机构属地疾病预防控制机构报告，并进行事故详细记录；

d） 安全管理部门应对发生后的突发事件进行分析，按照应急预案的程序及时研究应对措施，做好应急准备；

e） 安全管理部门应对突发事件的过程及处置行为进行评估，并将突发事件和应急处理结果上报上级主管部门。

5.7.4 舆情管理

5.7.4.1 突发事件发生后，按照突发事件的等级，由本机构应急管理部门统一发布或确定信息发布的形式和内容，授权机构新闻发言人发布，所有员工应严格遵守规定的信息发布纪律，不应擅自对外发布突发事件相关信息。

5.7.4.2 机构应急管理部门应在突发事件发生后，收集完整的信息和专业见证资料，协助媒体以客观公正的角度报道事实真相，维护与媒体和公众的良好关系。

5.7.5 事后评估

5.7.5.1 突发事件处理后期，机构应急管理部门应对突发事件的起因、过程、性质、人员伤亡、财产损失等情况进行调查，提交突发事件调查报告，其中应包括对突发事件责任的处理意见和将来对同类事件的防范措施。

5.7.5.2 应将整个事件过程中所有收发信息、领导批示、事故调查报告、现场录像、图片等材料整理归档，总结事件处理过程中的经验和教训。

5.7.5.3 应急处置结束后，应对原突发事件应急预案进行评估和完善。

5.7.5.4 应急管理部门应对突发事件管理工作中作出突出贡献的先进集体和个人给予表彰和奖励；对迟报、谎报、瞒报和漏报突发事件重要情况或者突发事件管理工作中有其他失职、渎职行为的，给予相应的处分；构成犯罪的，依法追究刑事责任。

5.7.6 应急结束

突发事件得到有效处置、事态平息后，经组织专家论证，应急管理部门根据突发事件处置情况终止预案。

6 典型突发事件应急处置

6.1 社会安全事件等突发事件应急处置

社会安全事件应急预案应包括但不限于以下流程：

a) 工作人员应限制行为异常及有闹事行为记录的人员入内；

b) 工作人员发现社会安全事件时，应及时制止并联络安全保卫人员支援及报警处置；

c) 应急指挥领导组通知各部门做好应急准备，并加强防范；

d) 事件严重的应向上级主管部门报告，做好善后处置工作。

6.2 火灾突发事件应急处置

火灾突发事件应急预案应包括但不限于以下流程：

a) 火灾第一发现人要就近灭火，控制初起火灾，及时拨打119火警电话，并向应急指挥领导组报告；

b) 立即启动应急集中救援办法，召集消防救援组灭火；

c) 应急指挥领导组组织机构内各岗位人员参与救援，按照先救人后救物的原则，首先转移疏散入住老年人，及时抢救物品并参与灭火，在消防车到来之前尽量控制火势，减少人员伤亡；

d) 火灾发生后，应急指挥领导要及时通知相关人员到场，拨打120急救电话，并做好接、领消防车计划，提前制定出消防车行走路线；

e) 做好灾后老年人的生活安置工作，参加抢救人员物资筹备工作；

f) 机构相关部门领导人应在最短时间内到达事故现场，组织抢救和善后处置工作。

6.3 食物中毒突发事件应急处置

食物侵害突发事件应急预案应包括但不限于以下流程：

a) 发生食物中毒，应采取自救措施并向上级领导报告或应急指挥领导组报告，拨打120将老年人送往医院，或等待医护人员到场救援；

b） 应急指挥领导组应组织人员参与救援，进行人员疏散或停止进食；

c） 保护现场，封存留样，对疑似可能产生食物中毒的食品及其原料、有关器具、设备采取必要的措施；

d） 食物中毒达到3人以上应向卫生防疫部门和上级主管部门报告，做好善后处置工作。

6.4 传染病突发事件应急处置

传染病突发事件应急预案应包括但不限于以下流程：

a） 养老机构内发生突发传染病，应及时向上级领导报告或应急指挥领导组报告，拨打120请求救援；

b） 应急指挥领导组，组织各部门做好应急准备，进行人员疏散或隔离；

c） 向卫生防疫部门和主管部门报告，做好善后处置。

6.5 自然灾害突发事件应急处置

6.5.1 地震

6.5.1.1 当发生地震时，养老机构应统一指挥工作人员，迅速有序地将全体人员疏散到安全地带。

6.5.1.2 如有可能，在撤离时应关闭、切断输电、供水系统（应急照明系统除外）和各种明火，防止震后次生灾害。

6.5.1.3 来不及撤离的人员，应躲入结实的台子、桌子或凳子下面，臀部及下弯的背部抵住内墙或门框。应远离玻璃、日光灯、文件柜或其他可能坠落、倾斜的物件。地震发生后，除非常有必要或有适当的机会，未撤离的人员应保持在原地，等待救援，不要擅自行动。

6.5.1.4 帮助受伤人员检查伤势，并寻求医生的救助，不要移动重伤人员。

6.5.1.5 应急救援完毕后，工作人员应下达撤离指示，进行善后处理工作。

6.5.1.6 做好地震灾害的记录及上报工作。

6.5.2 雪灾、水灾、风灾、泥石流、寒潮等其他自然灾害

6.5.2.1 当灾害发生时，养老机构应统一指挥工作人员，迅速将全体人员疏散到安全地带。

6.5.2.2 养老机构应及时向主管部门上报受灾人员情况、所处环境，并报告养老机构的紧急联络人和安全责任人。同时启动应急响应，工作人员在统一领导下开展自救工作。

6.5.2.3 护理员在护理老人的同时，做好安抚工作，防止老人情绪失控。如有紧急情况发生，及时与主管部门联系。

6.5.2.4 养老机构加强与外界沟通，了解救助渠道。

6.5.2.5 留意媒体有关救助的消息，以便老年人及员工了解灾害的进展情况及自我防范意识。

6.5.2.6 做好灾害的记录及上报工作。

6.6 老年人意外伤害事件应急处置

6.6.1 走失

6.6.1.1 发现老年人走失后，老年人所在区域服务人员应了解老年人走失前后的情况，查看老年人外出记录，查看监控录像，组织人员在本机构区域内进行寻找。

6.6.1.2 若老年人确实不在本机构内，应通知老人家属，询问老年人是否被家属接走，请家属协助寻找，并立即上报主管领导。

6.6.1.3 必要时由应急管理部门报当地公安机关协助寻找。

6.6.2 噎食

6.6.2.1 老年人进食中发生噎食，服务人员应立即将老年人采取坐位或立位，呼救其他工作人员，停止老年人继续进食，快速清除口腔内积食，拍背协助老年人将食物吐出。

6.6.2.2 如上述方法无效时，应遵医嘱采取海姆立克急救法，抢救者站在老年人身后，由双手环抱其腰部，右手握拳使拇指掌关节突出点顶住老年人的腹部正中线脐上部位，左手的手掌压在拳头上，连续快速向内、向上推压冲击，重复数次，直至异物排出。

6.6.2.3 昏迷倒地的老年人，应采取仰卧位，抢救者面对老年人，以一手置于另一手上，将下面一手的掌根放在胸廓下脐上的腹部，用身体的重量快速向上冲压老年人的腹部。一次无效，可隔几秒后重复操作，直至异物排出。

6.6.2.4 医护人员不能处置的老年人应立即呼叫 120 或 999 急救车转院处置，在急救车到来之前，密切观察老年人的生命体征，采取相应措施，做好病历记录。

6.6.2.5 医护人员处置的同时，护理员协助医护人员通知家属或相关第三方，告知病情做好转院准备。

6.6.3 烫伤

6.6.3.1 发现老年人烫伤，服务人员应立即赶到老年人身边安抚老年人，脱离热源，报告医护人员。

6.6.3.2 医护人员应立即赶往现场处理，脱离热源，脱去衣服，评估老年人烧烫伤程度。服务人员根据烧烫伤程度遵医嘱，配合医生采取相应措施：

a) 轻度烫伤：面积不大，可用凉水冲洗或浸泡 15 min～20 min；
b) 中度烫伤：烫伤伤及真皮层，皮肤表面起水泡，可在创面清洗干净后外涂烫伤药膏，不应将水泡擦破。如水泡已破，护士应用无菌纱布覆盖伤口，等待医生处理；
c) 重度烫伤：护士协助医生去除老年人贴在烫伤创面上的衣物，使用无菌纱布覆盖伤口，保护创面。

6.6.3.3 中度以上大面积烫伤用凉水冲洗，做好转院处置。

6.6.3.4 护理员协助通知家属或相关第三方，医师告知病情，立即呼叫急救车，做好转院准备。

6.6.3.5 在急救车到来之前，密切观察病人的生命体征，采取相应措施，做好病历记录。

6.6.4 跌倒/坠床

6.6.4.1 发现老年人发生跌倒或坠床时应立即通知医护人员。

6.6.4.2 医护人员应立即赶往现场，来到老年人身旁，评估老年人意识、伤情、生命体征，检查摔伤部位，暂时制动，安排合适体位。

6.6.4.3 医生应根据老年人伤势采取相应急救措施，如局部止血、伤口包扎、冰敷等。

6.6.4.4 老年人仅为擦伤者，护士配合医生局部止血、伤口包扎、冰敷，搀扶/使用轮椅转运老年人到医务室进行处理。

6.6.4.5 经医生检查怀疑老年人发生骨折时，医生或护士为老年人制动骨折部位并安抚老年人。

6.6.4.6 通知老年人监护人，由医生告知病情，并呼叫 120 或 999 急救车转院处置。

6.6.4.7 急救车到来之前，密切观察病人的生命体征，采取相应措施，做好病历记录。

参考文献

[1] GB/T 29353 养老机构基本规范
[2] GB/T 35561 突发事件分类与编码
[3] GB/T 37228 公共安全 应急管理 突发事件响应要求

ICS 03.080.99
A 16

DB54

西藏自治区地方标准

DB54/T 0207—2020

养老机构接收捐赠管理规范

Specification of accepting donations management for senior care organization

2020-07-21 发布　　2020-08-19 实施

西藏自治区市场监督管理局　发布

前　言

本标准按照 GB/T 1.1—2009 给出的规则起草。

本标准由西藏自治区民政厅提出并归口。

本标准起草单位：中国标准化研究院、西藏自治区民政厅、拉萨市民政局、山南市民政局、西藏自治区标准化研究所。

本标准主要起草人：刘守华、魏利伟、李文武、张莺、张剑、李坤威、白玛玉珍、刘文红、李彦鹏、次仁德吉、达娃次仁、石维彬、扎西央宗、贡桑卓玛。

养老机构接收捐赠管理规范

1　范围

本标准规定了养老机构接收捐赠管理的基本要求，以及捐赠款物的接收、登记、保管、分配与发放、公示和反馈等要求。

本标准适用于养老机构所接收的捐赠资金和捐赠物品的管理。

2　术语和定义

下列术语和定义适用于本文件。

2.1

捐赠款物　donations

个人或者法人团体无偿自愿赠送给养老机构的款项、物品等。

3　基本要求

3.1　养老机构应建立接收捐赠管理制度。

3.2　应设立捐赠接收管理小组，接收捐赠款物时不应少于2人。

3.3　接收捐赠应确定款物的来源。

3.4　定向捐赠物资应按照捐赠方意愿及协议约定的用途使用，不应改变约定的用途。如确需改变用途的，应征得捐赠方的同意。

3.5　非定向捐赠物资，应根据老年人需求统筹使用。

3.6　接收捐赠款物时应做好相应记录。

4　接收

4.1　接收管理小组应对捐赠款物进行查验，查验内容主要包括：

a)　食品：查验生产日期、保质期、外观、包装、产品许可证等；

b)　设备：查验合格证明文件、使用说明书、数量、外观、包装、出厂日期、规格型号、安全标识等；

c)　用品：查验合格证明文件、保质期、包装等；

d)　图书期刊类：查验有无破损、折角、涂毁、撕页等；

e)　款项：清点数量，核对金额。

4.2　物品验收后，将受赠物品存入库房待用。

5　登记与保管

5.1　捐赠款物验收合格后，接收管理小组应填写《接收捐赠登记表》（参见附录A）。接收记录应按实物进行登记，不应有涂改，并归档管理。

5.2　捐赠物品应按物品来源分类登记，规格、数量统计清晰，专账管理。

5.3　单件价值1 000元及以上或批量单品价值在1 000元以上的设备设施应纳入固定资产，办理固定资产登记手续，并计入固定资产账簿。

5.4　应将低值易保存品和《接收捐赠物品明细表》（参见附录B）移交库房管理员。库房管理员确认无误后，应及时办理入库登记手续。

5.5　物品管理员应根据捐赠物品类别，分别设置总账和明细账进行管理。捐赠物品根据发放情况每月定期盘点1次，做到账物相符，物品存放地标识、编号清晰可查。

5.6　应将捐赠现金或支票及《接收捐赠登记表》的复印件移交财务管理部门，财务管理部门确认无误后，将捐赠资金入账，并开具专用收据。

6　分配与发放

6.1　资金

6.1.1　定向捐赠资金

6.1.1.1　捐赠人向捐赠接收管理小组提出申请，经机构负责人审批后，全额拨付相关项目使用。接收管理小组监督此类资金的使用情况，并负责定期向捐赠人通报。

6.1.1.2　如确需改变捐赠资金用途，应征得捐赠者同意，并将书面材料归档。

6.1.2　非定向捐赠资金

6.1.2.1　非定向捐赠资金应遵守国家有关规定，将捐赠资金用于事业发展，包括：

a)　设施设备的维修、更新、购置；

b)　日常物品的购买；

c)　医疗、康复、安置、送养过程中发生的费用。

6.1.2.2　非定向捐赠资金不应用于院内工作人员的任何支出。

6.1.2.3　每年年初，应向主管部门申请使用非定向捐赠资金，填写《非定向捐赠资金使用审批表》（参见附录C）。

6.1.2.4　使用非定向捐赠资金时，应报相关负责人审批，并填写《非定向捐赠资金使用备案表》（参见附录D）。

6.2　物品

6.2.1　列入固定资产管理的物品应由养老机构统一安排使用，并按照相关要求管理。

6.2.2　低值易保存品管理应按捐赠意愿进行派发或启用，物品结余存入库房待用。

7　公示和反馈

应对捐赠款物的接收使用情况进行公示并向捐赠方反馈使用用途和结果。

附　录　A
（资料性附录）
接收捐赠登记表

接收捐赠登记表见表 A.1。

表 A.1　接收捐赠登记表

<table>
<tr><td colspan="4">捐赠日期：</td></tr>
<tr><td colspan="4">捐赠单位(个人)：</td></tr>
<tr><td rowspan="7">捐赠款物种类</td><td rowspan="2">货币资金</td><td rowspan="2">人民币：
（大写）</td><td>外币：</td></tr>
<tr><td>折合人民币：</td></tr>
<tr><td rowspan="5">实物
资产</td><td colspan="2">固定资产：</td></tr>
<tr><td colspan="2">低值易保存品：</td></tr>
<tr><td colspan="2">低值不易保存品：</td></tr>
<tr><td colspan="2"></td></tr>
<tr><td colspan="2"></td></tr>
<tr><td colspan="4">捐赠意向：</td></tr>
<tr><td colspan="3">捐赠单位(个人)盖章：

主管领导：

经办人：</td><td>接收捐赠单位盖章：

主管领导：

经办人：</td></tr>
</table>

附　录　B
（资料性附录）
接收捐赠物品明细表

接收捐赠物品明细表见表 B.1。

表 B.1　接收捐赠物品明细表

序号	物品种类	物品名称	规格型号	捐赠单位(个人名字)	单价	数量	金额（元）	备注

经办人：　　　　　　复核：　　　　　　日期：

附　录　C
（资料性附录）
非定向捐赠资金使用审批表

非定向捐赠资金使用审批表见表 C.1。

表 C.1　非定向捐赠资金使用审批表

<table>
<tr><td colspan="3">预计使用日期：</td></tr>
<tr><td rowspan="2">非定向捐赠资金使用
合计</td><td>本年已使用金额（大写）：</td><td>小写：</td></tr>
<tr><td>本年计划使用金额（大写）：</td><td>小写：</td></tr>
<tr><td colspan="3">用途（附相关资料）：</td></tr>
<tr><td colspan="3">单位意见：

财务负责人：　　　　　　　　院　长：

年　月　日</td></tr>
<tr><td colspan="3">主管部门审批意见（签章）：　　　　　　　　分管领导：

年　月　日</td></tr>
</table>

附　录　D
（资料性附录）
非定向捐赠资金使用备案表

非定向捐赠资金使用备案表见表 D.1。

表 D.1　非定向捐赠资金使用备案表

<table>
<tr><td colspan="2">单位：(公章)</td><td>单位：元</td></tr>
<tr><td colspan="3">使用期间：</td></tr>
<tr><td rowspan="5">货币资金
(小写)</td><td>工程类支出</td><td></td></tr>
<tr><td>货物类支出</td><td></td></tr>
<tr><td>老年人支出</td><td></td></tr>
<tr><td>其他支出</td><td></td></tr>
<tr><td>小计</td><td></td></tr>
<tr><td rowspan="4">实物资产
(小写)</td><td>固定资产</td><td></td></tr>
<tr><td>低值易保存品</td><td></td></tr>
<tr><td>低值不易保存品</td><td></td></tr>
<tr><td>小计</td><td></td></tr>
<tr><td colspan="2">合计(大写)</td><td></td></tr>
<tr><td colspan="3">院长：　　　　　　　　　　固定资产管理员：

财务负责人：　　　　　　　　接收捐赠部门负责人：

年　　月　　日</td></tr>
</table>

参 考 文 献

[1] 中华人民共和国会计法(中华人民共和国主席令第81号)
[2] 事业单位财务规则(中华人民共和国财政部令第68号)
[3] 会计基础工作规范(中华人民共和国财政部令第98号)

ICS 03.080.99
A 16

DB54

西 藏 自 治 区 地 方 标 准

DB54/T 0208—2020

养老机构消防安全管理规范

Specification of fire safety management for senior care organization

2020-07-21 发布　　2020-08-19 实施

西藏自治区市场监督管理局　发布

前　言

本标准按照 GB/T 1.1—2009 给出的规则起草。

本标准由西藏自治区民政厅提出并归口。

本标准起草单位：中国标准化研究院、西藏自治区民政厅、拉萨市民政局、山南市民政局、西藏自治区标准化研究所。

本标准主要起草人：张剑、张荫芬、张莺、魏利伟、李坤威、李文武、陈煌、白玛玉珍、刘文红、李彦鹏、次仁德吉、达娃次仁、石维彬、扎西央宗、贡桑卓玛。

养老机构消防安全管理规范

1 范围

本标准规定了养老机构消防安全管理的总体要求、消防组织、火灾风险评估、消防安全例会、防火管理要求、消防安全重点部位管理、消防安全措施、灭火救援预案和演练、火灾事故处置与善后等。

本标准适用于养老机构及其所在建筑的消防安全管理。

2 规范性引用文件

下列文件对于本文件的应用是必不可少的。凡是注日期的引用文件，仅注日期的版本适用于本文件。凡是不注日期的引用文件，其最新版本(包括所有的修改单)适用于本文件。

GB 2894 安全标志及其使用导则

GB 13495.1 消防安全标志 第1部分:标志

GB 15630 消防安全标志设置要求

GB 25201 建筑消防设施的维护管理

GB 50016 建筑设计防火规范

GB 50116 火灾自动报警系统设计规范

GB 50222 建筑内部装修设计防火规范

GB 50720 建设工程施工现场消防安全技术规范

GB 50974 消防给水及消水栓系统技术规范

CJJ 51—2016 城镇燃气设施运行、维护和抢修安全技术规程

GA 503 建筑消防设施检测技术规程

3 术语和定义

GB/T 5907、GB 25201、GB 50045、GB 50084、GB 50098、GB 50116、GB 50140、GBJ 16、GA 503、GA 654、MZ/T 032 界定的以及下列术语和定义适用于本文件。

3.1

消防设施 firefighting device

火灾自动报警系统、自动灭火系统、消火栓系统、防烟排烟系统以及应急广播和应急照明、安全疏散设施等。

3.2

消防队 private fire brigade

由专(兼)职灭火人员组成，有固定消防站用房，配备消防车辆、装备、通讯器材，定期组织消防训练，能够每日 24 h 备勤的消防组织。

3.3

微型消防站 mini fire station

由本机构消防安全责任人建立，消防安全管理人组织管理，在机构内部配备必要消防器材的志愿消防队伍，主要承担机构内部防火巡查和初期火灾扑救职能。

3.4

消防设施监控云平台　cloud platform for fire monitoring

为本机构用户提供一种基于互联网的消防设施监控服务，这项服务以软件服务为主，通过这项服务用户可以在任何地点、时间来查询本机构消防设施运行状态。

4　总体要求

4.1　养老机构应遵守消防法律、法规、规章(以下统称“消防法规”)，贯彻“预防为主、防消结合”的消防工作方针，履行消防安全职责，保障消防安全。

4.2　养老机构应制定消防安全管理制度、灭火和应急疏散预案。每年对其消防安全状态进行评估，持续改进消防安全管理。

4.3　养老机构应依法建立并落实逐级消防安全责任制，明确各级、各岗位的消防安全责任。

4.4　养老机构的法定代表人或者主要负责人应对本机构消防安全工作负总责。

4.5　养老机构应确定1名消防安全工作专业人员为消防安全管理人，负责组织实施日常消防安全管理工作，主要履行制定落实年度消防工作计划和消防安全制度，组织开展防火巡查和检查、火灾隐患整改、消防安全宣传教育培训、灭火和应急疏散演练等职责。

4.6　养老机构应明确消防工作管理部门，配备专(兼)职消防管理人员，建立志愿消防队，具体实施消防安全工作。

4.7　养老机构宜采用先进的消防技术、产品和方法，建立完善的消防安全管理体系和机制，定期开展消防安全评估。

4.8　养老机构应按照规定对建筑消防设施、器材进行维护保养和检测，确保完好有效。

4.9　养老机构应针对老年人特点，在疏散通道、安全出口和重要场所、重点部位的显著位置设置消防安全警示、提示标识。安全标志的设置应符合GB 2894、GB 13495.1、GB 15630的规定。在消防设施、器材上设置醒目的标识，并标明操作使用方法。

4.10　养老机构应对所有员工每半年至少开展1次消防安全培训。

4.11　养老机构的建筑四周不应搭建违章建筑，不应占用防火间距、消防通道、举高消防车作业场地，不应设置影响消防扑救或遮挡排烟窗(口)的架空管线、广告牌等障碍物。

4.12　养老机构不应与甲、乙类厂房、仓库组合布置及贴邻布置，且不应与丙、丁、戊类厂房、仓库组合布置。

4.13　养老机构不应擅自改变防火分区和消防设施、降低装修材料的燃烧性能等级。建筑内部装修不应改变疏散门的开启方向，减少安全出口、疏散出口的数量及其净宽度，影响安全疏散畅通。

5　消防组织

5.1　应根据需要建立消防队和微型消防站，由专(兼)职消防人员组成。

5.2　设有消防控制室的养老机构应建立微型消防站。同一建筑物由两个以上单位管理或使用的，可联合建立微型消防站。微型消防站建设应符合消防法规的规定。

5.3　微型消防站的建设单位应加强队伍建设，定期组织训练演练，加强消防装备配备，积极参与社会消防安全联防联控。

6　火灾风险评估

应委托消防技术服务机构，全面详细地调查了解本机构的消防救援条件、建筑防火、消防设施现状、火灾危险源等相关情况，对建筑本体及所在区域进行火灾风险评估，判定其火灾风险等级。对于被判定为高风险等级的机构，应采取多种方式加强其消防安全保护等级。

7 消防安全例会

7.1 养老机构应建立消防安全例会制度，处理涉及消防安全的重大问题，研究、部署、落实本机构的消防安全工作计划和措施。

7.2 消防安全例会应由消防安全责任人主持，有关人员参加，每月不宜少于1次。消防安全例会应由消防安全管理人提出议程，并应形成会议纪要或决议。

8 防火管理要求

8.1 建筑工程管理

8.1.1 消防设计

8.1.1.1 新建、扩建、改建(含室内装修、用途变更)等建设工程，消防设计审核、消防验收或消防设计、竣工验收备案抽查应符合相关法律法规的规定。

8.1.1.2 建筑防火设计应符合GB 50016的要求。

8.1.1.3 建筑内部装修设计及使用装修材料的燃烧性能等级应符合GB 50222的要求。

8.1.2 施工现场的消防安全

8.1.2.1 建设工程施工现场的消防安全由施工单位负责，由养老机构实施监督。实行施工总承包的，由总承包单位负责。分包单位向总承包单位负责，服从总承包单位对施工现场的消防安全管理；对建筑物进行局部改建、扩建和装修的工程，建设单位应当与施工单位在订立的合同中明确各方对施工现场的具体消防安全责任；未明确各方消防安全责任的由建设单位承担责任。

8.1.2.2 建设工程施工现场的消防技术要求按照GB 50720的规定执行。

8.2 火灾危险源管理

8.2.1 电气管理

8.2.1.1 应建立用电安全管理制度，制度应包括责任部门、责任人和职责、设施登记、施工人员资格、检查部位和内容、检查工具、发现问题处置程序、情况记录等内容。

8.2.1.2 电气设备应由具有资质的单位或人员负责安装和维修，应执行安全操作规程，不应随意乱接电线，使用的电气、电热设备，应选用合格产品，并应符合有关安全标准的要求。每年应对电气线路和设备进行安全性能检查，同时应委托具有资质专业机构进行电气设备消防安全检测。

8.2.1.3 电气线路改造、增加用电负荷应由有关部门办理审批手续，不应私拉乱接电气设备，施工后应自行或委托具有资质专业机构进行电气设备消防安全检测。

8.2.1.4 未经允许，不应在机构内使用电炉等具有火灾危险性的电热器具、高热灯具。

8.2.1.5 停送电时，应在确认安全后方可操作。

8.2.2 用火、动火管理

8.2.2.1 应建立用火安全管理制度，制度应包括责任部门、责任人和职责、动火审批范围、程序、施工人员资格、发现问题处置程序、情况记录等内容。

8.2.2.2 养老机构应对动用明火实行严格的消防安全管理。禁止在具有火灾、爆炸危险的场所吸烟、使用明火。

8.2.2.3 动火作业人员应具有相应的岗位资格，在批准的动火作业区域内动火。

8.2.2.4 固定用火场所(设施)应落实专人负责。

8.2.2.5 用火、动火安全管理应符合下列要求：

a) 需要动火施工的区域与使用、营业区之间应进行防火分隔；

b) 电气焊等明火作业前，实施动火的部门和人员应按照制度规定办理动火审批手续，清除易燃可燃物，配置灭火器材，落实现场监护人和安全措施，在确认无火灾、爆炸危险后方可动火施工；

c) 不应使用明火照明或取暖，如特殊情况需要时应有专人看护；

d) 临终关怀室(或悼念厅、灵堂等)内不应使用明火；

e) 炉火、烟道等取暖设施与可燃物之间应采取防火隔热措施；

f) 厨房的烟道应至少每季度清洗 1 次；

g) 厨房燃油、燃气管道应经常检查、检测和保养。

8.2.2.6 燃气安全的管理应符合下列要求：

a) 应符合 CJJ 51—2016 中第 3 章的要求，使用、储存燃气的场所应有可燃气体报警装置等安全技术防护设备；

b) 不应私自拆、移、改动燃气表、灶、管道等燃气设施，不应私自安装燃气热水器、取暖器和其他燃气器具；

c) 选择使用的燃气灶、热水器和壁挂炉等燃气器具应为合格产品，应按照使用说明书进行操作，并根据说明书了解产品使用时可能出现的危险及需采取的预防措施；

d) 燃气具、燃气瓶等设备应按要求进行定期检验，做好登记记录。

8.2.3 用电防火安全管理

8.2.3.1 养老机构应建立用电防火安全管理制度，并应明确下列内容：

a) 用电防火安全管理的责任部门和责任人；

b) 用电设备的采购要求；

c) 用电设备的安全使用要求；

d) 用电设备的检查内容和要求；

e) 用电设备操作人员的岗位资格及其职责要求。

8.2.3.2 用电防火安全管理应符合下列要求：

a) 采购电气、电热设备，应选用合格产品，并应符合有关安全标准的要求；

b) 老年人照料设施内不应设置电直接加热采暖设备供暖，不应设置生产、加工等大功率动力用电设备；

c) 电动自行车等移动用电设备，应在固定地点统一停放、充电；

d) 电气线路敷设、电气设备安装和维修应由具备职业资格的电工操作；

e) 不应随意乱接电线，擅自增加用电设备；

f) 电器设备周围应与可燃物保持 0.5 m 以上的间距；

g) 对电气线路、设备应定期检查、检测，不应长时间超负荷运行；

h) 老年人照料设施内不应设置大功率照明灯具和高温照明灯具，宜使用低温照明灯具，并应对灯具的发热部件采取隔热等防火措施。灯头、灯座、镇流器等灯具配件应具有阻燃性能，并且不应直接安装在木质等可燃材料上；

i) 公共区域结束使用时，应切断非必要电源。

8.2.3.3 养老机构宜通过物联网技术对引发电气火灾的主要因素进行不间断的数据跟踪，实时发现电气线路和用电设备存在的安全隐患，消除潜在的电气火灾危险。

8.3 建筑消防设施管理

8.3.1 养老机构应建立消防设施管理制度，制度应包括责任部门、责任人和职责、设备登记、保管及维护管理要求、情况记录等内容。

8.3.2 应建立建筑消防设施、器材维护管理制度，应加强对消防设施和灭火器材的维护保养，确保其配置齐全、完整好用。

8.3.3 设有自动消防设施的场所，应确定专职人员维护保养或委托具有消防设施维护保养能力的组织或单位进行消防设施维护保养，并与受委托组织或单位签订合同，在合同中确定维护保养内容。维护保养，应保留记录。

8.3.4 应明确各类建筑消防设施日常巡查部位，日常检查每周不应少于1次，单项检查应每月不应少于1次，建筑消防设施的联动检查应每年不应少于1次，并做好记录。

8.3.5 消防设施和消防电源始应终处于正常运行状态；维修时，应采取相应的措施。维修完成后，应立即恢复到正常运行状态。

8.3.6 消防设施和器材不应损坏、挪用或者擅自拆除、停用。

8.3.7 养老机构设置室内消火栓系统的，室内消火栓箱不应上锁，箱内设备应齐全、完好。

8.3.8 与室内供水系统直接连接的消防软管卷盘，设置间距不应大于30 m。

8.3.9 室外消火栓不应埋压、圈占、遮挡消火栓或者占用防火间距。

8.3.10 应按照国家标准、行业标准配置防火门、防火卷帘、疏散指示标志、火灾应急照明、火灾应急广播等消防设施、器材。家具、设备、用品等的摆放不应影响防火门、防火卷帘、室内消火栓、火灾探测器、手动火灾报警按钮、声光报警装置等消防设施的正常使用。

8.3.11 设置火灾自动报警系统和需要联动控制消防设备的养老机构，应设置消防控制室。消防控制室的设置宜符合GB 50016和GB 50116的规定。

8.3.12 设置消防控制室的养老机构还应设立微型消防站。微型消防站宜布置在老年人照料设施附近。微型消防站的选址及装备配置应按照到达老年人照料设施内任一点不大于3 min为原则。当本机构内防火保护区内设置微型消防站确有困难时，宜按照3 min原则增设消防器材点。当设置微型消防站确有困难时，应设立消防器材点。微型消防站的建设应符合《消防安全重点单位微型消防站建设标准（试行）》的规定。

8.3.13 供失能老年人使用且层数大于2层的老年人照料设施，应按核定使用人数配备简易防毒面具。

8.3.14 建筑消防设施的功能测试检查的内容、方法应按照GB 25201的规定执行。

8.3.15 每年应委托具有相应资质的检测和维护保养机构按照GA 503的要求对消防设施进行1次全面检测。

8.3.16 应根据本机构实际情况与消防设施的特点，配置使用标志，指定专人对消防设施的状态进行调整，并做好记录。

8.3.17 消防安全标志的设置应符合GB 15630、GB 13495.1的要求，每月检查1次，检验、维修，确保完好有效，发现问题及时维修或更换。

8.4 安全疏散设施管理

8.4.1 安全疏散设施管理制度的内容应明确消防安全疏散设施管理的责任部门和责任人，定期维护、检查的要求，确保安全疏散设施的管理要求。

8.4.2 应在每层明显位置设置安全疏散图示，图示中应标明疏散路线、安全出口、人员所在位置、消防设施位置和必要的文字说明，不应遮挡。

8.4.3 建筑使用期间安全出口不应上锁，不应在安全出口、疏散通道上安装栅栏、隔断等影响疏散的障碍物，且在其1.4 m范围内不应设置台阶。疏散通道、安全出口不应遮挡、覆盖疏散指示标志。

8.4.4 控制人员出入或设有门禁系统的疏散门，应有保证火灾时人员疏散畅通的可靠措施。

8.4.5 封闭楼梯间、防烟楼梯间的门应完好，门上应有正确启闭状态的标识，保证其正常使用。

8.4.6 窗口、阳台等部位不应设置影响逃生和灭火救援的栅栏。

8.4.7 常闭式防火门应经常保持关闭，并在常闭防火门上设有警示文字和符号，因需要必须常开的防火门应安装具备联动关闭功能的装置，且装置应完好、有效。

8.4.8 消防应急照明、安全疏散指示标志应完好、有效，发生损坏时应及时维修、更换。

8.5 防火巡查和检查

8.5.1 应建立防火巡查、防火检查和火灾隐患整改制度，制度应包括责任部门、责任人和职责、检查频次、参加人员、检查部位、内容和方法、火灾隐患认定、处理和报告程序、整改责任和防范措施、情况记录等内容。

8.5.2 应对执行消防安全制度和落实消防安全管理措施的情况进行巡查和检查，落实防火巡查、检查人员，填写巡查、检查记录。

8.5.3 防火巡查、检查人员巡查时应携带必要的器材装备，及时纠正违法行为和处置火灾隐患，无法当场整改的，应当立即向本机构消防安全责任人、消防安全管理人报告。发现初起火灾应立即报警并及时扑救，并做好记录。防火巡查宜采用电子巡更设备。

8.5.4 防火巡查、检查人员应每日对重点部位进行巡视。逢重大节日、重大活动等敏感时期还应对重点部位进行有针对性的防火巡查。

8.5.5 防火巡查应包括以下内容(要点参见附录A)：

a) 用火、用电、用油、用气有无违章情况；
b) 安全出口、疏散通道是否畅通，安全疏散指示标志、应急照明是否完好；
c) 消防设施、器材是否保持正常工作状态，消防安全标志是否在位、完整；
d) 常闭式防火门是否关闭严密，防火卷帘下方是否堆放物品影响使用；
e) 消防安全重点部位人员在岗情况；
f) 消防车道、水源、重点单位情况；
g) 清除烟头、发热源等杂物情况；
h) 其他需巡查的情况。

8.5.6 防火检查应包括以下内容：

a) 安全疏散通道、楼梯，安全出口、消防应急照明和疏散指示标志情况；
b) 消防车通道、消防水源状况；
c) 消防安全标志的设置情况和完好、有效情况；
d) 灭火器材配置及其有效和完好情况；
e) 建筑消防设施运行情况；
f) 消防控制室值班情况、消防控制设备运行情况及相关记录；
g) 用火、用电有无违章情况；
h) 消防安全重点部位的管理情况；
i) 防火巡查落实情况及其记录；
j) 火灾隐患的整改以及防范措施的落实情况；
k) 易燃易爆危险物品场所防火、防爆和防雷措施的落实情况；
l) 楼板、防火墙和竖井孔洞等重点防火分隔部位的封堵情况；
m) 消防安全重点部位人员及其他员工消防知识的掌握情况；
n) 其他需要检查的内容。

8.5.7 防火巡查和检查时应填写巡查和检查记录，巡查和检查人员及其主管人员应在记录上签名。巡查、检查中应及时纠正违法违章行为，消除火灾隐患，无法整改的应立即报告，并记录存档。

8.6 火灾隐患整改

8.6.1 应建立火灾隐患整改制度，制度应包括责任部门、责任人和职责、发现问题处置程序、情况记录等内容。

8.6.2 对存在的火灾隐患，应当及时予以消除。消防安全责任人为火灾隐患整改第一责任人，提供人员、场地、资金等资源，由消防安全管理人负责组织人员、落实火灾隐患的整改措施，整改完毕，负责整改的部门或人员应逐级上报至消防安全责任人。未能及时整改火灾隐患的个人或部门，养老机构应根据相关奖惩措施对责任人进行惩处。

8.6.3 对责令限期改正的火灾隐患，应在规定的期限内改正，对于确有正当理由不能在限期内改正完毕的，应在期限届满前提出书面延期申请。

9 消防安全重点部位管理

9.1 养老机构应将老年人居室、食堂（餐厅）、活动空间、临终关怀室（或悼念厅、灵堂）、储油间、变配电室、锅炉房、厨房、空调机房、资料库等确定为消防安全重点部位；应按有关法律法规和本文件履行消防安全管理职责，明确责任人；应制定和完善事故应急处置程序，严格执行消防安全管理。

9.2 消防安全重点部位应根据相关标准配备相应的灭火器材、装备和个人防护器材。

9.3 消防安全重点部位应设置明显的防火标志，标明“消防安全重点部位”和“防火责任人”，落实相应管理规定，并严格执行。

9.4 消防安全重点部位应列入防火巡查范围，作为定期检查的重点，填写《每日防火巡查登记表》（参见附录 B）。

9.5 应建立消防档案管理制度，其内容应明确消防档案管理的责任部门和责任人，消防档案的制作、使用、更新及销毁应符合当地应急管理部门的要求。

10 消防宣传与培训

10.1 消防宣传

消防安全宣传包括但不限于下列内容：

a） 悬挂或张贴消防宣传标语，提示场所的火灾危险性，利用展板、专栏、广播、电视、电子显示屏等形式开展消防宣传教育；

b） 应对本机构内的所有人员进行消防知识的普及和教育，养老机构服务人员应提醒老人安全用火用电。

10.2 消防培训

10.2.1 员工上岗、转岗前，应经消防安全培训合格；对在岗人员每半年进行 1 次消防安全教育，宜包括下列内容：

a） 有关消防法规、消防安全管理制度、保证消防安全的操作规程等；

b） 本机构、本岗位的火灾危险性和防火措施；

c） 建筑消防设施、灭火器材的性能、使用方法和操作规程；

d） 报火警、扑救初起火灾、应急疏散和自救逃生的知识、技能；

e） 本机构的安全疏散路线，引导人员疏散的程序和方法等；

f） 灭火和应急疏散预案的内容、操作程序。

10.2.2 定期对老年人进行消防培训，宜包括下列内容：

a) 预防火灾的方法，如不乱接电源、不乱扔烟头等；

b) 消防器材使用方法；

c) 如果是火灾第一发现人，如何告知工作人员或报警；

d) 当火灾发生时，在工作人员的指引下安全撤离，以及应采取的自救措施。

11 灭火救援预案和演练

11.1 灭火救援预案

11.1.1 应建立灭火和应急疏散预案演练制度，制度应包括预案制定和修订、责任部门、组织分工、演练频次、范围、演练程序、注意事项、演练情况记录、演练后的小结与评价等内容。

11.1.2 应制定灭火和应急疏散预案，建立应急反应和处置机制，并定期演练，以减少火灾危害。

11.1.3 火灾发生时，现场工作人员应当组织引导在场老人疏散，并按照灭火和应急疏散预案要求履行各自职责。

11.1.4 应根据人员集中、火灾危险性较大和重点部位的实际情况，制定有针对性的灭火救援预案。

11.1.5 预案应包括下列内容：

a) 任何人员发现火灾应立即报警并呼喊附近人员参与灭火救援；

b) 火灾现场或附近区域的人员(不包括老年人)应立即赶往失火地点，在 1 min 内自发组成灭火救援力量，开展初期火灾的报警、扑救和人员疏散；

c) 消防工作管理部门在接到报警后，应立即启动预案，通知消防队和各职能小组向起火部位集结开展灭火和救援工作；

d) 消防队接到火警通知后，应迅速携带应急装备，向火场集结，在 3 min 内到达现场进行灭火救援；

e) 通讯、疏散、救护等各个职能小组按照分工，积极开展灭火救援和人员疏散行动；

f) 明确火灾现场通信联络、灭火、疏散、救护、保卫等任务的负责人，规模较大的养老机构应由专门机构负责，组建各职能小组，并明确负责人、组成人员及其职责；

g) 火警处置程序；

h) 应急疏散的组织程序和措施；

i) 扑救初起火灾的程序和措施；

j) 通信联络、安全防护和人员救护的组织与调度程序和保障措施。

11.1.6 当确认发生火灾后，应立即启动灭火救援预案，并同时开展下列工作：

a) 向消防救援机构报火警；

b) 当班人员执行预案中的相应职责；

c) 组织和引导人员疏散，营救被困人员；

d) 使用消火栓等消防器材、设施扑救初起火灾；

e) 派专人接应消防车辆到达火灾现场；

f) 保护火灾现场，维护现场秩序。

11.1.7 应定期组织养老机构人员熟悉灭火救援预案，并通过预案演练，逐步修改完善。

11.2 消防演练

11.2.1 养老机构应至少每半年组织 1 次消防演练，宜动员养老服务机构人员积极参与。

11.2.2 宜选择人员集中、火灾危险性较大和重点部位作为消防演练的目标，根据实际情况，确定火灾模拟形式。消防演练方案可以报告当地消防救援机构，争取其业务指导。

11.2.3 消防演练时,应在建筑入口等显著位置设置“正在消防演练”的标志牌,进行公告。

11.2.4 消防演练应按照灭火和应急疏散预案实施。

11.2.5 模拟火灾演练中应落实火源及烟气的控制措施,防止造成人员伤害。

11.2.6 演练结束后,应将消防设施恢复到正常运行状态,做好记录,并及时进行总结。

12 火灾事故处置与善后

12.1 确认火灾发生后,起火机构应立即启动灭火和应急疏散预案,通知建筑内所有人员立即疏散,实施初期火灾扑救,并报火警。

12.2 火灾发生后,受灾单位应保护火灾现场。消防救援机构划定的警戒范围是火灾现场保护范围;尚未划定时,应将火灾过火范围以及与发生火灾有关的部位划定为火灾现场保护范围。

12.3 未经消防救援机构允许,任何人不应擅自进入火灾现场保护范围内,不应擅自移动火场中的任何物品。

12.4 未经消防救援机构同意,任何人不应擅自清理火灾现场。

12.5 养老机构应接受事故调查,如实提供火灾事故情况,查找有关人员,协助火灾调查。应做好火灾伤亡人员及其亲属的安排、善后事宜。

12.6 火灾调查结束后,养老机构应总结火灾事故教训,改进消防安全管理;相关主管部门宜将火灾事故记录纳入该养老机构的信用评价中。

附 录 A
（资料性附录）
防火巡查要点

A.1 消防车道巡查要点

A.1.1 是否有违停的各类车辆堵塞消防车道。

A.1.2 车道上空是否有电线电缆、广告标语等影响消防车辆通过。

A.1.3 车道两侧是否有开挖的沟渠、管道井等影响消防车辆通过。

A.2 室外消火栓巡查要点

A.2.1 检查消火栓是否被埋压、圈占、遮挡，栓体有无损坏。

A.2.2 查看出水口是否完好，有无缺盖情况。

A.2.3 检查阀门是否能顺利打开，打开阀门看充实水柱是否达到 GB 50016、GB 50974 的规定。

A.2.4 关闭阀门后看栓体内余水能否通过排水孔顺利排出。

A.3 水泵接合器巡查要点

A.3.1 检查水泵接合器是否被埋压、圈占、遮挡，栓体有无损坏，1.5 m 范围内无障碍物。

A.3.2 出水口是否完好，有无缺盖情况。

A.3.3 区分水泵接合器是连接室内消火栓管网还是喷淋管网。

A.3.4 检查阀门是否能顺利打开。

A.4 室内疏散通道巡查要点

A.4.1 是否有杂物堆放或明显的凸物影响疏散。

A.4.2 是否有铁栅栏、门等锁闭通道，是否有违规敷设的各类液体或可燃气体管道。

A.4.3 顶层、底层通道是否直通顶楼平台或室外。

A.4.4 通道内应急照明灯、消防安全标志是否完整好用。

A.5 防火门巡查要点

A.5.1 是否有影响防火门关闭的障碍物。

A.5.2 检查防火门标签，检查防火门铰链及合页螺丝是否松动，常闭式防火门是否保持关闭状态。

A.5.3 闭门器、顺序器是否好用，打开常闭式防火门后是否会自行按照顺序关闭。

A.5.4 防火门开启方向是否与疏散方向保持一致，并且不应上锁。

A.5.5 防火门外通道是否保持畅通，有无障碍物阻挡通道出口。

A.6 逃生窗巡查要点

A.6.1 是否有影响逃生窗开启的障碍物。

A.6.2 是否被锁闭，是否能顺利开启。

A.7 防火卷帘巡查要点

A.7.1 防火卷帘下方是否违规堆放物品影响关闭，卷帘下降区地面警示标志是否清晰。

A.7.2 防火卷帘两侧的控制按钮是否被遮挡，控制器是否处于无障碍状态。

A.7.3 卷帘导轨是否有变形现象，轨道内无阻碍卷帘下降的障碍物。

A.7.4 分别按下“上行”“下行”按钮是否能正常升起下降。

A.7.5 测试防火卷帘的手动拉链，检查防火卷帘的升、降功能，且无滑行、撞击现象。

A.8 应急照明设施巡查要点

A.8.1 查看灯具外观是否完整。

A.8.2 拨掉电源插头或按下测试按钮，查看应急照明灯是否点亮。

A.9 室内消火栓巡查要点

A.9.1 检查消火栓箱是否完整，是否能顺利打开，标识是否明显。

A.9.2 查看是否配备水带、水枪及出水口接口是否完好，水带与接口绑扎牢固，无霉变损坏。

A.9.3 将卷盘拉出并打开开关，看是否有水流出。

A.9.4 轻启阀门开关，看是否有水流出。

A.9.5 灭火器巡查要点。

A.9.6 检查灭火器箱是否被埋压、圈占、遮挡、挪动，箱体有无损坏。

A.9.7 打开箱体，取出灭火器，查看喷射软管、灭火器筒体、保险栓是否完好。

A.9.8 查看干粉灭火器压力指针范围（如在中间绿色部分表示正常，黄色表示压力过高，红色表示压力不足）。

A.9.9 查看年检标签，普通干粉灭火器有效期一般为 1 年～2 年，筒体有效期为 10 年。

A.10 自动喷水灭火系统巡查要点

A.10.1 洒水喷头不应被遮挡、拆除。

A.10.2 报警阀、末端试水装置应有明显标识。

A.10.3 系统应保持正常工作状态。

A.11 火灾自动报警系统巡查要点

A.11.1 探测器等报警设备不应被遮挡、拆除。

A.11.2 不得擅自关闭系统，维护时应落实安全措施。

A.11.3 应由具备上岗资格的专门人员操作。

A.11.4 系统应保持正常工作状态。

A.12 防排烟系统巡查要点

A.12.1 自然排烟外窗不应被遮挡，手动开启装置应灵活。

A.12.2 布局调整时，每个防烟分区均应设有排烟口且满足规范要求。

附 录 B
（资料性附录）
每日防火巡查登记

每日防火巡查登记见表B.1。

表B.1 每日防火巡查登记表

编号：

被检查部门	
检查内容和情况记录	
防火巡查内容	1.用火、用电、用油、用气有无违章情况：□有 □无 2.生产、储存、经营场所与居住场所设置在同一建筑物内：□是 □否 3.疏散通道、安全出口：□畅通 □堵塞 □锁闭 4.防火门：□完好有效 □常闭试防火门常开 □损坏 5.疏散指示标志：□完好有效 □损坏 □缺少 6.应急照明：□完好有效 □损坏 □缺少 7.电线乱接乱拉：□是 □否 8.消火栓：□未设置 □完好有效 □损坏 □缺少 9.灭火器：□未设置 □完好有效 □失效 10.其他情况：
站房器材	1.灭火器是否保持完好有效：□是 □否 2.个人防护器材是否保持完好有效：□是 □否 3.通讯器材是否保持完好有效：□是 □否
整改时间	上述问题请于　　年　　月　　日前完成整改。
检查人员(签名)	年　月　日
部门主管人员(签名)	年　月　日

参 考 文 献

［1］ GB 4717 火灾报警控制器
［2］ GB/T 5907(所有部分) 消防词汇
［3］ GB 13495(所有部分) 消防安全标志
［4］ GB/T 13869 用电安全导则
［5］ GB 17945 消防应急照明和疏散指示系统
［6］ GB 25506 消防控制室通用技术要求
［7］ GB/T 26875 城市消防远程监控系统
［8］ GB/T 29353 养老服务机构基本规范
［9］ GB 50045 高层民用建筑设计防火规范
［10］ GB 50054 低压配电设计规范
［11］ GB 50084 自动喷水灭火系统设计规范
［12］ GB 50098 人民防空工程设计防火规范
［13］ GB 50140 建筑灭火器配置设计规范
［14］ GB 50222 建筑内部装修设计防火规范
［15］ GB 50440 城市消防远程监控系统技术规范
［16］ GBJ 16 建筑设计防火规范
［17］ GA 654 人员密集场所消防安全管理
［18］ JGJ 450 老年人照料设施建筑设计标准
［19］ MZ/T 032 养老机构安全管理

ICS 03.080.99
A 16

DB54

西藏自治区地方标准

DB54/T 0209—2020

养老机构食品安全管理规范

Specification of food safety management for senior care organization

2020-07-21 发布　　2020-08-19 实施

西藏自治区市场监督管理局　发布

前　　言

本标准按照 GB/T 1.1—2009 给出的规则起草。

本标准由西藏自治区民政厅提出并归口。

本标准起草单位：中国标准化研究院、西藏自治区民政厅、拉萨市民政局、山南市民政局、西藏自治区标准化研究所。

本标准主要起草人：张剑、张荫芬、张莺、魏利伟、李坤威、李文武、陈煌、白玛玉珍、刘文红、李彦鹏、次仁德吉、达娃次仁、石维彬、扎西央宗、贡桑卓玛。

养老机构食品安全管理规范

1 范围

本标准规定了养老机构食品安全管理的基本要求、人员要求、过程控制、风险管理、评价改进等内容。

本标准适用于养老机构的食品安全管理和过程控制。

2 规范性引用文件

下列文件对于本文件的应用是必不可少的。凡是注日期的引用文件,仅注日期的版本适用于本文件。凡是不注日期的引用文件,其最新版本(包括所有的修改单)适用于本文件。

GB 2760 食品安全国家标准 食品添加剂使用标准

GB 5749 生活饮用水卫生标准

GB 7718 食品安全国家标准 预包装食品标签通则

GB 13432 食品安全国家标准 预包装特殊膳食用食品标签

GB 14934 食品安全国家标准 消毒餐(饮)具

GB/T 22000 食品安全管理体系 食品链中各类组织的要求

GB 28050 食品安全国家标准 预包装食品营养标签通则

3 术语和定义

GB/T 22000、GB/T 29353 界定的以及下列术语和定义适用于本文件。

3.1

食品安全 food safety

食品无毒、无害,符合应有的营养要求,对人体健康不造成任何急性、亚急性或者慢性危害。

3.2

原料 raw material

供加工制作食品所用的一切可食用或者饮用的物质。

3.3

半成品 precooked food

原料经初步或部分加工制作后,尚需进一步加工制作的食品,不包括贮存的已加工制作成成品的食品。

4 基本要求

4.1 应取得餐饮服务许可证,并在就餐场所明显处悬挂。

4.2 应建立健全食品安全管理制度、从业人员健康管理制度、食品安全自查制度、食品进货查验记录制度、原料控制要求、过程控制要求、食品安全事故处置方案等,明确各岗位的食品安全责任,强化过程管理。

4.3 应配备食品安全管理人员。从事餐饮的工作人员应持证上岗,每年进行健康检查。

4.4 应制定餐饮的工作人员健康检查、食品安全培训考核及食品安全自查等计划。餐饮的工作人员应具备食品安全和质量意识,加工制作行为符合食品安全法律法规要求。

4.5　应具有与经营的食品品种、数量相适应的场所、设施、设备,且布局合理。

4.6　食品处理区应设置在室内,并采取有效措施,防止食品在存放和加工制作过程中受到污染。

4.7　应按照原料进入、原料加工制作、半成品加工制作、成品供应的流程合理布局。

4.8　应分开设置原料通道及入口、成品通道及出口、使用后餐饮具的回收通道及入口。

4.9　应定期维护食品加工、贮存等设施、设备;定期清洗、检查保温设施及冷藏、冷冻设施。

4.10　应制定并实施食品、食品添加剂及食品相关产品控制要求,不应采购不符合食品安全标准的食品、食品添加剂及食品相关产品。

4.11　应对原料采购至成品提供的全过程实施食品安全管理,并采取有效措施,避免交叉污染。

4.12　应通过透明玻璃窗(或玻璃幕墙)、开放式隔断矮墙、橱窗、监控视频显示、APP、设置参观活动等方式,将餐饮服务关键区域及有关环节进行展示。展示画面应当清晰,符合有关规范建设的要求。

4.13　应在屏幕上或公示区(栏)内公开食品原材料采购信息、从业人员健康情况、食品添加剂使用、食品安全检查及检测、投诉电话等管理信息和食品安全知识宣传等内容。

4.14　应建立健全食品安全管理档案,食品安全管理档案目录可参见附录A。

5　人员要求

5.1　健康管理

5.1.1　餐饮服务人员应每年进行健康检查,取得健康证明后方可上岗,必要时应进行临时健康检查。

5.1.2　食品安全管理人员应每天对餐饮服务人员上岗前的健康状况进行检查。患有发热、腹泻、咽部炎症等病症及皮肤有伤口或感染的人员,应主动向食品安全管理等人员报告,暂停从事接触直接入口食品的工作,必要时进行临时健康检查,待查明原因并将有碍食品安全的疾病治愈后方可重新上岗。

5.1.3　手部有伤口的餐饮服务人员,使用的创可贴宜颜色鲜明,并及时更换。佩戴一次性手套后,可从事非接触直接入口食品的工作。

5.2　培训

5.2.1　应每年对餐饮服务人员进行1次食品安全培训考核,特定餐饮服务提供者应每半年对其从业人员进行1次食品安全培训考核。

5.2.2　培训考核内容应为有关餐饮食品安全的法律法规知识、基础知识及本机构的食品安全管理制度、加工制作规程等。

5.2.3　培训可采用专题讲座、实际操作、现场演示等方式。考核可采用询问、观察实际操作、答题等方式。

5.2.4　应对培训考核及时评估效果、完善内容、改进方式。

5.3　人员卫生

5.3.1　餐饮服务人员应保持良好的个人卫生。

5.3.2　食品加工人员不应留长指甲、涂指甲油。工作时,应穿清洁的工作服,不应披散头发,佩戴的手表、手镯、手链、手串、戒指、耳环等饰物不应外露。

5.3.3　食品处理区内的工作人员不宜化妆,应佩戴清洁的工作帽,工作帽应能将头发全部遮盖住。

5.3.4　食品加工人员在加工制作食品前,应洗净手部。加工制作过程中,应保持手部清洁。使用卫生间、用餐、饮水、吸烟等可能会污染手部的活动后,应重新洗净手部。加工制作不同类型的食品原料前,宜重新洗净手部。

5.3.5　专间的工作人员应佩戴清洁的口罩和手套。佩戴手套前应对手部进行清洗消毒。手套应清洁、无破损,符合食品安全要求。使用过程中,应定时更换手套。

6 过程控制

6.1 原料采购

6.1.1 应选择具有相关合法资质的供货方。

6.1.2 应建立供货方评价和退出机制，对供货方的食品安全状况等进行评价，将符合食品安全管理要求的列入供货方名录，及时更换不符合要求的供货方。

6.1.3 原料采购时，应查验食品原料供货方的经营资质，查看营业执照、食品流通许可证、检验报告、食品生产许可证。

6.1.4 原料采购时，应选择包装完整、清洁、无破损，标识与内容物一致，食品在保质期内的预包装食品。

6.1.5 原料采购时，应查验检疫证明、食品合格证明和食品标识，食品标识应符合 GB 7718、GB 13432 和 GB 28050的要求。供货方能出示按照产品生产批次符合法定条件的检验机构出具的检验报告或者由供货方签字或者盖章的检验报告复印件。

6.1.6 采购进口产品时，应查验进口食品的合法证明，出入境检验检疫部门签发的进口食品卫生证明，所有预包装进口食品应加贴中文标签。

6.2 原料运输

6.2.1 原料运输前，应对运输车辆或容器进行清洁，防止食品受到污染。运输过程中，做好防尘、防水，食品与非食品、不同类型的食品原料（动物性食品、植物性食品、水产品）应分隔，食品包装应完整、清洁，防止食品受到污染。

6.2.2 运输食品的车辆或容器的温度、湿度应符合相关食品安全要求。

6.2.3 运输过程中，不应将食品与有毒有害物品混装，运输食品和运输有毒有害物品的车辆不应混用。

6.3 验收

6.3.1 进货查验

6.3.1.1 食品的验收应查验其食品生产许可证、产品合格证明文件和货物清单等。

6.3.1.2 食品添加剂、食品相关产品的验收，应查验其营业执照、产品合格证明文件和货物清单等。

6.3.1.3 从食品销售者（商场、超市、便利店等）采购食品的，应查验其食品经营许可证等；采购食品添加剂、食品相关产品的，应查验其营业执照等。

6.3.1.4 从食用农产品个体生产者直接采购食用农产品的，应查验其有效身份证明。

6.3.1.5 从食用农产品生产企业和农民专业合作经济组织采购食用农产品的，应查验其社会信用代码和产品合格证明文件。

6.3.1.6 从集中交易市场采购食用农产品的，应索取并留存市场管理部门或经营者加盖公章（或负责人签字）的购货凭证。

6.3.1.7 采购畜禽肉类的，应查验动物产品检疫合格证明；采购猪肉的，还应查验肉品品质检验合格证明。

6.3.1.8 采购食品、食品添加剂、食品相关产品的，应留存每笔购物或送货凭证。

6.3.1.9 索证索票应实现食品可追溯到生产厂家。索取证票的复印件均应加盖供应商的公章，并能清楚查看有关信息。

6.3.2 入库查验

6.3.2.1 入库前，应查验所购产品索证、包装标识、标准、品质、品种，均应符合食品安全法律等有关规定。

6.3.2.2 入库查验还应包括以下内容：

a) 外观：

1) 预包装食品的包装完整、清洁、无破损，标识与内容物一致；

2) 冷冻食品无解冻后再次冷冻情形；

3) 具有正常的感官性状；

4) 食品标签标识符合相关要求；

5) 食品在保质期内。

b) 温度：

1) 冷藏食品表面温度与标签标识的温度不应超过 3 ℃，冷冻食品表面温度不宜高于－9 ℃；

2) 食品品质无变质等异常情况。

6.3.3 记录

6.3.3.1 应按照采购食品的品种、进货时间先后顺序，建立采购记录，并保存相关凭证。

6.3.3.2 采购记录（台账）宜建立电子记录。采购记录（台账）应如实记录产品的名称、规格、数量、生产批号、保质期、供应单位名称及联系方式、进货日期等。如每笔送货清单信息齐全的，可不再重新登记记录。

6.3.3.3 记录、票据的保存期限不应少于食品保质期满后 6 个月。

6.3.4 贮存

6.3.4.1 食品储存应有专门的食品库房，库房周围应无污染源，进出食品应有登记，遵循先进、先出、先用的原则。定期清理腐败变质等感官性状异常、超过保质期等的食品原料、食品添加剂、食品相关产品。

6.3.4.2 食品应分区、分架、分类、离墙、离地存放，距离墙壁和地面应在 100 mm 以上。主食、副食和调味品等分类分区域存放，各区域应相对独立。

6.3.4.3 应在散装食品（食用农产品除外）贮存位置处标明食品的名称、生产日期或者生产批号、使用期限等内容，宜使用密闭容器贮存。

6.3.4.4 按照食品安全要求贮存原料。有明确的保存条件和保质期的，应按照保存条件和保质期贮存。

6.3.4.5 保存条件、保质期不明确及开封后的，应根据食品品种、加工制作方式、包装形式等确定适宜的保存条件和保存期限，并应有记录。

6.3.4.6 冷冻贮存食品前，宜分割食品，避免使用时反复解冻、冷冻。

6.3.4.7 冷冻（藏）贮存的食品不宜堆积、挤压。

6.3.4.8 库房应配备专职人员每天打扫、通风换气，检查防蝇防鼠、防蟑螂设施。

6.4 食品加工

6.4.1 一般要求

6.4.1.1 加工制作的食品品种、数量与场所、设施、设备等条件应相匹配。

6.4.1.2 加工制作食品过程中，应采取下列措施，避免食品受到交叉污染：

a) 不同类型的食品原料、不同存在形式的食品（原料、半成品、成品）分开存放，其盛放容器和加工制作工具分类管理、分开使用，定位存放；

b) 接触食品的容器和工具不应直接放置在地面上或者接触不洁物；

c) 食品处理区内不应从事可能污染食品的活动；

d) 不应在辅助区（如卫生间、更衣区等）内加工制作食品、清洗消毒餐饮具；

e) 餐饮服务场所内不应饲养和宰杀禽、畜等动物。

6.4.1.3 加工制作食品过程中，不应存在下列行为：

a）使用非食品原料加工制作食品；

b）在食品中添加食品添加剂以外的化学物质和其他可能危害人体健康的物质；

c）使用超过保质期的食品、食品添加剂；

d）超范围、超限量使用食品添加剂；

e）使用腐败变质、油脂酸败、霉变生虫、污秽不洁、混有异物、掺假掺杂或者感官性状异常的食品、食品添加剂；

f）使用被包装材料、容器、运输工具等污染的食品、食品添加剂；

g）使用无标签的预包装食品、食品添加剂；

h）使用国家为防病等特殊需要明令禁止经营的食品；

i）在食品中添加药品(按照传统既是食品又是中药材的物质除外)；

j）法律法规禁止的其他加工制作行为。

6.4.1.4　对国家法律法规明令禁止的食品及原料，应拒绝加工制作。

6.4.2　粗加工制作与切配

6.4.2.1　冷冻(藏)食品出库后，应及时加工制作。冷冻食品原料不宜反复解冻、冷冻。

6.4.2.2　应缩短解冻后的高危易腐食品原料在常温下的存放时间，食品原料的表面温度不宜超过 8 ℃。

6.4.2.3　食品原料应洗净后使用。盛放或加工制作不同类型食品原料的工具和容器应分开使用。盛放或加工制作畜肉类原料、禽肉类原料及蛋类原料的工具和容器宜分开使用。

6.4.2.4　使用禽蛋前，应清洗禽蛋的外壳，必要时消毒外壳。破蛋后应单独存放在暂存容器内，确认禽蛋未变质后再合并存放。

6.4.2.5　应及时使用或冷冻(藏)贮存切配好的半成品。

6.4.3　成品加工制作

6.4.3.1　烹调前应检查待加工食品，发现有腐败变质或者其他感官性状异常的，不应进行烹调加工。

6.4.3.2　加工制作用水的水质应符合 GB 5749 的规定。

6.4.3.3　烹调加工操作过程应符合要求，炒、烧食品应勤翻动。块状食品应充分加热，烧熟煮透，食物中心温度应高于 70 ℃。

6.4.3.4　烹调的菜肴应做到色、香、味等感官性状俱佳。

6.4.3.5　应遵照当地的民族、风俗习惯，不同民族特色的食物应分开加工。

6.4.3.6　应按卫生要求规范操作，烹调加工时，操作人员不应对着饭菜咳嗽、打喷嚏，不用手抠鼻，上厕所后应洗手，不用抹布或围裙擦试菜肴容器。

6.4.3.7　烹制加工好的菜肴，应使用清洁、卫生消毒的餐具容器盛装。

6.4.3.8　烹调后至食用前超过 2 h 存放的食品，应在高于 60 ℃或低于 10 ℃的条件下存放，需要冷藏的熟制品，应在清洁操作区凉透后及时冷藏，并标注加工时间等。

6.4.3.9　隔餐隔夜熟制品、外购熟食品应在食用前充分加热煮透。

6.4.3.10　食品烹饪加工结束后，应清洗各种用烹饪器具，打扫灶台、地面等环境卫生，保持器具、灶台清洁，地面无食渣，废物垃圾入桶。

6.5　食品配送

6.5.1　应使用专用的密闭容器和车辆配送食品，容器的内部结构应便于清洁。

6.5.2　配送前，应清洁运输车辆的车厢和配送容器，盛放成品的容器还应经过消毒。

6.5.3　配送过程中，食品与非食品、不同存在形式的食品应使用容器或独立包装等分隔，盛放容器和包装应严密，防止食品受到污染。

6.5.4 配送过程中，应对食品采取有效防护措施，避免食品受到污染。使用传递设施（如送餐车、食梯等）的，应保持传递设施清洁。

6.5.5 配送过程中，应使用清洁的托盘等工具，配送人员的手部不应直接接触食品。

6.6 食品添加剂管理

6.6.1 应选择 GB 2760 规定的食品添加剂品种、使用范围、使用量，使用食品添加剂。不应采购、贮存、使用亚硝酸盐（包括亚硝酸钠、亚硝酸钾）。

6.6.2 应专柜存放食品添加剂，并标注“食品添加剂”字样。使用容器盛放拆包后的食品添加剂的，应在盛放容器上标明食品添加剂名称，并保留原包装。

6.6.3 应专册记录使用的食品添加剂名称、生产日期或批号、添加的食品品种、添加量、添加时间、操作人员等信息。

6.7 食品相关产品使用

6.7.1 各类工具和容器应有明显的区分标识，可使用颜色、材料、形状、文字等方式进行区分。

6.7.2 工具、容器和设备，宜使用不锈钢材料，不宜使用木质材料。应使用木质材料时，应避免对食品造成污染。盛放热食类食品的容器不宜使用塑料材料。

6.7.3 添加邻苯二甲酸酯类物质制成的塑料制品不应盛装、接触油脂类食品和乙醇含量高于 20% 的食品。

6.7.4 不应重复使用一次性用品。

6.8 高危易腐食品冷却

6.8.1 需要冷冻（藏）的熟制半成品或成品，应在熟制后立即冷却。

6.8.2 应在清洁操作区内进行熟制成品的冷却，并在盛放容器上标注加工制作时间等。

6.8.3 冷却时，可采用将食品切成小块、搅拌、冷水浴等措施或者使用专用速冷设备，使食品的中心温度在 2 h 内从 60 ℃降至 21 ℃，再经 2 h 或更短时间降至 8 ℃。

6.9 食品再加热

6.9.1 高危易腐食品熟制后，应在 8 ℃～60 ℃条件下存放 2 h 以上且未发生感官性状变化的，食用前应进行再加热。

6.9.2 剩余食品的冷藏或冷冻应标明放入冰箱时的起始日期，且应在 24 h 内再加工使用。

6.9.3 食品再加热时，食品的中心温度应达到 70 ℃以上。

6.9.4 食品不应反复加热，再加热食品只能一次。

6.10 食品留样

6.10.1 每餐次的食品成品应留样。

6.10.2 应将留样食品按照品种分别盛放于清洗消毒后的专用密闭容器内，在专用冷藏设备中冷藏存放 48 h 以上。每个品种的留样量应能满足检验检测需要，且不少于 125 g。

6.10.3 应在盛放留样食品的容器上应标注留样食品名称、留样时间（月、日、时），或者标注与留样记录相对应的标识。

6.10.4 应由专人管理留样食品、记录留样情况，记录内容包括留样食品名称、留样时间（月、日、时）、留样人员等。

6.11 餐饮具清洗消毒

6.11.1 餐用具使用后应及时洗净，餐饮具、盛放或接触直接入口食品的容器和工具使用前应消毒。

6.11.2 清洗方法应符合下列要求：

a) 手工方法清洗：
   1) 刮掉餐用具表面的食物残渣；
   2) 用含洗涤剂的溶液洗净餐用具表面；
   3) 用自来水冲去餐用具表面残留的洗涤剂。

b) 洗碗机清洗的，按设备使用说明操作。

6.11.3 消毒方法应符合下列要求：

a) 物理消毒：
   1) 采用蒸汽、煮沸消毒，温度一般控制在 100 ℃，并保持 10 min 以上；
   2) 红外线消毒，温度一般控制在 120 ℃以上，并保持 10 min 以上；
   3) 洗碗机消毒，消毒温度、时间等应确保消毒效果满足国家相关食品安全标准要求。

b) 化学消毒：
   1) 使用含氯消毒剂(不包括二氧化氯消毒剂)的消毒，应按照含氯消毒剂产品说明书标明的要求配制消毒液，消毒液中的有效氯浓度宜在 250 mg/L 以上，将餐用具全部浸入配置好的消毒液中 5 min 以上，用自来水冲去餐用具表面残留的消毒液；
   2) 使用二氧化氯消毒剂的消毒，应按照产品说明书标明的要求配制消毒液，消毒液中的有效氯浓度宜在 100 mg/L～150 mg/L，将餐用具全部浸入配置好的消毒液中 10 min～20 min，用自来水冲去餐用具表面残留的消毒液。

6.11.4 保洁方法应符合下列要求：

a) 餐用具清洗或消毒后宜沥干、烘干。使用抹布擦干的，抹布应专用，并经清洗消毒方可使用，防止餐用具受到污染。

b) 消毒后的餐饮具、盛放或接触直接入口食品的容器和工具，应定位存放在专用的密闭保洁设施内，保持清洁。

6.11.5 消毒后的餐饮具、盛放或接触直接入口食品的容器和工具，应符合 GB 14934 的规定。

6.12 废弃物管理

6.12.1 应设置废弃物存放容器。废弃物存放容器与食品加工制作容器应有明显的区分标识。

6.12.2 废弃物存放容器应配有盖子，防止有害生物侵入、不良气味或污水溢出，防止污染食品、水源、地面、食品接触面(包括接触食品的工作台面、工具、容器、包装材料等)。废弃物存放容器应内壁光滑，易于清洁。

6.12.3 在餐饮服务场所外适宜地点，宜设置结构密闭的废弃物临时集中存放设施。

6.12.4 餐厨废弃物应分类放置、及时清理，不应溢出存放容器。餐厨废弃物的存放容器应及时清洁，必要时进行消毒。

6.12.5 应索取并留存餐厨废弃物收运者的资质证明复印件(需加盖收运者公章或由收运者签字)，并与其签订收运合同，明确各自的食品安全责任和义务。

6.12.6 应建立餐厨废弃物处置台账，详细记录餐厨废弃物的处置时间、种类、数量、收运者等信息。

7 风险管理

7.1 危害分析与控制措施

在食品加工经营过程中实施危害分析，查找并控制可能出现的危害，以确保食品安全。应按 GB/T 22000要求进行危害分析与风险控制。

7.2 防控食品安全事件

7.2.1 应识别和确定单位内部潜在的食品安全事故或紧急情况，预先制定食品安全应急预案。

7.2.2 应定期组织开展食品安全应急演练，以检验其有效性，并对日常管理中有关食品安全应急预案的实施情况进行记录。

7.3 不合格食品

7.3.1 常见不合格食品的判定

常见不合格食品的判定包括：

a) 采购原料过期、腐败变质等感官异常；

b) 自制食品超过要求的安全保存时间；

c) 经检验不合格的产品；

d) 其他有碍食品安全的食品。

7.3.2 不合格食品的追溯

7.3.2.1 应建立从原料供应、食品加工制作到用餐者全过程的追溯程序。

7.3.2.2 应建立并保持原料采购验收记录、关键过程加工操作记录、上岗前人员健康检查记录、检验记录及其他必要的记录。

7.3.3 不合格食品处理

7.3.3.1 应建立不合格食品处理管理制度，确保发现食品安全问题时能迅速处理。

7.3.3.2 不合格食品处理时应破坏原包装及性状，并做好记录。

7.4 用餐者投诉

7.4.1 应建立用餐者投诉制度。

7.4.2 用餐者投诉处理，有可疑不合格食品按 7.3 处理。

8 评价改进

8.1 评价

应依据国家相关法律法规，检查养老机构食品加工经营过程，检查规范落实情况，并给予评估。依据评价结果进行综合评价，对存在不合格情况按照 8.2 进行改进。

8.2 改进

8.2.1 需要改进的情形

需要改进的情形包括：

a) 有关法律法规发生变化；

b) 评价过程中发现不符合要求；

c) 食物加工经营品种发生较大变化；

d) 品种与经营规模与原有危害分析不相适应；

e) 其他予以改进的情形。

8.2.2 纠正措施

8.2.2.1 应查找需要改进的原因。

8.2.2.2 应及时组织有关人员的岗位培训。

8.2.2.3 应及时修订原有风险点并修改有关操作规程。

8.2.2.4 应及时对新改进的措施进行更新。

8.2.3 持续改进

8.2.3.1 应持续改进本机构内部管理体系的适宜性、充分性和有效性。

8.2.3.2 通过对内部审核、沟通信息和评价结果分析等,确定是否存在持续改进的需求或机会。

附　录　A
（资料性附录）
养老机构食品安全管理档案目录

A.1　制度建设

A.1.1　养老机构应具备以下材料：

a）资质证明：餐饮服务许可证、营业执照（事业单位应为事业单位法人证书）复印件；

b）食品加工经营场所设计图纸；。

c）食品安全管理组织机构、单位基本情况介绍；

d）食品安全管理员责任状、培训合格证明；

e）本单位食品安全事故应急预案。

A.1.2　养老机构应建立相关管理制度，其目录见表 A.1。

注 1：专间包括备餐间、冷荤凉菜间、裱花间、沙律间、生食水产品、集体用餐分装间，可综合使用表 A.1 的第 14 项；面点、糕点制作可综合使用表 A.1 的第 19 项。

注 2：各餐饮单位参照本目录，依据实际许可需要建立健全各项管理制度。

注 3：需使用的管理制度应悬挂张贴在食品加工经营相应的功能区内。

表 A.1　管理制度目录

序号	项目	序号	项目	序号	项目
1	关键风险点防控制度	8	食品仓储管理制度	15	专间食品安全管理制度
2	食品安全综合检查管理制度	9	食品用设备设施管理制度	16	食品留样制度
3	预防食品安全事故制度	10	投诉管理制度	17	餐厨垃圾管理制度
4	食品安全事故处置预案	11	粗加工管理制度	18	餐厅卫生管理制度
5	从业人员健康及卫生管理制度	12	烹调加工管理制度	19	面食糕点制作管理制度
6	从业人员食品安全知识培训制度	13	餐饮具清洗消毒保洁管理制度		
7	食品采购索证验收管理制度	14	食品添加剂使用管理制度		
注：1～18 为集体食堂必备，1～10 为其他餐饮单位必备，11～19 依许可使用范围准备。					

A.2　员工管理

包括员工健康管理一览表（花名册）、健康证复印件、食品安全知识培训内容、记录等。

A.3　信息反馈

包括量化检查表、现场检查笔录、监督意见书等监管记录、餐具等产品抽检记录、奖罚情况（监管部门的奖罚记录）、下发通知、文件、就餐人员意见反馈。

A.4 质量控制

A.4.1 索证、索票

应按要求保存索证、索票，建立适合本单位的《食品进货索证和台账登记本》。

A.4.2 台账记录

应如实记录采购产品名称、规格、数量、生产批号、保质期、供货方名称及联系方式、进货日期等内容，或者保留载有上述信息的进货票据可不用另记台账，保存期限不应少于原料使用后的3个月。

A.4.3 管理记录

包括食品安全综合自查记录、食品留样记录、专间消毒记录、餐具消毒保洁记录、员工健康证及健康检查记录、培训记录、食品添加剂使用记录等。

参 考 文 献

[1] 重大活动餐饮服务食品安全监督管理规范(国食药监食〔2011〕67 号)
[2] 餐饮服务食品采购索证索票管理规定(国食药监食〔2011〕178 号)
[3] 餐饮服务食品安全监督管理办法(中华人民共和国卫生部令第 71 号)
[4] GB/T 19538 危害分析与关键控制点(HACCP)体系及其应用指南
[5] GB/T 27306 食品安全体系餐饮业要求
[6] GB/T 29353 养老机构基本规范
[7] MZ/T 032 养老机构安全管理

ICS 03.080.99
A 16

DB54

西 藏 自 治 区 地 方 标 准

DB54/T 0210—2020

养老机构服务评价与改进

Evaluation and improvement of service for senior care organization

2020-07-21 发布 2020-08-19 实施

西藏自治区市场监督管理局 发布

前　言

本标准按照GB/T 1.1—2009给出的规则起草。

本标准由西藏自治区民政厅提出并归口。

本标准起草单位：中国标准化研究院、西藏自治区民政厅、拉萨市民政局、山南市民政局、西藏自治区标准化研究所。

本标准主要起草人：李坤威、刘守华、李文武、张莺、张剑、魏利伟、苏萌、王金安、徐增英、旦增曲珍、次仁央宗、普布卓玛、石维彬、扎西央宗、贡桑卓玛。

养老机构服务评价与改进

1 范围

本标准规定了养老机构服务的评价原则、评价内容、评价方法、评价流程和服务质量改进等。

本标准适用于养老机构服务的评价与改进。

2 规范性引用文件

下列文件对于本文件的应用是必不可少的。凡是注日期的引用文件，仅注日期的版本适用于本文件。凡是不注日期的引用文件，其最新版本(包括所有的修改单)适用于本文件。

GB 2894 安全标志及其使用导则

GB/T 10001.1 公共信息图形符号 第1部分:通用符号

GB/T 10001.9 标志用公共信息图形符号 第9部分:无障碍设施符号

GB 13495.1 消防安全标志 第1部分:标志

GB 15630 消防安全标志设置要求

GB 25201 建筑消防设施的维护管理

GB 50340 老年人居住建筑设计规范

3 评价原则

3.1 公正性

评价者应独立、客观、公平地实施评价活动，评价结果不应受实施难度、是否收费等因素影响。

3.2 有效性

评价者应制定科学的评价方案并有效实施，使评价活动能够准确评价服务真实水平，查找出实际问题。

3.3 可靠性

评价者应采集、使用真实、客观的数据；评价结果应客观、准确地反映评价活动情况，无差错、可信赖。

3.4 规范性

评价者应按照评价方案实施评价活动，评价行为应符合评价方案要求，避免错误、减少误差。

4 评价内容

4.1 服务质量评价

服务质量评价包括以下两个方面：

a) 服务质量特性评价:对服务质量的功能性、安全性、时间性、文明性、经济性进行评价。

b) 满意度测评:通过发放调查问卷方式进行服务对象满意度测评。调查的内容应全面反映服务质量要求，调查的范围应尽可能广泛。通过对调查反馈的信息进行统计计算，给出满意度测评结果。

4.2 符合性评价

依据养老服务相关标准，确认实施过程的各个环节是否达到要求。对于服务设施设备、环境条件、服务流程以及服务质量等方面具有定量指标的标准要求，应采用测量、试验等方法得出定量的数据。标准中的定性规定，可采用比较的方法进行衡量，并给出是否合格的结论。

4.3 服务实施效果评价

应按评价方案确定的反映服务实施效果的指标体系、抽样方案、判定规则进行评价。通过验证、核实指标体系中的各项指标，确定服务实施效果达到的程度，给出相应的结论性意见。

5 评价方法

5.1 文献法

收集人员档案、制度文本、日常工作记录、服务档案等信息。

5.2 观察法

观察服务环境、服务内容、服务方法，以及服务人员与服务对象的互动等。

5.3 问卷法

按照取样比例，收集服务对象满意度和服务成效等信息。

5.4 访谈法

按照访谈提纲，与服务人员以及服务对象进行深度访谈。

6 评价流程

6.1 评价准备

6.1.1 组织准备

6.1.1.1 成立服务评价工作组，并明确其职责、权限。评价工作组人员的数量应视评价工作的复杂程度确定。

6.1.1.2 评价组织应具备下列要求：

a) 应有与开展评价工作相适应的专(兼)职评价人员；

b) 应明确评价人员的职责、权限；

c) 应具有保障评价活动的相关文件。

6.1.2 评价人员

6.1.2.1 评价人员应遵纪守法、恪守职业道德、坚持原则、实事求是、科学公正，具有相应的老年人服务工作经验。

6.1.2.2 评价人员应熟悉老年人服务相关的法律法规、政策和标准，具有相应的标准化知识和相应的专业知识，熟练运用评价方法。

6.1.2.3 评价人员应具备识别服务过程中存在问题的能力，承担不当评价所产生的相应风险责任。

6.1.3 物资准备

应配备必要的测量设备、工具、试验用品以及评价用记录表等。

6.2 确定评价目的

应确定评价活动的目的，并将其作为制定评价方案的依据。

6.3 确定评价范围

应确定评价活动的内容范围，即评价对象参与评价活动的内容。

6.4 确定评价方案

应根据评价目的及评价活动的其他特点制定评价方案，评价方案应包括以下内容：

a) 根据评价目的及评价范围，给出评价工作的总体安排，确定任务分工、实施步骤、时间安排、评价内容、评价方法、评价分值计算要求等。
b) 确定评价方法。对于涉及面广、内容复杂的服务项目，可采用抽样的方式进行，所抽取的指标或事项应反映服务实施的总体情况；对于内容简单或较重要的服务项目，应采取逐项检查的方法。对具体项目可采取测量、过程再现或通过标准实施痕迹（包括各种记录、报告等）检查等方法实施评价。
c) 可根据实际需求在一定范围内公开评价方案或其部分内容。

6.5 评价实施

6.5.1 建立评价指标体系

根据评价目的、评价方案、评价对象特点等，筛选合适的评价指标并进行组合、剪裁、细化，形成评价指标体系。养老机构服务评价指标体系见附录A。

6.5.2 计算评价分数

根据附录A给出的评价指标体系，按照满分100分进行计分评价，满足指标说明要求的得分，否则不得分，总分80分及以上为合格。

6.5.3 评价结果

评价结果应包含：

a) 评价对象情况；
b) 评价方案（含评价目的、评价范围、评价指标体系、评价方法等）；
c) 评价依据；
d) 评价活动过程；
e) 评价分数及解释；
f) 评价结论及描述；
g) 评价时间；
h) 评价组织和人员情况；
i) 总体结论；
j) 存在问题和处理建议。

6.5.4 评价报告

6.5.4.1 评价结果以评价报告的形式呈现。根据需求，亦可包括工作建议、工作方案、基础数据、过程文件等。

6.5.4.2 评价报告一般应包括评价的依据、评价人员、评价时间、评价简要过程、各分项指标评价结果、总体结论、存在问题和处理建议等内容。

6.5.4.3 评价结果应为书面形式。

7 服务质量改进

7.1 改进依据

养老机构服务质量改进依据主要包括但不限于：

a） 适用的有关养老服务方针、政策、法律法规、目标；

b） 评价结果提出的改进要求；

c） 与服务有关的科研成果、新技术、新工艺等方面的信息；

d） 其他相关方反馈的意见；

e） 测量、检验、试验报告；

f） 各种记录、报表中反映的数据；

g） 社会反映、领导意识、员工建议。

7.2 改进内容

7.2.1 应根据评价结果给出的不合格项，确定信息来源，分析产生原因，制定纠正和预防措施。

7.2.2 应对不合理的服务过程或管理方式进行调整，并对改进情况进行跟踪。

7.2.3 应定期或不定期的分析服务行为与管理方式的符合性和有效性，不断提高服务质量。

7.2.4 应提升全体人员提高服务质量的意识，防止不合格服务的出现。

附　录　A
（规范性附录）
养老机构服务评价指标体系

养老机构服务评价指标体系见表 A.1。

表 A.1　养老机构服务评价指标体系表

评价单元	评价指标	分值	指标说明
服务组织（10 分）	机构设立	2	持有机构设置批准证书、食品经营许可证书。内设医疗机构时，持有医疗机构执业许可证书
	合规性	2	符合国家现行的安全、消防、卫生、环境保护、劳动合同等相关法律、法规和标准的规定与要求
	规章制度	2	人员管理、消防安全、食品安全、设施设备安全、服务风险控制、突发事件应急处置等方面的制度建设符合要求
	评估机制	2	建立老年人评估机制，依据评估结果和需求，提供相应的服务
	公开服务项目与收费标准	1	公开服务项目、服务内容以及收费标准
	入住协议	1	与老人家属或监护人签订委托协议
服务人员（5 分）	仪容仪表、着装	1	服务人员着装得体、符合要求，佩戴工牌
	服务行为	1	遵守制度、保守秘密、有效服务符合服务设立流程和要求
	服务态度	2	服务热情礼貌、尊重服务对象
	培训	1	定期接受包括岗前培训在内的职业培训，培训的频次、内容、覆盖面等能有效支撑老年人服务实施
服务场所（5 分）	建筑	1	建筑设计布局科学合理，符合 GB 50340 的要求
	标识系统与展示系统设置	2	公共区域设有明显标志，公共信息图形符号符合 GB/T 10001.1和 GB/T 10001.9 的相关要求。疏散通道、安全出口等区域设置消防安全警示和提示标识，安全标志的设置符合 GB 2894、GB 13495.1 和 GB 15630 的规定；信息展示和公开内容齐全、及时，方式合理
	服务环境	1	布局合理，清洁整齐。垃圾收集与处理、绿化、灭蟑灭鼠等按规定处理
	服务设施设备配置	1	服务场所消防设施的维护管理符合 GB 25201 的相关规定，紧急出口保持畅通；配置无障碍设施与设备；公共卫生设施设置合理，卫生状况良好。有配置老年人所需的基本生活用具和娱乐设施

表 A.1（续）

评价单元	评价指标	分值	指标说明
安全管理（8分）	安全负责人员	1	有明确的安全管理部门和安全管理人员，有明确的职责分工，人员具有相应岗位的专业资质和技能
	设备设施安全	2	电器、燃气、特种设备、健身器材等设施设备为合格产品，有安全防护装置或安全防护措施，定期进行检查和维护
	消防安全	2	消防设施设备完好有效。定期进行检测、维护和保养。有消防演练、应急疏散和灭火预案
	食品安全	2	食品的采购、储存、运输、加工、制作、配送符合食品安全相关法律法规的要求
	交通安全	1	明确出行安全责任，有效开展交通安全教育与培训活动等
出入院服务（3分）	入院评估	2	评估老年人日常生活活动能力、精神状态、感知觉与沟通、社会参与能力。根据评估结果和老年人服务需求，制定照护服务计划
	出入院手续办理	1	提供出入院手续办理服务。包括签订入住合同、建立档案、出院办理等
生活照料（18分）	个人清洁卫生	3	有效开展口唇、面部、头发、手足、衣着、床单的清洁活动
	饮食照料	3	协助用餐饮水、喂水喂饭、鼻饲给液等
	起居照料	3	掌握老年人的睡眠情况，及时提供老年人所需的夜间服务
	排泄照料	3	提醒如厕、协助排便、人工取便、更换一次性尿裤、清洗便器、清洁内衣裤和会阴部等
	体位转换及位置转移	3	协助老年人床上体位转换、轮椅转移及平车搬运、行走、上下楼等位置移动，动作规范、轻稳
	洗涤	3	定期对老年人衣物、被褥等织物进行收集、清洗和消毒
膳食（5分）	食谱制定	1	根据老年人的需求，制定适合老年人生理特点、身体状况、民族风俗习惯、少油、限盐、低糖、荤素搭配、干稀搭配的食谱
	食品的加工与制作	2	食品加工原料新鲜、无变质、无毒、无害；加工用的工具、容器、设备清洗、消毒、分类存放；加工后的储存做到成品与半成品分开、生熟分开、食物与药物分开、食物与天然冰分开；对餐具进行一洗、二刷、三冲、四消毒，并放置在指定位置
	送餐	1	配备送餐工具或专用保温送餐车
	分餐	1	有专人负责餐食分发，分餐人在分餐前洗手消毒，分餐时穿工作服、戴工作帽、戴卫生手套和口罩；分餐严格执行操作规范；餐后及时清理餐桌、回收餐具，保持环境清洁

表 A.1（续）

评价单元	评价指标	分值	指标说明
清洁卫生（4 分）	居室清洁	2	保持房间整洁、无异味；地面干燥、无水渍、无污渍及渣屑；床边、桌面、柜面及柜面物品表面无灰尘、无污渍；窗帘、门帘等物品无尘土、无污渍；洗手盆台面、墙壁墙角清洁干燥、无水渍、无污渍及渣屑；便器内外清洁无便迹、无污垢，定期消毒
	公共区域清洁	2	公共区域地面无积水、无水渍、无污垢、无积存垃圾；墙面、窗户、天花板、灯具、标牌等无污垢、无破损、无蜘蛛网等；整洁、无异味
医疗服务（9 分）	评估与建档	1	定期评估老年人身体状况和精神状态。根据评估结果，为老年人建立健康档案
	预防保健	1	为老年人提供传染病预防、慢性病管理、健康教育、预防接种等服务
	健康教育	1	定期为老年人开展健康教育，主要包括膳食指导、疾病预防、用药、健康生活方式、危机干预和突发事件的处置
	体检	1	每年至少为入住老年人体检 1 次，包括入院体检和年度健康检查
	慢病管理	1	对高血压、糖尿病、冠心病、脑卒中、关节炎等患者，通过筛查、建档、随访、教育和干预对慢性病老年患者进行健康管理
	药物管理	1	有效规范管理老年人的药物使用。药品的安全使用、验收、储存等管理工作由药剂师或医师负责，并符合《医院药剂管理办法》
	诊疗	1	提供老年人常见病多发病诊疗服务
	院前急救	1	老年人突发疾病或意外时，医生应携带急救物品，查看老年人的生命体征，初步识别和评估老人的病情，采取相应的急救措施
	转诊	1	协助家属办理转诊转院，紧急送医服务。与周边大型综合或专科医疗机构建立急诊和转诊服务流程，开设转诊“绿色通道”，确保实现及时有效转诊
护理服务（6 分）	护理评估	1	对老年人健康状态、护理和治疗效果、各种风险因素及病情进行评估，及时发现问题、调整服务内容及范围
	基本护理	1	遵医嘱，执行护理常规和护理技术操作规范。护理技术操作包括但不限于：清洁与舒适管理；营养与排泄护理；身体活动管理；常见症状护理；皮肤、伤口、造口护理；气道护理；引流护理；常用监测技术与身体评估；急救技术；常用标本采集；给药治疗与护理
	预防并发症	1	有效开展老年人压疮预防服务，检查老年人皮肤是否干燥、颜色有无改变、有无破损，尿布、衣被等是否干燥平整。确保环境卫生，空气清新，定期消毒，避免感染及传染病传播
	安全防护	1	提供安全保护服务必要的设施、设备及用具；采取预防跌倒、坠床、烫伤、压疮、误吸、窒息、管路滑脱等安全保护措施

表 A.1（续）

评价单元	评价指标	分值	指标说明
护理服务 （6 分）	健康指导	1	提供医疗、护理、康复等方面咨询，定期对老年人进行疾病相关知识的指导。包括饮食与排泄指导；皮肤清洁与衣着卫生的指导；老年慢性病的康复及并发症预防；自我保健和行为促进等
	常见病症护理	1	对老年人常见病症进行观察，根据病情变化，按照医嘱或按照《临床护理实践指南》要求进行有针对性的护理
康复服务 （4 分）	康复评定	1	有效开展身体形态的评定，关节活动范围测量，肌力评定，肌张力评定，感觉评定，平衡评定，协调评定，步行评定，心血管评定，呼吸评定和疼痛评定等活动
	康复空间	1	设有用于为老年人提供康复服务的空间。包括运动治疗和作业治疗的康复空间
	康复器械	1	设有运动康复器械和作业康复器械。康复器械布置合理，无安全隐患，方便乘坐轮椅的老年人接近和使用各类康复器械
	特色康复空间	1	设有认知康复空间，可供开展小组活动、音乐治疗、怀旧疗法、感官刺激等认知康复活动；设有文体康复空间，可供开展针对性的体育运动和文化娱乐活动；设有疗愈性康复景观，提供五感刺激，可供开展园艺疗法等康复活动
文化娱乐服务 （5 分）	文体娱乐	2	提供适合老年人开展休闲娱乐活动的场所。配置必要的设施设备和场地，配备必要的休闲娱乐设施。按照老年人需要制订活动服务计划，包括日常活动、月度活动及特色活动等
	主题文化与节日庆典	2	每年开展不少于 5 次传统节日、特殊纪念日活动。主题文化与节日庆典活动主要包括民俗传统活动、文艺演出、主题展览、集体生日、春节、藏历新年、九九重阳节、五一劳动节、十一国庆节等
	参观游览	1	每年开展不少于 1 次院外的游览和参观活动
心理/精神 支持服务 （4 分）	环境适应	1	帮助入住机构的老年人熟悉机构环境
	情绪疏导	1	有效为老年人提供情绪疏导服务。了解掌握老年人心理和精神状况，发现异常及时与老年人沟通了解；对重点老年人有防范措施及记录
	心理支持	1	有效为老年人提供心理支持。定期组织老年人进行情感交流和社会交往，组织能力完好且有意愿的老年人每年参加不少于 1 次公益活动
	危机干预	1	对于有心理问题或问题倾向的老年人及时开展评估，有干预措施

表 A.1（续）

评价单元	评价指标	分值	指标说明
安宁服务（4分）	临终关怀	2	有效开展老年人的疼痛评估，实施疼痛控制，以及陪伴及交流，缓解老年人病痛及不适。观察老年人的情绪变化，适时进行沟通和交流，倾听老年人诉说，满足合理诉求。帮助老年人翻身、扣背，防止并发症的发生。考虑民族习惯、宗教信仰，按照亲属的意愿或老年人的遗愿，对安宁服务区域或老年人居室进行布置
	哀伤辅导	1	老年人去世后，重视和预知家属的悲伤情绪反应，采取陪伴、倾听、交流等方式及适宜的悼念仪式，让家属充分表达悲伤情绪，接受现实，给予后事方面的指导等
	后事指导	1	老年人去世后，尊重宗教信仰或民族习俗办理后事，清理和处置去世老年人的财产和各种物品。尊重老年人的信仰、按照当地民俗为过世老年人举办怀念活动
服务质量控制（10分）		10	设置服务质量的检查部门，制定服务质量检查方案、程序和要求，配备专兼职的服务质量检查人员。结合实际情况，抽查相关记录，对发现的问题进行总结分析，提出整改措施，建立投诉处理相关机制，并定期回访

参考文献

[1] GB/T 29353—2012 养老机构基本规范
[2] GB 38600—2019 养老机构服务安全基本规范

附　录
西藏自治区养老机构18项地方标准类别统计表

西藏自治区养老机构18项地方标准包括通用基础类、服务提供类、服务保障类、评价与改进类4类，见附表。

附表

序号	地方标准编号	地方标准名称	标准类别
1	DB54/T 0193—2020	养老机构标准体系建设指南	通用基础类
2	DB54/T 0194—2020	养老机构清洁卫生服务规范	服务提供类
3	DB54/T 0195—2020	养老机构洗涤服务规范	服务提供类
4	DB54/T 0196—2020	养老机构膳食服务规范	服务提供类
5	DB54/T 0197—2020	养老机构护理服务规范	服务提供类
6	DB54/T 0198—2020	养老机构休闲娱乐服务规范	服务提供类
7	DB54/T 0199—2020	养老机构安宁服务规范	服务提供类
8	DB54/T 0200—2020	养老机构医疗保健服务规范	服务提供类
9	DB54/T 0201—2020	养老机构环境管理规范	服务保障类
10	DB54/T 0202—2020	养老机构能源管理规范	服务保障类
11	DB54/T 0203—2020	养老机构设施设备及用品管理规范	服务保障类
12	DB54/T 0204—2020	养老机构人员管理规范	服务保障类
13	DB54/T 0205—2020	养老机构档案管理规范	服务保障类
14	DB54/T 0206—2020	养老机构突发事件应急管理规范	服务保障类
15	DB54/T 0207—2020	养老机构接收捐赠管理规范	服务保障类
16	DB54/T 0208—2020	养老机构消防安全管理规范	服务保障类
17	DB54/T 0209—2020	养老机构食品安全管理规范	服务保障类
18	DB54/T 0210—2020	养老机构服务评价与改进	评价与改进类

西藏自治区养老和儿童福利机构地方标准汇编

（下册）

西藏自治区民政厅
中国标准化研究院　编

中国质量标准出版传媒有限公司
中国标准出版社

北京

图书在版编目(CIP)数据

西藏自治区养老和儿童福利机构地方标准汇编.下册/西藏自治区民政厅,中国标准化研究院编.—北京:中国标准出版社,2020.12

ISBN 978-7-5066-9820-7

Ⅰ.①西… Ⅱ.①中… Ⅲ.①养老院—标准化管理—地方标准—汇编—西藏②儿童福利—组织机构—标准化管理—地方标准—汇编—西藏 Ⅳ.①D669.6-65 ②D632.1-65

中国版本图书馆 CIP 数据核字(2021)第 105668 号

中国质量标准出版传媒有限公司
中　国　标　准　出　版　社 出版发行

北京市朝阳区和平里西街甲 2 号(100029)
北京市西城区三里河北街 16 号(100045)

网址 www.spc.net.cn
总编室:(010)68533533　发行中心:(010)51780238
读者服务部:(010)68523946

中国标准出版社秦皇岛印刷厂印刷
各地新华书店经销

*

开本 880×1230　1/16　印张 14.75　字数 439　千字
2021 年 12 月第一版　　2021 年 12 月第一次印刷

*

定价 200.00　元(上、下册)

编委会名单

主　编：李文武

副主编：王志强　王大军

编委会（按姓氏笔画排序）：

王金安　扎西央宗　石维彬　旦增曲珍

白玛玉珍　达娃次仁　刘文红　刘守华

刘贺　次仁央宗　次仁德吉　贡桑卓玛

苏萌　李宏　李坤威　李彦鹏　张荫芬

张剑　张莺　陈煌　徐凯程　徐增英

普布卓玛　魏利伟

前　言

党的十八大以来，以习近平同志为核心的党中央秉持以人民为中心的发展理念，把改善人民生活、增进人民福祉作为治国理政的出发点和落脚点。西藏自治区党委、政府紧紧围绕党的中心工作，立足西藏实际，全力保障和改善民生，“十二五”期间，全区共投入30多亿元，建设80个特困人员集中供养机构和10个儿童福利机构，在全国率先实现有意愿的特困老人全部集中供养和所有孤儿全部集中收养（以下简称“双集中”）的目标。

为切实做好特困人员集中供养机构和孤儿集中收养机构管理服务等工作，西藏自治区人民政府办公厅于2015年12月印发了《关于切实做好五保集中供养和孤儿集中收养有关工作的通知》（藏政办发〔2015〕96号），对双集中机构的机构设置、人员配备、经费保障、部门职责等作了具体的规定。在西藏自治区党委、政府的坚强领导下，各级各部门切实担负起特困人员集中供养和孤儿集中收养工作职责，建立健全“政府主导、民政主管、部门协作、社会参与”的工作机制，认真抓好各项工作落实，推动特困人员集中供养和孤儿集中收养工作持续、健康发展。

为向特困老人、孤儿提供安全舒适、标准规范的服务，西藏自治区民政厅从2018年开始，开展了养老机构、儿童福利机构标准化建设工作。在拉萨市、山南市试点的基础上，完成了全自治区养老机构标准化体系、儿童福利机构标准化体系建设框架主要内容设定；在西藏自治区财政厅、市场监督管理局等部门的大力支持下，委托中国标准化研究院，开展标准制定工作；经过历时近2年的调研、起草和专家评审，共制定西藏自治区养老机构管理服务18项地方标准、儿童福利机构管理服务20项地方标准，并于2020年7月发布。

《西藏自治区养老和儿童福利机构地方标准汇编》汇集了上述38项地方标准，分为上、下两册出版。本册为下册，是西藏自治区正式发布的第一批儿童福利机构地方标准，共20项。其中通用基础类标准1项、服务提供类标准8项、服务保障类标准10项、评价与改进类标准1项。相信通过标准的贯彻实施，有利于规范儿童福利机构的管理和服务行为，提升管理服务水平，推动儿童福利机构管理服务科学化、规范化、标准化，对促进西藏自治区儿童福利服务高质量发展具有重要意义。

由于标准的制定是一项周期性工作，同时随着我国经济社会进入新发展阶段，标准也会随着标准化对象、业务、技术和管理要求的变化而不断地更新、变化和完善。我们将在标准的实施过程中，加强对标准技术内容与实际工作符合性、衔接性的跟踪。同时，也希望各地在实施过程中，结合实际对标准提出改进意见和建议，以便我们对标准进一步修订完善。

编委会

2021年11月

目　　录

ICS 03.080.99
A 16

DB54

西藏自治区地方标准

DB54/T 0212—2020

儿童福利机构标准体系建设指南

Guide for standard system construction of child welfare institution

2020-07-21 发布　　2020-08-19 实施

西藏自治区市场监督管理局 发布

前　言

本标准按照 GB/T 1.1—2009 给出的规则起草。

本标准由西藏自治区民政厅提出并归口。

本标准起草单位：中国标准化研究院、西藏自治区民政厅、拉萨市民政局、山南市民政局、西藏自治区标准化研究所。

本标准主要起草人：王志强、李文武、张莺、张剑、李坤威、魏利伟、苏萌、王金安、徐增英、旦增曲珍、次仁央宗、普布卓玛、石维彬、扎西央宗、贡桑卓玛。

儿童福利机构标准体系建设指南

1 范围

本标准规定了儿童福利机构标准体系建设的总体要求、建设原则、需求分析、标准体系结构、标准明细表、编制说明、标准体系运行、标准体系评价与改进的内容和要求。

本标准适用于儿童福利机构标准体系建设。

2 规范性引用文件

下列文件对于本文件的应用是必不可少的。凡是注日期的引用文件，仅注日期的版本适用于本文件。凡是不注日期的引用文件，其最新版本(包括所有的修改单)适用于本文件。

GB/T 13016 标准体系构建原则和要求

GB/T 13017 企业标准体系表编制指南

GB/T 19273 企业标准化工作 评价与改进

GB/T 24421.1 服务业组织标准化工作指南 第1部分：基本要求

GB/T 24421.4 服务业组织标准化工作指南 第4部分：标准实施及评价

GB/T 35778 企业标准化工作 指南

3 术语和定义

下列术语和定义适用于本文件。

3.1

标准 standard

通过标准化活动，按照规定的程序经协商一致制定，为各种活动或其结果提供规则、指南或特性，供共同使用或重复使用的文件。

注1：标准宜以科学、技术和经验的综合成果为基础。

注2：规定的程序指制定标准的机构颁布的标准制定程序。

注3：诸如国际标准、区域标准、国家标准等，由于它们可以公开获得以及必要时通过修正或修订保持与最新技术水平同步，因此它们被视为构成了公认的技术规则。其他层次上通过的标准，诸如专业协(学)会标准、企业标准等，在地域上可影响几个国家。

[GB/T 20000.1—2014，定义 5.3]

3.2

标准体系 standard system

一定范围内的标准按其内在联系形成的科学的有机整体。

[GB/T 13016—2018，定义 2.4]

3.3

标准体系表 diagram of standard system

一种标准体系模型，通常包括标准体系结构图、标准明细表，还可以包含标准统计表和编制说明。

[GB/T 13016—2018，定义 2.6]

3.4

儿童福利机构标准体系表 diagram of standard system for child welfare institution

儿童福利机构标准的一种体系模型,通常包括标准体系结构图、标准明细表。

4 总体要求

4.1 标准体系应遵循“PDCA”方法构建、运行、评价与改进。

4.2 标准体系应以机构发展战略为导向,根据对相关方的需求和期望、本机构标准化现状的分析,形成标准体系构建规划,确定标准化对象,设计标准体系结构。

4.3 标准体系应主题突出、目标明确、结构合理、层次清晰、相关联的标准协调,满足相关方需求。

4.4 标准体系应层次清晰、结构合理,体系内所有标准边界清楚、接口顺畅,构成有机整体。

4.5 标准体系应适宜、有效。

4.6 标准体系表编制应符合 GB/T 13016 和 GB/T 13017 的要求。

4.7 儿童福利机构可根据需求和内外部环境变化调整标准体系,结合本机构实际情况进行删减和扩充。

4.8 儿童福利机构标准体系宜吸纳和提供其他管理体系所需的标准化文件,并与之相互协调、完整配套。

4.9 儿童福利机构应建立健全以企业标准为主体的标准体系。

4.10 儿童福利机构应定期开展标准体系评价工作,确保体系持续有效。

5 建设原则

5.1 需求主导与兼顾已有

5.1.1 标准体系建设应以儿童福利机构和儿童的实际需求为导向,以达到标准化目标为目的。

5.1.2 儿童福利机构应根据实际需求对本标准体系框架和标准明细表进行修改和完善。

5.2 层次适当与适度开放

5.2.1 儿童福利机构标准体系表应从个性标准出发,提取共性要求作为上一层的共性标准,以利于一定范围内的统一。列入标准明细表内的每一项标准都应安排在恰当的层次上。为便于理解、减少复杂性,标准体系的层次不宜太多。

5.2.2 标准体系应是开放的,既应采纳本体系之外现有的相应标准,又应能适应环境变化和人们认识的深化而适时改进。

5.3 突出重点与适度超前

5.3.1 构建标准体系表时,应结合儿童福利机构服务和管理重点,体现服务特色。

5.3.2 儿童福利机构应根据儿童服务发展的现状,结合本机构特点,采用成熟、可靠、高效的方法,按照适度超前原则,统筹各类标准的制定。

5.4 覆盖全面与有效实施

5.4.1 标准体系应覆盖儿童福利服务和管理的环节和事项。纳入的所有标准,应包括现有的标准和需要制定的标准。标准体系与其他管理体系应有机融合。

5.4.2 标准体系中的标准应得到有效应用。

6 需求分析

6.1 儿童福利机构应通过对相关方的需求和期望及本机构标准化现状进行分析,形成标准体系构建规划、标准化方针、目标,识别本机构适用的法律法规和指导标准的要求,构建标准体系。儿童福利机构标准体系构建图见图1。

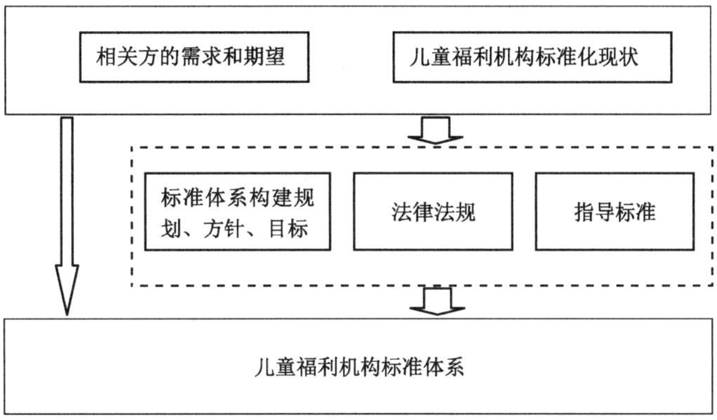

注:指导标准是企业不直接执行,而需将其全部或部分转化为企业标准体系中的标准,对企业标准体系有指导作用的标准。

图1 儿童福利机构标准体系构建图

6.2 可按表1对相关方的需求和期望进行分解。

表1 相关方的需求和期望

相关方	需求和期望
服务对象	服务时间、服务质量、服务价格、服务交付……
服务业组织	服务提供能力、服务人员配置、服务环境、服务设施设备……
服务人员	人员资质、服务行为、服务技能、职业健康……
供方/合作伙伴	互利、连续性……
社会	社会责任、遵守法律法规、环境保护……

6.3 儿童福利机构应在对相关方的需求和期望分解的基础上,识别相关方需求和期望的关键过程、资源和要素,确定本机构的标准化对象。

6.4 儿童福利机构可按表2对标准化现状进行分析,做出标准体系建设的决定。

表 2 标准化现状分析

<table>
<tr><th colspan="2">对象</th><th colspan="2">要素</th><th>结论</th></tr>
<tr><td colspan="2">儿童福利机构</td><td colspan="2">儿童福利机构与服务流程适宜性</td><td>优化组织机构或建立、调整相关标准体系</td></tr>
<tr><td rowspan="2">标准体系</td><td>已建立</td><td colspan="2">体系的目标性、完整性、适宜性</td><td>标准体系的延续、变更或再设计</td></tr>
<tr><td>未建立</td><td colspan="2">体系的必要性</td><td>建立标准体系</td></tr>
<tr><td rowspan="3">其他管理体系</td><td rowspan="2">已建立</td><td rowspan="2">各管理体系标准已整合</td><td>通用性</td><td rowspan="2">对其他管理内标准文件直接纳入或修订后纳入标准体系</td></tr>
<tr><td>特定性</td></tr>
<tr><td>未建立</td><td colspan="2">各管理体系标准未整合</td><td>建立标准体系</td></tr>
<tr><td colspan="2">管理制度</td><td colspan="2">制度涉及的对象流程等与标准化对象的契合度</td><td>将相关系统性管理活动固化为标准，纳入体系</td></tr>
<tr><td colspan="2">……</td><td colspan="2">……</td><td>……</td></tr>
</table>

7 标准体系结构

7.1 标准体系总体结构

7.1.1 儿童福利机构应根据对相关方的需求和期望、本机构标准化现状分析，形成标准体系总体结构图。儿童福利机构标准体系总体结构图见图 2。

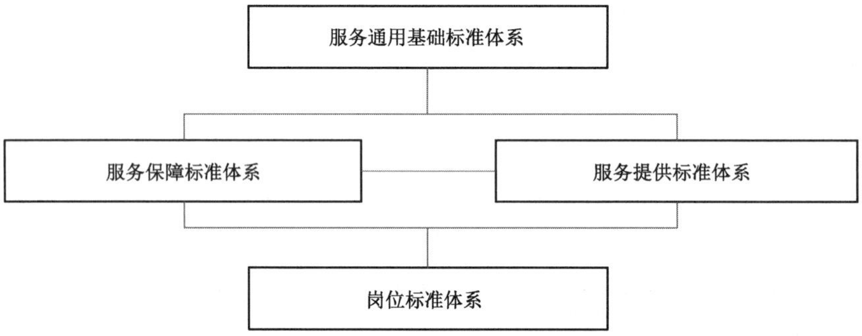

图 2 标准体系总体结构图

7.1.2 儿童福利机构标准体系由服务通用基础标准体系、服务保障标准体系、服务提供标准体系和岗位标准体系四大子体系组成。服务通用基础标准体系是服务保障标准体系、服务提供标准体系的基础，服务保障标准体系是服务提供标准体系的直接支撑，服务提供标准体系促使服务保障标准体系的完善，岗位标准体系是实现服务通用基础标准体系、服务保障标准体系、服务提供标准体系在本机构基层的落实。

7.1.3 各类管理体系文件是儿童福利机构标准体系的一部分。对于各管理体系的通用要求，可采用整合、兼容和拓展的方式，将相应标准修订后纳入标准体系。如质量管理体系、环境管理体系等。

7.1.4 儿童福利机构应根据自身的特点，研究建立协调配合、科学合理的标准体系，并有效运行。

7.1.5 儿童福利机构也可根据自身实际对标准体系结构进行自我设计，自我设计的结构应满足服务、管理的要求，并涵盖服务和管理的全过程。

7.2 服务通用基础标准体系

7.2.1 体系结构

服务通用基础标准体系一般包括：标准化工作标准、符号与标志标准、量和单位标准、数值和数据标准、测量标准等子体系。服务通用基础标准体系结构图见图3。

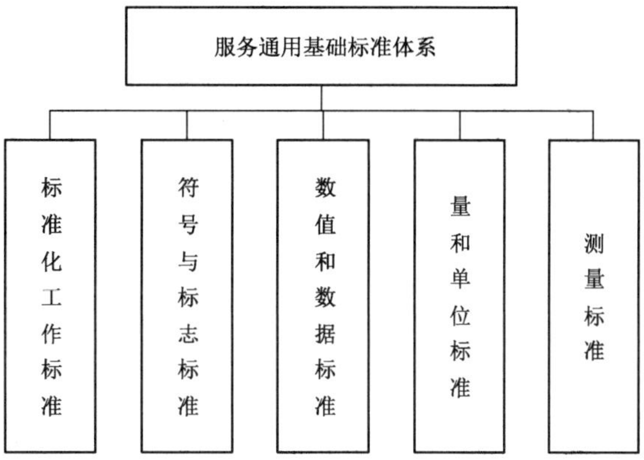

图3 服务通用基础标准体系结构图

7.2.2 标准化工作标准

7.2.2.1 儿童福利机构开展标准化活动，实现标准化管理而收集、制定的标准化工作标准。标准化工作标准包括标准化工作组织与管理，标准化工作评价等内容。

7.2.2.2 标准化工作组织与管理，包括但不限于：

a) 标准化工作目标；
b) 标准化工作内容与要求；
c) 标准化工作原理和方法；
d) 标准化工作的组织与开展；
e) 标准制(修)订管理；
f) 标准复审及其结果的处置；
g) 标准化信息管理。

7.2.2.3 标准化工作评价，包括但不限于：

a) 标准体系构建；
b) 标准编写；
c) 标准实施与检查；
d) 标准体系运行、评价与改进；
e) 标准化奖励；
f) 标准化经济效益与社会效益的评价。

7.2.3 符号与标志标准

7.2.3.1 适用于儿童福利机构的符号与标志相关国家标准、行业标准、地方标准，如GB/T 10001(所有部分)、GB 2894等。

7.2.3.2 儿童福利机构对符号与标志的样式、颜色、字体、结构及其含义制定的规范性文件。

7.2.4 数值与数据标准

7.2.4.1 儿童福利机构运行和管理活动涉及的数值和数据相关国家标准、行业标准、地方标准。

7.2.4.2 儿童福利机构对各种数值和数据的判定与表示制定的标准等。

7.2.5 量和单位标准

7.2.5.1 儿童福利机构运行和管理活动中采用的量和单位相关国家标准。
7.2.5.2 儿童福利机构对量和单位的选用和确定制定的标准等。

7.2.6 测量标准

7.2.6.1 儿童福利机构运行和管理活动中使用的测量方法和测量设备相关国家标准、行业标准、地方标准。
7.2.6.2 儿童福利机构制定的测量相关标准,包括但不限于:

a) 测量方法、依据和程序技术规范;
b) 测量设备使用技术规范;
c) 测量设备检定规程及校准、安装和使用程序;
d) 测量记录、统计方法;
e) 测量标志、证书等使用要求。

7.3 服务保障标准体系

7.3.1 体系结构

服务保障标准体系一般包括:环境和能源标准、安全与应急标准、设施设备及用品标准、职业健康标准、信息标准、人力资源标准、财务管理标准、合同管理标准和综合管理标准子体系。服务保障标准体系结构图见图4。

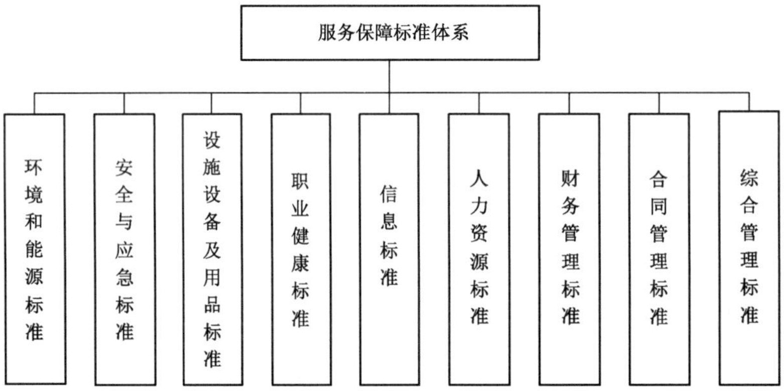

图4 服务保障标准体系结构图

7.3.2 环境和能源标准

儿童福利机构应收集、制定环境条件和环境保护标准、用能和节能标准,包括但不限于:

a) 落实国家法律法规和标准要求应采取的管理措施。
b) 环境质量、监测方法、环境保护措施标准;经营和管理活动中废气、废水、废渣和有毒有害物质等的限量和处理标准;环境目标、实施、运行和持续改进的管理要求;服务提供所需的温度、湿度、光线、空气质量、卫生、清洁度、噪声、场地面积等基本条件的要求;机构场所日常环境管理标准。
c) 能源使用管理标准,如煤、电、油、气体燃料、热力、水等的使用标准和使用与管理记录的保存;能源计量和能耗的分析标准;经济运行及评价标准。

7.3.3 安全与应急标准

儿童福利机构应分析服务和管理过程中可能出现的风险点，以保护儿童和职工生命和财产安全为目的收集、制定的标准，包括但不限于：

a) 安全目标的设定与管理标准。

b) 安全管理、安全防护等管理标准，含服务过程的、突发的、运行的安全。如儿童养育服务安全风险要素分类及处置与管理要求。

c) 安全标志、报警信号、危险因素分类等安全标准。

d) 突发事件分类标准，应对预案、上报程序、检查与处置程序标准。

e) 识别风险、评估风险、控制风险的管理标准。

f) 安全人员配备及安全培训标准。

g) 设施、设备安全标准，如电器、压力容器、锅炉、电梯等特种设备使用安全标准，无障碍基础设施标准。

h) 各类风险控制与应急的工作预案和处理程序，如传染病职业暴露保护预案、各类安全运行预案、各类突发事件预案。

i) 安全监测技术与评价、控制技术标准，如食物中毒、火灾、医疗事故等监测、评价与防范规范。

j) 落实国家法律法规和标准要求应采取的管理措施，如院内感染控制、消毒、交通安全管理、消防安全管理等标准。

k) 需要儿童注意的风险控制及应急技术要求。

l) 预防、补救和纠正措施标准。

m) 安全与应急信息沟通形式、流程及其管理的标准。

7.3.4 设施设备及用品标准

7.3.4.1 儿童福利机构应对设施设备及用品的需求评估、采购计划、购置、验收、安装、调试、出入库、控制、维护保养、停用改造和报废处理全过程进行管理，并制定管理标准，包括但不限于：

a) 设施、设备及用品的需求评估及采购计划管理、申请审批程序、购置程序。

b) 验收管理：验收程序、抽样及试验方法，包括设备开箱验收记录及有关图样、制造厂产品标准、合格证等的保存、建档。

c) 安装管理：安装交付管理要求、验收技术条件，对安装完工后的试运行技术要求和方法的规定。

d) 出入库管理：设施、设备及用品入、出库管理、盘点查库。

e) 控制、维护保养管理：设施、设备及用品的使用操作、运行要求，包括设施、设备维护保养计划，日常管理，自检和巡回检查；测量设备按规定定期检测。

f) 停用改造与报废管理：设施、设备失效评判、报废评判与处置、设备技术档案管理程序。

7.3.4.2 儿童福利机构应对内部或外部提供的支持性服务，建立管理标准予以控制，包括但不限于：水、电、暖等依靠外部供给的，应按合同建立良好的供方关系，建立内部或外部管理程序。

7.3.4.3 儿童福利机构对基本建设工程的计划、审批、建设、验收、维护、改建和报废等事项进行管理，并制定管理标准。

7.3.5 职业健康标准

为消除和减少服务提供过程中产生的职业安全风险，针对工作人员从事职业活动中的健康损害、安全危险及其有害因素收集、制定的标准，包括但不限于：

a) 机构内空气、噪声、温湿度限值，有害物质限量标准；

b) 劳动防护标准，配备劳动防护服装和用品，定期体检，职业健康教育等；

c) 职业危害预防和纠正措施标准，如常见职业损伤、传染病的防护、职业心理问题干预；职业危害预防和纠正措施标准，如常见职业损伤、传染病的防护、职业心理问题干预；

d) 职业安全培训标准；

e) 职业禁忌病的诊断与管理标准。

7.3.6 信息标准

信息标准包括但不限于：

a) 信息分类与控制、适用范围和有效性管理；

b) 信息加工、发布、回收、借阅、销毁的要求；

c) 信息发布的评审与更新批准要求；

d) 资料的收集与更新要求；

e) 网络和安全管理；

f) 信息安全管理；

g) 儿童档案管理；

h) 文件、档案的书写规范等。

7.3.7 人力资源标准

人力资源管理应从人员的配备、使用和考核等方面作出规定，管理标准包括但不限于：

a) 人员聘用管理；

b) 人员培训管理；

c) 劳动合同管理；

d) 薪酬、福利管理；

e) 晋职晋级管理；

f) 离职调岗管理；

g) 绩效考核管理。

7.3.8 财务管理标准

机构应按法律法规和标准的要求，对财务活动中的成本核算和收支等方面进行管理，收集、制定标准，包括但不限于：

a) 筹资、投资管理标准：筹集资金比例评估与核算、投资项目评估与管理、成本管理；

b) 营运资金管理标准：流动资产和流动负债的管理；

c) 利润分配管理标准；

d) 财务决策管理：财务计划分析与控制；

e) 固定资产管理；

f) 捐赠管理。

7.3.9 合同管理标准

机构将服务需求形成文件或口头协定，达成一致并组织实施整个过程的相关标准，包括但不限于：

a) 合同的分类与格式要求，包括：送养合同、寄养合同、托管合同；采购合同；外包服务（设备维保、购买社会服务等）合同等。

b) 合同的评估要求，包括需求评估、能力评估、风险评估、经济性与合法性评估。

c) 合同签订、授权或委托的权限和程序要求。

d) 合同实施管理要求。

7.3.10 综合管理标准

综合管理标准包括但不限于：

a) 印章管理；

b) 对外接待管理；

c) 车辆使用管理；

d) 招投标管理；

e) 捐赠管理。

7.4 服务提供标准体系

7.4.1 体系结构

服务提供标准体系一般包括：服务实现标准、运行管理标准、服务评价与改进标准子体系。服务提供标准体系结构图见图5。

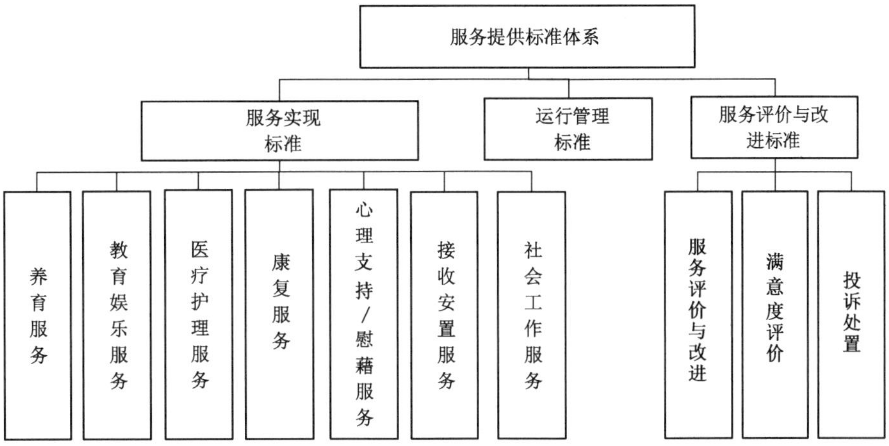

图5 服务提供标准体系结构图

7.4.2 服务实现标准

7.4.2.1 养育服务

以规范养育服务活动而收集或制定的标准，包括但不限于：

a) 生活照料服务：清洁卫生、穿衣、修饰、饮食起居、如厕照料、口腔清洁、皮肤清洁、体位转移、便溺照料、睡眠照料。

b) 膳食服务：食谱的制定、营养配餐、食品加工与制作。

c) 清洁卫生服务：公共区域的清洁、儿童居室内的清洁。

d) 洗涤服务：为儿童收集、清洗衣物和床单位。

7.4.2.2 教育娱乐服务

为依法保障儿童受教育或享受娱乐活动的权利而收集或制定的标准，主要包括但不限于：

a) 早期教育：视、触、听、嗅、味觉的感觉器官训练，语言能力培养和运动训练。

b) 学前教育：对儿童健康、语言、社会、科学、艺术的启蒙和训练，促进幼儿情感、态度、能力、知识、技能的发展。

c) 课外辅导：课堂教学的必要补充和延伸，指导学习方法，激发学习兴趣，培养正确思维和解决问题能力，完成课堂教学作业。

d） 特殊教育：对有特殊需要的儿童进行旨在达到一般和特殊培养目标的教育，发展他们的潜能，获得技能、完善人格，增强社会适应能力。

e） 技能培训：开设实用技术课程，制定培训计划和方案，开展综合社会实践活动。

f） 就业指导：针对年满16周岁，具有劳动能力且将回归社会、自食其力生活的青年，开展技能培训和社会能力训练，做好就业相关准备，如心理准备、知识能力准备、职业素养准备，指导就业面试技巧等。

g） 体育健身：通过开展体育活动，如跳绳、毽子、羽毛球、乒乓球、足球、篮球，运动会等，增强儿童体质。

h） 文化娱乐：开展元旦、春节、藏历新年、五一、六一、国庆等具代表性的节日庆典活动。结合实际，宜选择阅读图书、书法、绘画、音乐、舞蹈、手工、各种棋类等活动。

i） 参观游览：选择主题，策划方案，明确要求，活动体验。

7.4.2.3 医疗护理服务

为维持和促进儿童健康，提升儿童生活质量，为儿童提供医疗保健、儿童护理、安全防护、陪同就医、卫生知识宣传教育服务活动而收集或制定的标准，主要包括但不限于：

a） 医疗保健服务：疾病诊治、健康指导、预防保健、药事管理、转诊转院。

b） 儿童护理服务：常见病症护理、心理护理、康复护理、护理技术操作、健康指导、院内感染控制。

c） 安全防护：为儿童开展安全风险评估、进行安全教育、提供安全设施设备、采取安全保护措施和实施规范的技术操作；

d） 陪同就医服务：陪同儿童到指定的医疗机构就医。

7.4.2.4 康复服务

根据机构儿童身体状况，为其提供有效的康复评定与治疗，辅具配置、矫形器具使用，收集和制定的标准，包括但不限于：

a） 引导式教育：通过策划活动，使功能障碍的儿童得到运动、言语、智力、社交、情感及个性等各方面的发展，克服身体的运动障碍及由此而引发的其他问题。引导式教育主要包括，评估、分组、确定训练目标、课程设计、学习环境、习作练习等内容。

b） 功能评定：通过对运动功能评价、精神心理功能评价、语言与吞咽功能评价、社会功能评价和电诊断，确定儿童功能状况和障碍程度。

c） 物理治疗：通过针对人体局部或全身性的功能障碍、病变采用的非药物性、非侵入性的治疗，恢复身体原有的生理功能、机能。包括不良生活方式的改变、心理咨询、合理适量的运动及功能锻炼，中医理疗等方法。

d） 作业治疗：让儿童参与不同的作业，参加一定的生产劳动，来治疗疾病的一种方法。主要包括日常生活训练、创造性技能训练、教育性活动、文体活动、游戏、功能性作业训练、心理作业训练等内容。

e） 运动疗法：通过某些运动方式（主动或被动运动等），获得全身或局部运动功能、感觉功能恢复的训练方法。主要包括关节功能训练、肌力训练、有氧训练、平衡训练、步行训练等内容。

f） 语言训练：主要包括游戏训练、手势符号训练、文字训练、交流训练等内容。

7.4.2.5 心理支持/慰藉服务

通过言语或非言语方式，使儿童的认知、情感和态度有所变化，增强适应性，保持和增进身心健康，收集或制定的标准，包括但不限于：

a） 环境适应；

b） 共情陪伴；

c） 情绪疏导；

d） 心理健康辅导；

e） 心理健康教育；

f） 心理咨询。

7.4.2.6 接收安置服务

为妥善接收、安置代养儿童，有利于保障儿童合法权益、保障儿童健康成长，收集或制定的标准，主要包括但不限于：

a） 接收；

b） 评估（儿童综合素质评估、家庭寄养评估）；

c） 安置（家庭寄养、托养、涉外送养）；

d） 流转、跟踪等。

7.4.2.7 社会工作服务

根据儿童的生理、心理特点和成长、发展的需要，运用社会工作的专业方法和技巧对儿童开展的服务，收集或制定的标准，包括但不限于：对支持性服务、保护性服务、补充性服务、替代性服务等服务类型，通过接案、预评估、计划、介入、评估、结案等服务流程，协助儿童提升解决问题的能力，恢复、改善及提高儿童社会功能，促进儿童健康成长和全面发展的社会服务标准。

7.4.3 运行管理

儿童福利机构为实现服务的要求，收集、制定的标准，包括但不限于：

a） 落实国家法律法规和标准要求应采取的管理措施；

b） 服务提供过程中的各种因素的平衡要求，如人员、设备调配等；

c） 服务资源调剂与组织的一般要求；

d） 服务人员的有序组织和配备要求；

e） 设施、设备与用品的配置标准；

f） 工作现场各类信息沟通要求和反馈渠道要求；

g） 工作现场整理、整顿、清理、清扫要求。

7.4.4 服务评价与改进标准

7.4.4.1 服务评价与改进

对服务的有效性、适宜性和儿童及监护人满意程度进行评价，并对达不到预期效果的服务进行改进而收集、制定的标准，包括但不限于：

a） 评价的基本条件、原则和依据；

b） 评价的组织机构和人员；

c） 评价的程序和方法；

d） 评价内容和要求；

e） 检验和验证；

f） 数据分析、处理和评价；

g） 改进的原则与方法；

h） 服务产品的开发与设计。

7.4.4.2 满意度评价

满意度评价标准是为规范满意度测评而收集或制定的相关标准，主要包括儿童福利机构服务满意度测评等方面的标准。

7.4.4.3 投诉处置

投诉处置标准是为规范投诉处理等而收集或制定的相关标准，主要包括儿童福利机构投诉处理管理要求等方面的标准。

7.5 岗位标准体系

7.5.1 岗位标准体系结构应以儿童福利机构架构为基础向下延伸，并涵盖儿童福利机构的各个岗位。
7.5.2 岗位标准体系结构应层次合理，每个岗位都应有标准。
7.5.3 岗位标准应以服务保障标准和服务提供标准为依据，明确各岗位职责、要求、流程、考核评价等内容。
7.5.4 当服务保障标准体系和服务提供标准体系中的标准能够满足该岗位要求时，服务保障标准体系和服务提供标准体系中的标准可直接作为岗位标准使用。

8 标准明细表

8.1 标准明细表给出的信息能满足儿童福利机构对标准的管理和运用需要，并便于检索和分析，其至少包括标准的基本信息、关联信息和使用信息等。
8.2 儿童福利机构应根据标准体系结构，对服务通用基础标准体系、服务保障标准体系、服务提供标准体系和岗位标准体系编制对应的标准明细表。
8.3 标准明细表格式应满足儿童福利机构对标准管理和运用的需要。标准明细表格式可参考GB/T 13016。
8.4 标准编号规则应具有唯一性，标准编号宜采用无含义流水号，不与体系代码相关联。
8.5 儿童福利机构标准体系明细表由下列项组成：

——序号：该标准在本标准明细表中的按前后位置排列的顺序号；
——标准名称：标准的名称；
——标准编号：为国家标准、行业标准或地方标准的编号，对“制定中”和“待制定”的标准，该项为空；
——标准级别：为国家标准、行业标准或地方标准；
——标准性质：为“推荐性”或“强制性”；
——标准状态：为“已发布”“制定中”和“待制定”；
——备注：上述内容之外还需说明的内容。

9 编制说明

体系编制说明是儿童福利机构开展标准体系活动的必要说明，内容应包括但不限于：

a) 标准体系建设背景；
b) 标准体系建设目标、构建依据及实施原则；
c) 标准体系与服务业组织战略/服务理念/经营方针、目标、标准化规划相符合的情况；
d) 服务基础标准体系、服务保障标准体系、服务提供标准体系、岗位标准体系内层次的划分依据和划分情况，标准主要内容、适用范围；

e） 自我设计的标准体系结构与本标准体系结构的差异说明；
f） 与其他体系交叉情况和处理意见；
g） 需要其他体系协调配合的意见；
h） 分析现有标准与国际、国外标准的差距和薄弱环节，明确今后的主攻方向；
i） 其他。

10 标准体系运行

10.1 原则

体系运行前应得到发布，运行应满足以下原则：
a） 整体性：体系应整体运行，体系内各项标准均应得到实施；
b） 持续性：体系应持续运行，体系内各项标准均应长期得到实施；
c） 协调性：体系应协调运行，体系内标准与法律法规协调、标准之间协调。
d） 有效性：体系应有效运行，体系内各项标准均应切实对服务业组织各项活动支撑有效。

10.2 程序

体系运行一般包括制定计划、成立评价小组、前期准备、运行实施。

11 标准体系评价与改进

11.1 标准体系评价

11.1.1 评价原则

评价原则应坚持持续改进，寻找改进问题，实施改进工作。

11.1.2 评价方法

11.1.2.1 评价一般采用整体评价的方法，由服务业组织组成独立的评价小组，对建立的标准体系以及实施相关标准进行整体评价。
11.1.2.2 可采用现场察看、提问、听取陈述、检查、比对、验证的方式进行。根据检查记录和评价结果，对不符合标准要求的项目制定纠正和预防措施，并跟踪实施和改进。
11.1.2.3 记录并保存各种数据。

11.1.3 评价依据

评价依据包括以下内容：
a） 国家有关方针、政策；
b） 标准化及相关法律、法规和强制性标准；
c） 儿童福利机构标准化方针、目标；
d） GB/T 24421.1、GB/T 24421.4、GB/T 35778、GB/T 19273 和本标准；
e） 儿童福利机构标准体系及相关文件。

11.2 标准体系改进

11.2.1 改进依据

改进依据主要包括以下内容：

a） 适用的标准化方针、政策、法律法规、目标和其他要求发生变化；
b） 标准体系运行、标准实施和评价提出的改进要求；
c） 与服务有关的科研成果、新技术、新工艺等方面的信息；
d） 老年人、其他相关方反馈的意见；
e） 领导意识、员工能力和建议；
f） 测量、检验、试验报告；
g） 标准化工作纠正措施和预防措施。

11.2.2 改进内容

11.2.2.1 改进和完善标准，调整标准体系结构。

11.2.2.2 改进和提升标准体系整体运行状况及动态维护情况等。

参 考 文 献

［1］ GB/T 20000.1—2014 标准化工作指南 第1部分：标准化和相关活动的通用术语
［2］ MZ 010—2013 儿童福利机构基本规范
［3］ 儿童福利机构管理办法（中华人民共和国民政部 2018 年）

ICS 03.080.99
A 16

DB54

西藏自治区地方标准

DB54/T 0213—2020

儿童福利机构儿童综合评估规范

Specification for comprehensive evaluation of children in child welfare institution

2020-07-21 发布　　　　2020-08-19 实施

西藏自治区市场监督管理局　发布

前　言

本标准按照 GB/T 1.1—2009 给出的规则起草。

本标准由西藏自治区民政厅提出并归口。

本标准起草单位:中国标准化研究院、西藏自治区民政厅、拉萨市民政局、山南市民政局、西藏自治区标准化研究所。

本标准主要起草人:李坤威、刘守华、李文武、张莺、张剑、魏利伟、白玛玉珍、刘文红、李彦鹏、次仁德吉、达娃次仁、石维彬、扎西央宗、贡桑卓玛。

儿童福利机构儿童综合评估规范

1 范围

本标准规定了儿童福利机构儿童综合评估的基本要求、评估分类、评估目的、评估内容、评估报告和评估信息的使用与管理。

本标准适用于儿童福利机构儿童在院期间的综合评估。

2 规范性引用文件

下列文件对于本文件的应用是必不可少的。凡是注日期的引用文件,仅注日期的版本适用于本文件。凡是不注日期的引用文件,其最新版本(包括所有的修改单)适用于本文件。

中国7岁以下儿童生长发育参照标准(2009年卫生部发布)

3 基本要求

3.1 应配有独立的评估室,环境应安静、舒适、整洁,评估场所相对固定。

3.2 应建立评估小组,评估小组宜由医生、护士、社工(社会工作者)组成。

3.3 评估人员应经过专业技术培训,且合格。

3.4 应建立综合评估的程序和流程。

3.5 应配备必要的评估设备、测量工具,评估用具应定期消毒。

3.6 评估人员应态度和蔼,使用儿童可以理解的语言,向儿童及监护人说明评估的目的、程序。

3.7 评估结束后,应记录评估结果并签字。

4 评估分类

4.1 入院、离院评估

进入和离开儿童福利机构时应对儿童进行综合评估,包括儿童健康史、发育状况、健康状况、精神状况、功能活动状况等,评估结束后应填写健康档案。入院评估应在儿童入院后1周内完成,并给出评估结果报告。

4.2 例行评估

例行评估每年不应少于1次,包括身体发育状况、精神状况、功能活动状况、学习能力、社会适应能力等,评估结束后应在健康档案中作阶段小结。

4.3 即时评估

当儿童身体和心理健康出现重大变化时进行的评估。评估时应回顾儿童既往健康情况、目前出现的问题和严重程度,并说明已采取的处理措施和下一步照顾计划。

5 评估目的

5.1 提供儿童健康管理的主要内容，提供入院、离院以及制定儿童照顾计划的依据。
5.2 提供儿童生活照料服务和医疗护理服务定性、定量的要求。
5.3 评估结果仅作为儿童现有身体和心理健康状况的说明而非疾病的诊断。

6 评估内容

6.1 健康史

应包括现病史和既往病史、家族疾病史、外伤史、手术史、药物过敏史、目前接受的治疗护理方案等信息，还应包括饮食要求、营养等需要特别注明的健康问题的信息。

6.2 发育状况

6.2.1 发育状况包括身体形态、生理功能、身体素质3部分内容。生理功能和身体素质评估适用于7岁以上儿童。
6.2.2 身体形态应以身高、体重指数为评估指标。7岁以下儿童按照《中国7岁以下儿童生长发育参照标准》评估是否在正常范围内；7岁以上儿童评估指标见附录A，分为超重与肥胖、消瘦、生长迟滞3个等级。
6.2.3 生理功能应以肺活量指数为评估指标。肺活量指数依据《国家学生体质健康标准》，分为优秀、良好、及格和不及格4个等级。
6.2.4 身体素质应以50 m跑为评估指标，依据《国家学生体质健康标准》，分为优秀、良好、及格和不及格4个等级。

6.3 健康状况

身体健康应以视力不良、龋齿、贫血、肠道蠕虫感染、肥胖、营养不良及心、肺、肝、胃、肾等器质性疾病为评估指标。身体健康等级应按表1给出的内容进行打分，总分100分减去不同疾病得分之和，即为该个体的身体健康得分。如同时有多种疾病，则扣完为止。身体健康等级分为上等水平(100分)、中上等水平(97分～99分)、中等水平(87分～96分)、中下等水平(80分～86分)、下等水平(<80分)5个等级。

表1 身体健康得分评判标准表

疾病种类	评判标准
视力不良	轻度视力不良3分，中度视力不良5分，重度视力不良10分
龋齿	只计算恒牙，每颗龋齿2分，限10分，填充完好的龋齿不赋分
贫血	贫血3分
肠道蠕虫感染	阳性10分
肥胖	超重与肥胖诊断标准见表A.1，超重10分，肥胖15分
营养不良	营养不良依据WHO筛查标准，见表A.2、表A.3，生长迟滞5分，消瘦10分
器质性疾病	每项现患疾病30分

6.4 精神状况

应包括认知、情感和意志行为各方面的信息，还应包括异常动机的心理和行为问题的信息。精神状况评估参见附录B，由评估人根据评估表中的评估结果给出概述总结。

6.5 功能活动状况

应包括语言、视力、听力等信息，还应包括完成进食、个人卫生等日常功能活动的信息，功能活动状况评估参见附录C，由评估人根据评估表中的评估结果给出概述总结。

7 评估报告

7.1 评估报告一般应包括评估的目的、依据、评估人员、评估时间、评估简要过程、各分项指标评估结果、总体结论、存在问题和处理建议等。

7.2 单项结论和总体结论应经过评估工作小组充分讨论，形成一致意见。对存在的问题应给出合理的建议。

7.3 评估报告的格式应规范、表述准确。

8 评估信息的使用与管理

8.1 评估出儿童的总体健康状况，为入院、转介、出院、制定儿童照顾计划和风险控制提供依据。

8.2 评估结果仅作为儿童现有健康状况的说明，不代表今后的状况且非疾病的诊断。评估结果作为儿童健康服务提供依据，不应以其他目的传播或泄露。

8.3 儿童入院评估、例行评估、即时评估信息应纳入个人健康档案管理，保存期不应少于15年。

附　录　A
（规范性附录）
身体形态评估

A.1　儿童青少年超重、肥胖与消瘦评估

A.1.1　体重指数(BMI)计算公式

体重指数(BMI)按式(A.1)计算。

$$BMI = 体重(kg) / 身高^2(m) \quad \cdots\cdots(A.1)$$

A.1.2　结果判断

按照表A.1进行超重、肥胖判断。当被检者BMI值大于或等于相应年龄、性别组的超重值，而小于相应组段的肥胖值时，判断为超重。当被检者BMI值大于或等于相应年龄、性别组的肥胖值时判断为肥胖。

表 A.1　儿童青少年 BMI 指数超重和肥胖判定　　单位为千克每平方米

年龄/岁	超重		肥胖	
	男	女	男	女
7～	17.4	17.2	19.2	18.9
8～	18.1	18.1	20.3	19.9
9～	18.9	19.0	21.4	21.0
10～	19.6	20.0	22.5	22.1
11～	20.3	21.1	23.6	23.3
12～	21.0	21.9	24.7	24.5
13～	21.9	22.6	25.7	25.6
14～	22.6	23.0	26.4	26.3
15～	23.1	23.4	26.9	26.9
16～	23.5	23.7	27.4	27.4
17～	23.8	23.8	27.8	27.7
18	24.0	24.0	28.0	28.0

按照表A.2进行消瘦判断。当被检者BMI指数小于相应年龄、性别组的BMI指数值时，判断为消瘦。

表 A.2 儿童青少年 BMI 指数消瘦判定

单位为千克每平方米

年龄/岁	男	女
7～	＜13.6	＜13.2
8～	＜13.8	＜13.4
9～	＜14.0	＜13.7
10～	＜14.3	＜14.1
11～	＜14.7	＜14.6
12～	＜15.1	＜15.2
13～	＜15.7	＜15.8
14～	＜16.3	＜16.3
15～	＜16.8	＜16.7
16～	＜17.3	＜16.9
17～	＜17.7	＜17.1
18	＜18.1	＜17.2

A.2 儿童青少年生长迟滞评估

按照表 A.3 进行生长迟滞判断。当被检者身高小于相应年龄、性别组的身高值时，判断为生长迟滞。

表 A.3 儿童青少年身高生长迟滞判定

单位为厘米

年龄/岁	男	女
7～	＜113.6	＜112.4
8～	＜118.3	＜117.6
9～	＜122.8	＜123.0
10～	＜127.3	＜128.7
11～	＜132.2	＜134.7
12～	＜137.9	＜140.2
13～	＜144.5	＜144.4
14～	＜150.8	＜147.1
15～	＜155.5	＜148.5
16～	＜158.8	＜149.2
17～	＜160.6	＜149.7
18	＜161.6	＜150.0

附　录　B
（资料性附录）
精神状况评估

精神状况评估参见表 B.1。

表 B.1　精神状况评估表

<table>
<tr><td colspan="6">儿童基本信息</td></tr>
<tr><td colspan="2">儿童姓名：
□ 男　　□ 女</td><td>出生日期</td><td></td><td>年龄</td><td></td></tr>
<tr><td colspan="6">身高：　　厘米　　　　体重：　公斤</td></tr>
<tr><td colspan="4">1. 感知觉(0 岁～3 岁)</td><td>是</td><td>否</td></tr>
<tr><td colspan="4">对声音有回应</td><td></td><td></td></tr>
<tr><td colspan="4">眼睛能追物或人</td><td></td><td></td></tr>
<tr><td colspan="4">能与人或者观察者对视</td><td></td><td></td></tr>
<tr><td colspan="4">对触摸身体的不同部位有反应</td><td></td><td></td></tr>
<tr><td colspan="6">概述：</td></tr>
<tr><td colspan="4">2. 认知发育</td><td>是</td><td>否</td></tr>
<tr><td rowspan="5">0 岁～3 岁</td><td colspan="3">能够区分上下</td><td></td><td></td></tr>
<tr><td colspan="3">能够区分白天和黑夜</td><td></td><td></td></tr>
<tr><td colspan="3">能够识别颜色</td><td></td><td></td></tr>
<tr><td colspan="3">能够分辨简单的图形</td><td></td><td></td></tr>
<tr><td colspan="3">能够分辨大小</td><td></td><td></td></tr>
<tr><td colspan="6">概述：</td></tr>
<tr><td rowspan="5">4 岁～7 岁</td><td colspan="3">想要的东西他/她够不到，是否会想办法</td><td></td><td></td></tr>
<tr><td colspan="3">是否会装扮是某人或者某物，比如装扮妈妈，或某个动物</td><td></td><td></td></tr>
<tr><td colspan="3">是否能说出三种颜色</td><td></td><td></td></tr>
<tr><td colspan="3">是否能准确无误的从 1 数到 5</td><td></td><td></td></tr>
<tr><td colspan="3">是否能用手指着正确地说出身体部位的名称</td><td></td><td></td></tr>
<tr><td colspan="6">概述：</td></tr>
<tr><td rowspan="5">8 岁以上</td><td colspan="3">是否能指认或者写出自己的名字</td><td></td><td></td></tr>
<tr><td colspan="3">是否能写 3 个到 4 个句子</td><td></td><td></td></tr>
<tr><td colspan="3">专注力是否能超过 15 min</td><td></td><td></td></tr>
<tr><td colspan="3">是否能说出间隔 5 min 以后的时间</td><td></td><td></td></tr>
<tr><td colspan="3">是否已经上学，请描述一下目前的教育状况、学习科目、学习内容</td><td></td><td></td></tr>
<tr><td colspan="6">概述：</td></tr>
<tr><td colspan="4">3. 情绪和行为</td><td>是</td><td>否</td></tr>
</table>

表 B.1（续）

0 岁～3 岁	是否喜欢被抱		
	当被抱时，身体是否会变得僵硬或者伸直		
	是否会用微笑或声音与人互动		
	是否爱发脾气，是否有咬人等过激行为		
概述：			
4 岁～7 岁	对于他的生活环境的改变是否有反应		
	是否有喜欢的朋友		
	是否会主动分享或者轮流享有某个玩具或者物品		
	是否有过于激烈的身体攻击行为		
	是否撒谎，欺骗或者偷东西		
概述：			
8 岁以上	对于他的生活环境的改变是否有反应		
	是否有喜欢的朋友		
	是否会主动分享或者轮流享有某个玩具或者物品		
	是否有过于激烈的身体攻击行为		
	是否撒谎，欺骗或者偷东西		
	提问或者做出评论是否会令人尴尬或者伤害别人		
	是否有和同伴协作解决问题的能力		
	是否有可能对其他人的感受敏感		
	当他的要求被否定，是否能够控制情绪		
概述：			
评估人：		评估日期：	

附　录　C
（资料性附录）
功能活动状况评估

功能活动状况评估参见表 C.1。

表 C.1　功能活动状况评估表

<table>
<tr><td colspan="6">儿童基本信息</td></tr>
<tr><td colspan="2">儿童姓名：
□ 男　　□ 女</td><td>出生日期</td><td></td><td>年龄</td><td></td></tr>
<tr><td colspan="6">身高：　　厘米　　　　体重：　公斤</td></tr>
<tr><td colspan="4">1. 语言与交流</td><td>是</td><td>否</td></tr>
<tr><td rowspan="7">0 岁～3 岁</td><td colspan="3">与他/她说话是否有回应</td><td></td><td></td></tr>
<tr><td colspan="3">是否会发出单音节字词</td><td></td><td></td></tr>
<tr><td colspan="3">是否能含糊地表达</td><td></td><td></td></tr>
<tr><td colspan="3">是否能模仿词语</td><td></td><td></td></tr>
<tr><td colspan="3">是否能完整地说出 2 个～4 个字</td><td></td><td></td></tr>
<tr><td colspan="3">是否能说出自己的名字</td><td></td><td></td></tr>
<tr><td colspan="3">是否能够听懂简单的指令</td><td></td><td></td></tr>
<tr><td colspan="6">概述：</td></tr>
<tr><td rowspan="5">4 岁～7 岁</td><td colspan="3">是否能指出五官，如果可以，至少能正确地指出 7 个部位（可以是自己，别人或者玩具娃娃的身体部位）</td><td></td><td></td></tr>
<tr><td colspan="3">是否能完整地说出 3 个字到 5 个字的句子</td><td></td><td></td></tr>
<tr><td colspan="3">是否能说出听过的故事的部分情节</td><td></td><td></td></tr>
<tr><td colspan="3">问某种感受以及有这种感受时应该如何反应时，是否能正确回答</td><td></td><td></td></tr>
<tr><td colspan="3">是否能使用有比较关系的词语</td><td></td><td></td></tr>
<tr><td colspan="6">概述：</td></tr>
<tr><td rowspan="3">8 岁以上</td><td colspan="3">是否能清晰地说出自己的想法</td><td></td><td></td></tr>
<tr><td colspan="3">是否能说出听过的故事的部分情节，或者曾经在他/她的身上发生过的事情，讲述时是否使用了复合句</td><td></td><td></td></tr>
<tr><td colspan="3">是否能大声地读简单的故事</td><td></td><td></td></tr>
<tr><td colspan="6">概述：</td></tr>
<tr><td colspan="4">2. 感官综合</td><td>敏感</td><td>不敏感</td></tr>
<tr><td colspan="4">嗅觉</td><td></td><td></td></tr>
<tr><td colspan="4">视觉</td><td></td><td></td></tr>
<tr><td colspan="4">味觉</td><td></td><td></td></tr>
<tr><td colspan="4">噪声/声响</td><td></td><td></td></tr>
</table>

表 C.1（续）

触觉			
强光			
黑暗			
疼痛			
如果以上选择了超敏感或者不敏感，请描述一下：		是	否
异乎寻常的敏感，是否快速回避（移动）			
看起来笨拙一些，很容易绊倒，平衡能力差，动作不协调			
表现出没有条理，在活动中缺乏目的，或者任性，容易冲动			
很难养成规律的睡觉习惯			
用口头语或者书面语表达自己的想法很困难，词汇量很少，说话不清楚			
3. 日常生活技能		是	否
4岁～7岁	是否能够自行如厕		
	是否能自己穿脱衣服		
	是否会系鞋带		
	是否能自己洗脸、洗脚		
	是否会使用餐具独立进食		
	是否会在别人帮助后使用文明用语		
概述：			
8岁以上	是否会自己洗漱、洗澡		
	是否能整理自己用品		
	如果有私人物品，是否会好好管理		
	是否有在福利院以外的经历（上学、购物等）		
概述：			
评估人：	评估日期：		

参 考 文 献

[1] GB/T 31178—2014 儿童青少年发育水平的综合评估
[2] GB/T 31179—2014 儿童安全与健康一般指南
[3] 儿童福利机构管理办法
[4] 中华人民共和国未成年儿童保护法

ICS 03.080.99
A 16

DB54

西藏自治区地方标准

DB54/T 0214—2020

儿童福利机构出入院管理规范

Specification of admission services for child welfare institution

2020-07-21 发布　　2020-08-19 实施

西藏自治区市场监督管理局 发布

前　言

本标准按照 GB/T 1.1—2009 给出的规则起草。

本标准由西藏自治区民政厅提出并归口。

本标准起草单位：中国标准化研究院、西藏自治区民政厅、拉萨市民政局、山南市民政局、西藏自治区标准化研究所。

本标准主要起草人：张莺、徐凯程、苏萌、王金安、徐增英、旦增曲珍、次仁央宗、普布卓玛、李文武、张剑、李坤威、魏利伟、石维彬、扎西央宗、贡桑卓玛。

儿童福利机构出入院管理规范

1 范围

本标准规定了西藏自治区儿童福利机构儿童出入院管理的基本要求、服务内容和服务质量控制。

本标准适用于西藏自治区儿童福利机构儿童出入院管理。

2 术语和定义

下列术语和定义适用于本文件。

2.1

护理员 children care workers

从事孤残儿童日常生活照料和护理，并协助专业人员对其进行教育、保健服务的人员。

2.2

孤儿 orphan

丧失父母的儿童。

2.3

弃婴 abandoned infant

查找不到生父母的1周岁以内的儿童。

2.4

亲属收养 relative adoption

收养三代以内同辈旁系血亲的子女。

3 入院

3.1 弃婴(儿)接收

3.1.1 资料审查

工作人员应审查公安部门出具的报案证明、弃婴(儿)捡拾证明等相关文件。

3.1.2 体检

3.1.2.1 工作人员应 带弃婴(儿)前往医院进行全面身体检查。

3.1.2.2 弃婴(儿)若有疾病，应及时救治。

3.1.3 手续办理

3.1.3.1 工作人员接到公安部门接收通知后，应到实地查看报案证明、核查弃婴(儿)捡拾证明，与公安部门签订《弃婴(儿)临时代养协议》(参见附录A)。

3.1.3.2 工作人员应查看医疗机构出具的诊断证明。

3.1.3.3 工作人员应为弃婴(儿)办理临时入院手续，准备相关用品，填写《弃婴(儿)接收临时入院登记表》(参见附录B)。

3.1.3.4 弃婴(儿)入院后第二天，儿童福利机构应发布寻亲公告，公告期60天满后，仍查找不到生父母和其他监护人的，经主管民政部门审批后，办理正式进入儿童福利机构的手续。填写《儿童入院登记表》（参见附录C），做好弃婴（儿）户籍登记。

3.1.3.5 弃婴（儿）入院后应为其拍照、起名，检查并登记其随身携带物品、归档。

3.1.3.6 工作人员应通知护理员准备弃婴（儿）所需物品，将弃婴（儿）送入机构。

3.1.3.7 相关部门应与护理员做好儿童物品、生活用品、资金等方面的手续交接。

3.1.4 归档

归档资料应包括但不限于：

a） 弃婴（儿）基本情况登记表；

b） 弃婴（儿）户籍证明；

c） 公安部门出具的报案证明；

d） 公安部门出具的弃婴（儿）捡拾证明；

e） 寻亲公告；

f） 弃婴（儿）入院体检医疗机构的体检证明、诊断证明；

g） 弃婴（儿）一寸照片。

3.2 孤儿接收

3.2.1 资料审查

审查的资料如下：

a） 村委会、乡镇街道办事处、县级民政部门、公安机关提供孤儿身份的材料；

b） 儿童原家庭的情况及亲属关系；

c） 儿童体检报告及诊断证明。

3.2.2 手续办理

3.2.2.1 符合入院条件的，工作人员应为儿童办理入院手续，填写《儿童入院登记表》（参见附录C）。

3.2.2.2 福利机构应与原监护人签署监护权转移协议。

3.2.2.3 工作人员应为儿童拍照，检查并登记其随身携带物品、归档。

3.2.2.4 工作人员应通知护理员准备儿童所需物品，将儿童送入机构。

3.2.2.5 相关部门应与护理员做好儿童物品、生活用品、资金等方面的手续交接。

3.2.3 归档

归档资料应包括但不限于：

a） 孤儿基本情况登记表；

b） 孤儿入院申请书（可由相关代理人代为书写）；

c） 监护权转移协议；

d） 所在地村委会、乡镇街道办事处、民政部门、公安机关出具的孤儿证明材料；

e） 户口本复印件；

f） 身份证复印件；

g） 所在县教育部门出具的学籍证明；

h） 福利证；

i） 外地就学孤儿应提供本人银行卡号及联系方式；

j） 儿童体检报告及诊断证明。

4 离院

4.1 亲生父母认领

4.1.1 资料审查

审查的资料如下：

a) 查验认领申请书、亲子鉴定结论等相关证明文件；

b) 户口本、身份证、结婚证原件及复印件。

4.1.2 离院办理

4.1.2.1 儿童福利机构应确认认领手续齐全后，为儿童办理离院手续。机构与儿童父母签订移交协议，填写《儿童离院登记表》(参见附录D)。

4.1.2.2 证明文件齐全且手续办理完成，方可离院。

4.1.3 归档

归档资料应包括但不限于：

a) 认领儿童申请书；

b) 亲子鉴定结论；

c) 移交协议。

4.2 亲属收养

4.2.1 资料审查

审查的资料如下：

a) 亲属收养申请书；

b) 公安机关出具或经公证的与被收养人有亲属关系的证明文件；

c) 亲属户口本、身份证、结婚证原件及复印件。

4.2.2 离院办理

4.2.2.1 儿童福利机构确认收养手续齐全后，为儿童办理离院手续。机构与收养人签订移交协议，填写《儿童离院登记表》(参见附录D)。

4.2.2.2 证明文件齐全且手续办理完毕，方可离院。

4.2.3 归档

归档资料应包括但不限于：

a) 认领儿童申请书；

b) 相关证明文件；

c) 移交协议。

4.3 非亲属收养

4.3.1 资料审查

审查的资料如下：

a) 收养申请书；

b) 收养人户口本、身份证、结婚证原件及复印件。

4.3.2 离院办理

4.3.2.1 儿童福利机构确认收养手续齐全后，为儿童办理离院手续。机构与收养人签订移交协议，填写《儿童离院登记表》(参见附录 D)。

4.3.2.2 证明文件齐全且手续办理完成，方可离院。

4.3.3 归档

归档资料应包括但不限于：

a) 认领儿童申请书；

b) 相关证明文件；

c) 移交协议。

4.4 成年离院

4.4.1 就业

4.4.1.1 年满十八岁的成年人考上公务员、自主择业机构协助寻找工作岗位，并进入就业岗位的，机构应与其签订离院协议，工作人员为其办理离院手续。

4.4.1.2 填写《儿童离院登记表》(参见附录 D)。

4.4.2 转回原籍安置

年满十八岁的成年人，未找到工作岗位的，机构应与其签订离院协议，转回原籍安置，工作人员为其办理离院手续，并填写《儿童离院登记表》(参见附录 D)。

4.4.3 转院

儿童在儿童福利机构生活期间，确需要转到其他的儿童福利机构生活的，由双方儿童福利机构协商后，办理转院。

4.4.4 移交手续办理

4.4.4.1 签订儿童移交协议。

4.4.4.2 原儿童福利机构移交相关材料原件，保留复印件存档，为儿童办理离院手续，并填写《儿童离院登记表》(参见附录 D)。

4.4.5 归档

双方签订的移交协议。

4.5 残疾儿童安置

院内年满 18 岁的残疾成年人，转入当地社会福利机构，工作人员为其办理离院手续，并填写《儿童离院登记表》(参见附录 D)。

4.6 家庭寄养

4.6.1 条件

4.6.1.1 寄养家庭应为儿童福利机构所在地的常住户口，且有固定住所。

4.6.1.2 寄养家庭应有稳定的经济收入。

4.6.1.3 寄养家庭成员应未患有传染病或者精神疾病，以及其他不利于寄养儿童抚育、成长的疾病。

4.6.1.4 寄养家庭成员应无犯罪记录。

4.6.1.5 寄养家庭主要照料人的年龄应在30周岁以上65周岁以下，具备照料儿童能力。

4.6.1.6 寄养家庭的儿童应为6周岁及以上。每个寄养家庭寄养儿童的人数不应超过2人。

4.6.1.7 应优先考虑具有社会工作、医疗康复、心理健康、文化教育等专业知识背景的家庭和自愿无偿奉献爱心的家庭。

4.6.2 资料审查

审查的资料如下：

a) 收养人书面申请材料；

b) 收养人户口本、身份证、结婚证原件及复印件；

c) 收养人经济收入和住房情况的证明；

d) 收养人成员健康状况的证明；

e) 收养人成员无犯罪记录证明；

f) 收养人成员具有社会工作、医疗康复、心理健康、文化教育等专业背景的证明。

4.6.3 手续办理

4.6.3.1 寄养家庭应经过评估、审核、培训后，方可寄养儿童。

4.6.3.2 寄养年满10周岁以上儿童的，应当征得被收养人的意见。

4.6.3.3 儿童福利机构应与寄养家庭主要照料人签订寄养协议，工作人员应为其办理寄养手续，填写《家庭寄养儿童登记表》（参见附录E）。

4.6.3.4 在儿童不同意的情况下，儿童福利机构应拒绝寄养。

4.6.4 归档

归档资料应包括但不限于：

a) 符合4.3.3要求的资料；

b) 寄养家庭主要照料人与儿童福利机构签订寄养协议。

附 录 A
（资料性附录）
弃婴（儿）临时代养协议

弃婴（儿）临时代养协议见图 A.1。

甲方：公安分局 派出所 乙方：儿童福利机构 甲、乙双方于××年××月××日就编号为××年第××号弃婴（儿）（公民×××于××年××月××日××时，在××区××乡（镇、街道）××社区（村、居）××号发现、捡拾并报警）临时代养事宜，依据相关法律法规，协议如下： 一、甲方负责该弃婴生父母查找工作，出具相关证明材料。对查找不到生父母和其他监护人的，配合乙方办理该弃婴落户事宜； 二、乙方承担该弃婴临时监护责任，负责该弃婴的安全、生活、医疗、教育等服务保障； 三、本协议双方共同遵守，一式两份，甲、乙双方各执一份，自签订之日起生效。 甲方负责人签字（盖章）： 乙方负责人签字（盖章）： 年 月 日 年 月 日

图 A.1 弃婴（儿）临时代养协议

附　录　B
（资料性附录）
弃婴（儿）接收临时入院登记表

弃婴（儿）接收临时入院登记表见表 B.1。

表 B.1　弃婴（儿）接收临时入院登记表

序号	弃婴（儿）编号	捡拾地	临时代养协议签订日期	寻亲公告发布日期	临时代养家庭	公告期满后续去向	部门主管签字
注："公告期满后续去向"需填写：正式入院、被领养等信息。							

附 录 C
（资料性附录）
儿童入院登记表

儿童入院登记表见表C.1。

表C.1 儿童入院登记表

序号	儿童姓名	性别	年龄	儿童入院类别	籍贯（接收地）	身份证号码	学籍	入院时间	离院时间	是否归档	部门主管签字
1				□弃婴(儿) □孤儿							
2				□弃婴(儿) □孤儿							
3				□弃婴(儿) □孤儿							
4				□弃婴(儿) □孤儿							
5				□弃婴(儿) □孤儿							
…											

附 录 D
（资料性附录）
儿童离院登记表

儿童离院登记表见表 D.1。

表 D.1 儿童离院登记表

序号	儿童姓名	性别	年龄	身份证号码	学历	离院时间	离院方式	离院去向	是否归档	部门主管签字
1										
2										
3										
4										
5										
注：离院方式为亲生父母认领、亲属收养、非亲属收养、转院、成年离院、家庭寄养。										

附 录 E
（资料性附录）
家庭寄养儿童登记表

家庭寄养儿童登记表见表 E.1。

表 E.1 家庭寄养儿童登记表

序号	姓名	性别	年龄	身份证号码	学籍	主要照料人	联系方式	家庭住址	是否归档	部门主管签字
1										
2										
3										

参 考 文 献

〔1〕 民政部、国家发展和改革委员会、公安部、司法部、财政部、国家卫生和计划生育委员会、国家宗教事务局关于进一步做好弃婴相关工作的通知(民发〔2013〕83号).

〔2〕 儿童福利机构管理办法(中华人民共和国民政部令 2019年第63号).

〔3〕 中国公民收养子女登记办法(中华人民共和国民政部令 1995年第14号).

〔4〕 西藏自治区实施《中华人民共和国收养法》的变通规定.

〔5〕 北京市弃婴救治工作的实施意见(京民儿福发〔2018〕54号).

ICS 03.080.99
A 16

DB54

西藏自治区地方标准

DB54/T 0215—2020

儿童福利机构生活照料服务规范

Specification of living care services for child welfare institution

2020-07-21 发布　　2020-08-19 实施

西藏自治区市场监督管理局　发布

前　言

本标准按照 GB/T 1.1—2009 给出的规则起草。

本标准由西藏自治区民政厅提出并归口。

本标准起草单位：中国标准化研究院、西藏自治区民政厅、拉萨市民政局、山南市民政局、西藏自治区标准化研究所。

本标准主要起草人：张莺、徐凯程、苏萌、王金安、徐增英、旦增曲珍、次仁央宗、普布卓玛、李文武、张剑、李坤威、魏利伟、石维彬、扎西央宗、贡桑卓玛。

儿童福利机构生活照料服务规范

1 范围

本标准规定了儿童福利机构儿童卫生照料、晨晚生活照料、睡眠照料、进食照料、饮水照料、排泄照料等服务要求与服务质量控制。

本标准适用于儿童福利机构6岁以下和特殊儿童生活照料服务。

2 规范性引用文件

下列文件对于本文件的应用是必不可少的。凡是注日期的引用文件，仅注日期的版本适用于本文件。凡是不注日期的引用文件，其最新版本(包括所有的修改单)适用于本文件。

GB 15979 一次性使用卫生用品卫生标准

GB/T 18883—2002 室内空气质量标准

3 术语和定义

下列术语和定义适用于本文件。

3.1

护理员 children care workers

从事儿童福利机构内儿童日常生活照料和护理，并协助专业人员对其进行康复、教育、保健服务的人员。

3.2

新生儿 neonate

自出生后到4周的儿童。

3.3

婴儿 infant

4周到满1周岁的儿童。

3.4

幼儿 toddler

1周岁到满3周岁的儿童。

3.5

特殊儿童 disabled children

身体或智力有残疾，需要特殊照顾的儿童。

3.6

生活照料服务 living care service

为儿童福利机构内儿童提供的卫生照料、晨/晚间照料、睡眠照料、进食照料、饮水照料和排便照料服务。

4 基本要求

4.1 护理员应具备基本的服务技能，培训合格后上岗。

4.2 室内环境应满足 GB/T 18883—2002 中第 4 章的要求。

4.3 使用的一次性卫生护理用品应符合 GB 15979 的要求，使用前应检查包装及有效期限。

4.4 照料操作前后，护理员应清洁双手，双手无长指甲，无饰物。

4.5 照料操作过程中，动作应轻柔，不应有拖、拉、拽等动作。

4.6 照料操作过程中，护理员应密切关注儿童的状况，发现异常立即停业操作、报告并采取相应的措施。

4.7 照料操作结束后，应将使用的物品进行消毒，做好记录并定期归档。

4.8 儿童生活用品应定期消毒。

5 服务内容要求

5.1 卫生照料

5.1.1 沐浴

5.1.1.1 沐浴频次应符合下列要求：

a） 每周不少于 1 次；

b） 污染后应及时沐浴。

5.1.1.2 沐浴应符合下列要求：

a） 自理儿童沐浴：

1） 应指导儿童脱衣服、穿拖鞋后进入浴室；

2） 应调试好水温，告知儿童清洗过程中防烫、防滑、保暖等事项；

3） 应指导儿童洗脸、洗头、清洗躯干、四肢和会阴部，浴后擦干、更衣。

b） 部分自理及不能自理儿童沐浴：

1） 应协助部分自理儿童脱衣，帮助不能自理儿童脱衣，解开尿布，将儿童移至洗澡车上，盖好毛巾被，推入浴室；

2） 结合儿童自身实际情况，协助或帮助儿童清洁面部、头部、躯干、四肢和会阴部。

c） 沐浴过程中，儿童如出现烦躁、寒战，面色苍白等异常情况，应立即停止沐浴，及时通知医护人员处理。

5.1.2 口腔清洁

5.1.2.1 清洁频次

口腔应每日早晚 2 次清洁。

5.1.2.2 新生儿和婴儿

用干净的纱布，轻柔的擦拭牙床及牙齿，并确保上下牙齿内外侧面及口腔内壁全部擦拭。

5.1.2.3 儿童

儿童的口腔清洁应符合以下要求：

a） 应为儿童准备儿童牙刷及儿童牙膏；

b） 应结合儿童自身实际情况，协助或帮助儿童每日清洁口腔；

c） 应督促自理儿童清洁口腔。

5.1.3 理发

宜每月 1 次，应安排在沐浴前。发型应符合风俗习惯。

5.1.4 指(趾)甲

应每周修剪1次,应安排在沐浴后,指(趾)甲修剪后应光滑平整。

5.1.5 更衣

应每周更换衣服,或随脏随换。服装应适季、合体、舒适、整洁、无破损,扣(带)齐全。

5.2 晨晚间生活照料

5.2.1 晨晚间生活照料时间

应遵循当地作息习惯。

5.2.2 晨间生活照料

晨间生活照料应符合下列要求:

a) 观察儿童的皮肤和精神状况并记录。
b) 定时叫醒自理儿童,督促其穿衣、叠被、大小便、洗手、刷牙、洗脸、梳头。协助部分自理儿童穿衣、叠被、整理床铺、大小便,准备洗漱用具用水,指导、协助其完成刷牙、洗脸、洗手、梳头。为不能自理儿童换尿布、穿衣、叠被、洗脸、洗手、梳头等。
c) 为有特殊身体功能障碍儿童准备辅具,如坐姿椅、站立架等,选择合适体位,协助或指导其完成晨间卫生清洁。
d) 定期开窗通风换气。

5.2.3 晚间生活照料

晚间生活照料应符合下列要求:

a) 关好门窗,拉上窗帘,调整室内温度,保持微弱照明;
b) 铺好被子,根据需要铺好防水垫;
c) 督促自理儿童完成睡前卫生清洁(包括刷牙、洗脸、洗脚、清洁会阴),铺被、脱衣、整理衣物;
d) 为部分自理儿童准备洗漱用具及温水,指导、协助其完成睡前卫生清洁,铺被、脱衣、整理衣物;
e) 为不能自理儿童完成睡前卫生清洁,换尿布,铺被、脱衣、整理衣物、盖被;
f) 为特殊身体功能障碍儿童整理收拾辅具;
g) 为特殊儿童加装床挡,防止坠床。

5.3 睡眠照料

5.3.1 睡前准备应按5.2.3要求执行。

5.3.2 应定时巡视,观察儿童身体状况、就寝情况和寝室环境变化。

5.3.3 应定时调整睡姿,对蒙头或蹬被现象及时采取纠正措施。

5.3.4 婴儿睡眠可采取仰卧配合侧卧的睡眠方式,以免造成面部或头部变形。

5.3.5 婴幼儿夜间哭闹首先排除饥饿、便溺,异常情况应及时通知医护人员处理。

5.3.6 遇儿童身体不适,应报告医护人员,遵医嘱处理。

5.3.7 对兴奋躁动儿童应采取保护性措施。

5.4 进食照料

5.4.1 新生儿和婴儿进餐

5.4.1.1 餐前准备应符合下列要求:

a）先更换尿布，并清洁双手。

b）在配奶间调配奶液，选择适宜的奶嘴，奶嘴孔的大小应满足奶瓶盛水倒置时液体可呈滴状连续滴出。唇腭裂婴儿应使用专用奶嘴。

c）喂奶前，将婴儿抱起，斜卧于怀中或将婴儿取半卧位，将小毛巾垫于颈部，将奶液滴在手臂内侧测试温度，奶温应与体温相近，奶瓶于斜位使奶嘴充满奶液。

5.4.1.2 喂奶时，应观察婴儿进食情况，发现异常现象及时停止并通知保健医生处理。

5.4.1.3 喂奶后，应给婴儿喂食少量温开水清洁口腔。竖抱轻拍婴儿后背，待其将吞咽的空气排出后取侧卧位放置在床上。

5.4.1.4 随月龄增长，奶量应根据婴儿食欲、体重以及大便的性状进行调整，由医护人员调整奶量。

5.4.2 自理和部分自理儿童集中进餐

5.4.2.1 餐前准备应符合下列要求：

a）应组织儿童洗手，安排儿童在座位坐好；

b）配餐前配餐员应清洁双手，将饭、菜搭配好分发给儿童，应一人一碗一勺一巾，根据需要增减饭菜。

5.4.2.2 儿童进餐时应巡视观察，防止儿童之间打闹嬉戏，发现异常情况及时呼救并做初步处理。

5.4.2.3 餐后应组织、协助儿童漱口和洗手，逐一检查，不应将食物带出，有序离开餐厅，餐后 30 min 内不应做剧烈运动。

5.4.2.4 应对餐具、毛巾等用品进行洗涤、消毒处理。

5.4.3 特殊儿童进餐

5.4.3.1 餐前准备应符合下列要求：

a）视具体情况安排进餐体位，将毛巾围于颈下；

b）配餐前配餐员应清洁双手，结合儿童实际状况搭配饭量。

5.4.3.2 进餐应符合下列要求：

a）冷热适度，小口慢喂。

b）对咀嚼吞咽功能差的儿童，应选择细碎、易吞咽的食物。

c）喂食过程中应观察儿童进食状况，当出现咬颌反射时，不应强行拔勺；哭闹时应停止喂食。

d）进餐完毕，应帮助清洁口腔，擦拭干净。

5.4.3.3 餐后应符合下列要求：

a）整理好床单位，取舒适体位将儿童置于床上；

b）对餐具、毛巾等用品进行洗涤、消毒处理。

5.4.4 添加辅食

5.4.4.1 应根据婴儿营养需要、消化能力及牙齿生长情况，循序渐进添加辅食；应在婴儿适应一种辅食后再增加另一种辅食，从少到多，从稀到稠，从细到粗，逐步过渡到固体食物。

5.4.4.2 应记录婴儿添加的辅食，填写《儿童生活照料记录》(参见附录 A)。

5.4.4.3 宜选择在饭前喂食新添加的辅食，第一次喂食辅食时宜稀薄，待其吞咽后再喂。

5.4.4.4 应观察大便和有无腹胀，发现异常应暂停并报告医护人员处理，待正常后恢复。

5.4.4.5 应根据实际需要添加或减少辅食量或暂停添加辅食。

5.4.4.6 应为 6 个月左右处于萌牙期的婴儿提供咀嚼磨牙的食物。

5.5 饮水照料

5.5.1 饮水时间应在三餐之间。

5.5.2　每日为儿童提供饮水 3 次～4 次，必要时可调整次数和饮水量。
5.5.3　婴幼儿宜喂白开水，可喂不加糖的菜汁水、果汁。
5.5.4　应巡视观察，遇异常情况立即停止，发生危险情况及时处理并报告医护人员。

5.6　排泄照料

5.6.1　应观察大、小便次数、量、气味、颜色、性质、有无排便困难及大便形状等，发现异常及时报告医务人员并做记录。
5.6.2　应定时督促、协助幼儿坐盆排便，坐盆时间不宜超过 10 min。
5.6.3　应督促自理儿童便后清洁会阴部，洗手；协助部分自理大龄儿童如厕，如厕后清洁会阴和肛门并洗手。
5.6.4　更换尿布应遵守以下要求：
　a）应及时为新生儿、婴幼儿更换尿布，动作轻柔。
　b）更换前准备：
　　1）清洁双手。
　　2）准备垃圾桶、尿不湿、温水、湿巾、纱布、凡士林、护臀膏。
　c）更换步骤：
　　1）婴儿平放，使其四肢舒展。
　　2）把婴儿纸尿裤的腰贴打开并折叠，以免粘住婴儿皮肤。
　　3）一只手抓住婴儿两脚脚踝，轻轻上抬，另一只手将脏尿裤在孩子屁股下方对折，清洗干净婴儿裸露处，必要时使用护臀膏，防止湿疹及过敏。抽出使用过的纸尿裤，扔入垃圾桶。
　　4）打开新纸尿裤，铺开后竖起内侧的放置在下面，将新纸尿裤垫在婴儿屁股处，注意保持两侧褶边竖起状态，将纸尿裤提至肚脐上方，包裹屁股。
　　5）贴好腰贴，注意左右对称，调整大腿根部褶边，用手指顺时针捋整齐，褶边不往内折，使其不易外漏。
5.6.5　应指导、协助女童生理期使用卫生用品，并记录生理期日期，衣裤、被服污染时应及时更换。

5.7　更换床上用品

5.7.1　应准备更换的床单、被套、枕套等物品。
5.7.2　每月更换床上用品不应少于 2 次。
5.7.3　应保持床上用品清洁、平整、干燥、无异味。

6　服务质量控制

6.1　护理员服务过程中应按照本标准要求，自查生活照料服务，发现问题及时纠正。遇到无法解决的问题上报部门负责人。
6.2　儿童福利机构应设置服务质量的检查部门，制定服务质量检查方案、程序和要求，配备专兼职的服务质量检查人员，检查记录填写情况，填写《儿童生活照料每周抽查记录》（参见附录 B），对发现的问题进行总结分析，并再次检查。

附　录　A
（资料性附录）
儿童生活照料记录

儿童生活照料记录见表A.1。

表A.1　儿童生活照料记录

________年________月　　　　照料对象：　　　　　　年龄：

日期	时间	个人清洁卫生							饮食照料		排泄照料			睡眠照料	照料人签字	备注
		精神状态	洗漱（洗手、洗脸、口腔清洁、梳头）	洗脚	床单位	沐浴	剪指（趾）甲	理发	进食辅食	饮水	排便	换尿布	生理期记录	夜间巡视		
1日																
2日																
3日																
4日																
5日																
…																
27日																
28日																
29日																
…																

注1：精神状态填写：良好、较好、不好、差。

注2：幼儿：饮食照料："进食"记录中采用"正"字记录喝奶的次数，并记录添加的辅食，添加新辅食后，有异常情况，在备注中记录；排泄照料："排便""换尿布"的记录方式采用"正"字记录次数。

注3：其他儿童："饮食照料""排泄照料"采用打"√"的方式记录，如有特殊情况，可采用"正"记录次数。

注4：生理期记录仅来过月经的女孩需填写。

注5：夜间巡视记录时间。

注6：其他完成项目画"√"记录。

附 录 B
（资料性附录）
儿童生活照料每周抽查记录

儿童生活照料每周抽查记录见表B.1。

表B.1 儿童生活照料每周抽查记录

<table>
<tr><td colspan="2">日期：</td><td>抽查人：</td></tr>
<tr><td colspan="2">抽查对象：</td><td>抽查区域：</td></tr>
<tr><td>抽查情况</td><td colspan="2"></td></tr>
<tr><td>整改情况</td><td colspan="2"></td></tr>
</table>

ICS 03.080.99
A 16

DB54

西 藏 自 治 区 地 方 标 准

DB54/T 0216—2020

儿童福利机构医疗保健服务规范

Specification of medical care services for child welfare institution

2020-07-21 发布　　2020-08-19 实施

西藏自治区市场监督管理局　发 布

前　言

本标准按照 GB/T 1.1—2009 给出的规则起草。

本标准由西藏自治区民政厅提出并归口。

本标准起草单位：中国标准化研究院、西藏自治区民政厅、拉萨市民政局、山南市民政局、西藏自治区标准化研究所。

本标准主要起草人：刘贺、张莺、苏萌、王金安、徐增英、旦增曲珍、次仁央宗、普布卓玛、李文武、张剑、李坤威、魏利伟、石维彬、扎西央宗、贡桑卓玛。

儿童福利机构医疗保健服务规范

1 范围

本标准规定了儿童福利机构医疗保健服务的基本要求与服务质量控制，提供了体检、保健、诊疗、巡诊、健康教育的具体服务内容与规范。

本标准适用于儿童福利机构的医疗保健服务。

2 规范性引用文件

下列文件对于本文件的应用是必不可少的。凡是注日期的引用文件，仅注日期的版本适用于本文件。凡是不注日期的引用文件，其最新版本(包括所有的修改单)适用于本文件。

GB/T 26343 学生健康检查技术规范

GB/T 31178 儿童青少年发育水平的综合评价

WS/T 456 学龄儿童青少年营养不良筛查

3 基本要求

3.1 儿童福利机构应配备医师和护士各不少于1名。

3.2 医师应取得执业医师资格并注册。护士应取得护士执业资格并注册。

3.3 提供医疗保健服务的人员应由医师担任。结合当地实际情况，有条件的可配备全职医师，或外聘医师。

3.4 儿童福利机构内设医务室的应取得《医疗机构执业许可证》，并在执业有效期内。

3.5 儿童福利机构应配备医疗保健服务相关的诊疗设施和设备，如体温计、听诊器、体重计、身高测量仪、手电筒、一次性压舌板、出诊箱、叩诊锤、皮尺、吸氧设备、诊断桌椅、诊察床等。

3.6 医师应定期进行巡诊，发现儿童出现病情变化，及时做好问诊、体格检查及辅助检查，根据病史、临床表现及辅助检查明确疾病诊断，给予合理治疗。

3.7 对于不能在机构内诊治的儿童，医务人员应及时进行转诊转院工作。

3.8 应做好儿童预防保健和传染病的防控，定期开展卫生知识宣教和预防接种工作。

4 服务内容

4.1 体检

4.1.1 体检频次

4.1.1.1 儿童入院前应进行一次全面的身体检查。

4.1.1.2 各年龄阶段儿童的体检频次应符合下列要求：

a) 6个月内的婴儿应每月1次；

b) 6个月～12个月的婴儿应每3个月1次；

c) 12个月～36个月的幼儿应每6个月1次；

d) 36个月以上儿童应每年1次。

4.1.2 入院体检

入院体检包括以下项目：

a) 常规检查：包括但不限于血生化、血常规、尿常规、胸部X光、腹部B超、心电图、身高、体重；
b) 筛查传染病：应涵盖西藏自治区高发的传染病种类，包括但不限于结核病、麻疹、病毒性肝炎、细菌性痢疾、鼠疫、布鲁氏菌病、寄生虫病、艾滋病病毒、麻风。

4.1.3 定期体检

4.1.3.1 应由医务室在每年的寒假或暑假组织儿童进行年度体检。

4.1.3.2 应检查生长发育、健康状况以及常见病、传染病和地方病的情况。

4.1.4 检查结果处理

4.1.4.1 应根据体检报告，按照医嘱进行治疗。

4.1.4.2 未产生抗体者应及时到疾控中心进行疫苗补种。

4.1.4.3 检查出疾病并需住院治疗的与机构领导汇报、沟通进行住院治疗。

4.2 保健

4.2.1 发育评估

4.2.1.1 应根据GB/T 26343、GB/T 31178的要求，定期对不同年龄段的儿童进行生长发育评估。

4.2.1.2 应按WS/T 456的要求，定期对儿童进行营养状况筛查。

4.2.1.3 应依据发育评估和营养状况筛查的结果，对发育指标达不到平均值或营养不良的儿童，分析产生的原因，给出护理喂养的指导。

4.2.1.4 应对有特殊需要治疗的儿童，分析病因，合理用药，辅助以食疗。

4.2.2 疫苗接种

4.2.2.1 应按照预防接种管理的有关规定，有计划地对儿童进行预防接种工作。

4.2.2.2 应根据儿童数量、接种疫苗种类，积极协调疾控中心进行接种工作，并合理安排接种时间。

4.2.2.3 接种疫苗时，应按免疫接种程序接种。

4.2.2.4 应建立接种卡，建卡时用钢笔或签字笔填写，书写要正规、准确、无涂改、无漏项、保存整洁，确保建卡率达到100％。

4.2.2.5 接种后，应填写《儿童疫苗接种记录》（参见附录A）。

4.2.2.6 接种后，应观察儿童的情绪和身体变化，如有异常反应，应采取相应的措施。

4.2.3 卫生保健

4.2.3.1 儿童福利机构应定期开展健康检查，坚持晨检和全日健康观察，加强保育护理，协助落实国家免疫规划，预防传染病和常见病。

4.2.3.2 儿童福利机构应建立儿童健康卡或档案。每年体检1次，每半年测身高、视力1次，每季度量体重1次。注意儿童口腔卫生，保护儿童视力。

4.3 诊疗

4.3.1 问诊

4.3.1.1 应询问患儿或护理人员关于患儿现病史情况，包括症状发生的时间、诱因、主要的症状和特点等，详细记录诊断有关的资料。

4.3.1.2 应询问、查询患儿既往史、过敏史，怀疑有传染性疾病时应询问流行病学史和个人史。

4.3.2 触诊

4.3.2.1 触诊前，医师应洗净双手、温暖双手。

4.3.2.2 听诊时，医师应用双手温暖听诊器胸件，再给儿童听诊。

4.3.2.3 检查时，医师应操作轻柔、细致。

4.3.3 诊断

4.3.3.1 医生应根据病史、体格检查给出初步诊断，并提出进一步检查和治疗方案。

4.3.3.2 医师应按临床医疗诊疗常规进行诊断。藏医可结合当地情况，按照相关医典进行诊断。

4.3.4 处置

4.3.4.1 医师应根据病情和诊断结果，开具相应处方及处置方案。

4.3.4.2 医师应按照病历书写基本规范的相关要求书写病历。

4.3.4.3 医师应根据患儿病情以及机构条件，提出住院、转诊建议。

4.3.4.4 对于传染病患儿，医师应按照传染病防治相关要求及时做好防控工作，并登记上报。

4.3.5 转院

4.3.5.1 对于病情较重需要住院治疗的患儿，医生应将患儿病情上报，申请转治。

4.3.5.2 患儿需要到市级或区级医院就诊时，可通过绿色通道转至市级或区级医院。

4.3.5.3 患儿住院期间，应有陪护人员进行全天候陪伴。

4.4 巡诊

4.4.1 医师应每日巡诊查房，重点巡诊病情发生变化及正在接受治疗的患儿。

4.4.2 巡诊结束后，应做好巡诊记录。

4.5 院前急救

儿童突发疾病或意外伤害时，医师应携带急救物品，初步识别和评估儿童的病情，采取相应的急救措施。

4.6 健康教育

4.6.1 应对步入青春期儿童(女生 10 岁～18 岁，男生 12 岁～20 岁)进行青春期健康教育，宜邀请相关领域的专家开展相关知识的讲座。

4.6.2 应对刚进入青春期的儿童给予关心照顾，指导、协助女童生理期使用卫生用品。

5 服务质量控制

儿童福利机构应设置服务质量的检查部门，制定服务质量检查方案、程序和要求，配备专兼职的服务质量检查人员，定期抽查现场，检查记录填写情况，填写《医疗保健服务抽查记录》(参见附录 B)，对发现的问题进行总结分析，提出整改措施，并再次检查。

附 录 A
（资料性附录）
儿童疫苗接种记录

儿童疫苗接种记录见表 A.1。

表 A.1 儿童疫苗接种记录

姓名	年龄	基础免疫		接种疫苗名称									
		完成	未完成	乙脑	流脑	麻风腮	甲肝	流感	白破二流	水痘	轮状病毒	其他	接种时间

附　录　B
（资料性附录）
医疗保健服务抽查记录

医疗保健服务每周抽查记录见表B.1。

表B.1　医疗保健服务抽查记录

日期：	抽查人：
抽查对象：	抽查区域：
抽查情况	
整改情况	

参 考 文 献

[1] WS/T 642—2019 普通高等学校传染病预防控制指南

[2] 中华人民共和国执业医师法(1998 年 6 月 26 日中华人民共和国主席令第 5 号公布)

[3] 国家免疫规划疫苗儿童免疫程序及说明(2016 年版)(中国疾病预防控制中心免疫规划中心)

[4] 中国 7 岁以下儿童生长发育参照标准(卫生部 2009 年发布)

[5] 病历书写基本规范(卫生部 2010 年发布)

[6] 医疗卫生机构仪器设备管理办法(1996 年 9 月 20 日卫生部发布)

[7] 医院感染管理办法(2006 年 6 月 15 日卫生部发布)

[8] 抗菌药物临床应用管理办法(于 2012 年 2 月 13 日经卫生部部务会审议通过,自 2012 年 8 月 1 日起施行)

[9] 处方管理办法医院处方点评管理规范(试行)(2007 年 2 月 14 日中华人民共和国卫生部令第 53 号发布)

[10] 医疗机构病历管理规定(国卫医发〔2013〕31 号)

[11] 中华人民共和国传染病防治法(2013 年 6 月 29 日中华人民共和国主席令第 5 号发布)

[12] 西藏地区传染病的流行现状及防制策略(中国公共卫生 2005 年 11 月第 21 卷第 11 期)

ICS 03.080.99
A 16

DB54

西藏自治区地方标准

DB54/T 0217—2020

儿童福利机构康复服务规范

Specification of rehabilitation services for child welfare institution

2020-07-21 发布 2020-08-19 实施

西藏自治区市场监督管理局 发布

前 言

本标准按照 GB/T 1.1—2009 给出的规则起草。

本标准由西藏自治区民政厅提出并归口。

本标准起草单位:中国标准化研究院、西藏自治区民政厅、拉萨市民政局、山南市民政局、西藏自治区标准化研究所。

本标准主要起草人:徐凯程、张莺、苏萌、王金安、徐增英、旦增曲珍、次仁央宗、普布卓玛、李文武、张剑、李坤威、魏利伟、石维彬、扎西央宗、贡桑卓玛。

儿童福利机构康复服务规范

1 范围

本标准规定了儿童福利机构残疾儿童康复服务的原则、人员与场地要求、康复服务内容与规范、服务质量控制。

本标准适用于西藏自治区儿童福利机构康复服务。

2 规范性引用文件

下列文件对于本文件的应用是必不可少的。凡是注日期的引用文件,仅注日期的版本适用于本文件。凡是不注日期的引用文件,其最新版本(包括所有的修改单)适用于本文件。

GB/T 10001.1　公共信息图形符号　第1部分:通用符号

GB/T 10001.9　标志用公共信息图形符号　第9部分:无障碍设施符号

GB/T 18883　室内空气质量标准

GB 24436　康复训练器械　安全通用要求

3 术语和定义

下列术语和定义适用于本文件。

3.1

康复　rehabilitation

应用各种有用的措施以减轻残疾的影响和使残疾儿童重返社会。

4 服务原则

4.1 及早干预原则

儿童康复服务应秉承早期干预的理念,及早发现患儿偏离正常的现象和苗头,积极地采取预防性、补偿性或矫正性措施,最大限度地减少患儿受到二次损伤。

4.2 全面康复原则

儿童康复服务应以促进患儿身心全面发展为宗旨,以健全儿童一般共性教育为基础,以特殊需要课程、个别化教育计划、干预矫治方案等专项康复技术为支撑,为患儿提供全面康复服务。

4.3 平等参与原则

儿童康复服务应创造公平的环境,确保患儿不因民族、种族、性别、家庭出身、宗教信仰、教育程度、财产状况、居住期限等受到任何歧视,保障所有患儿享有平等的权利与机会。

4.4 生态系统原则

儿童康复服务应重视家庭的作用,从儿童与家庭、朋辈群体、社区、学校、服务机构等互动中分析问题，识别所需资源，提供专业服务，促进其身心和谐发展。

4.5 权益最大化原则

儿童康复服务应以儿童为中心，在发展规划、规章制度建设、服务计划制定、资源配置和服务提供等方面，从残障儿童身心发展特点和特殊需要出发提供专业服务，优先考虑残障儿童的利益和需要，最大限度保障儿童权益。

5 基本要求

5.1 人员

5.1.1 儿童福利机构宜配备 1 名康复医师、1 名康复治疗师及护士若干。

5.1.2 康复服务人员应具备下列条件：

a） 经过培训，并掌握儿童康复基本知识和技能；

b） 宜具有康复医学(康复、护理等)教育背景；

c） 宜具备相关技术资格。

5.1.3 康复服务人员应遵循康复服务专业伦理，按照康复服务计划，提供康复服务。

5.1.4 康复服务人员应了解和体察患儿心理，服务热情、礼貌、耐心、细致。

5.1.5 康复服务人员应有健康合格证，且每年至少体检 1 次并留档保存。

5.2 场地与设备

5.2.1 康复场地应符合下列要求：

a） 场地规划满足儿童康复训练需求，且符合消防和安全保卫要求；

b） 场所色彩、装饰适合儿童患者的心理特点；

c） 各类功能用房通风采光良好，环境整洁卫生，室内空气质量符合 GB/T 18883 的要求，并定期消毒；

d） 场地设置符合 GB/T 10001.1 和 GB/T 10001.9 规定的图形符号。

5.2.2 康复场所应配备以下满足康复训练的器械和必备的用具：

a） 康复训练器械，符合 GB 24436 中的相关要求；

b） 评估工具，包括功能水平、学习水平、生活自理能力等评估工具；

c） 教学用具和多媒体设备，设备完好，可满足使用要求；

d） 体育和游戏器械，摆放位置合理，并配备实用、安全、卫生无毒的玩教具；

e） 家具，无锐角、不易倾倒，并摆放合理；

f） 符合儿童特点和年龄的书籍报刊、专业人员保教、康复类用书和教学类图书等；

g） 用于收集、保存记录儿童生长、康复和发展情况的档案数据的档案柜。

6 服务内容与要求

6.1 接案

接案环节主要包括以下工作内容：

a） 介绍服务宗旨、服务政策、服务内容等，应使用通俗易懂的语言描述；

b） 多方面收集与患儿有关的信息资料，应全面了解患儿的问题与需要；

c） 填写《康复服务接案登记表》(参见附录 A)；

d） 不能提供康复服务的，及时转介。

6.2 预评估

预评估环节应明确康复需求，包括以下主要工作内容：

a) 发现和识别患儿问题的成因；

b) 识别患儿所处环境中的积极因素和消极因素；

c) 判断患儿功能障碍的种类和主要的功能障碍，以及患儿功能障碍的程度；

d) 找出急需解决的问题，确定服务的方式和内容；

e) 进行需求评估，内容包括：躯体功能评定、精神（心理）功能评定、语言功能评定、社会功能评定；

f) 不能提供康复服务的，及时转介；

g) 填写《康复服务预估表》(参见附录 B)。

6.3 康复服务计划

6.3.1 应依据康复服务的宗旨、目标和预评估的结果制定详细、具体、易于总结和评估的康复服务计划，主要内容应包括：

a) 患儿的问题与需要，患儿所处环境的资源与优势；

b) 康复服务计划的短期、中期和长期目标；

c) 康复服务的介入措施、行动步骤及进度安排；

d) 康复服务人员、患儿和监护人或其他照顾者各自的任务；

e) 评估参与者条件和评估方式。

6.3.2 康复服务计划应依据每次评估适时调整，做到评估、目标相一致。由患儿照顾者或法定监护人书面签字认可。

6.3.3 填写《康复服务计划表》(参见附录 C)。

6.4 康复服务介入

6.4.1 直接康复介入的任务主要包括：

a) 促使患儿、监护人及相关人员学会运用现有的资源；

b) 帮助患儿及相关人员掌握康复的核心知识与技能；

c) 直接运用各种专业技能借由教育、心理、社会等手段帮助患儿实现积极的改变；

d) 动员照料人员或监护人与患儿共同参与介入行动；

e) 及时、准确地填写相关记录。

6.4.2 间接康复介入的任务主要包括：

a) 发掘和运用患儿所在机构的资源，创造条件进行后续跟踪指导；

b) 协调和联系各类患儿康复服务的资源与系统；

c) 改善患儿所处的环境；

d) 促进患儿相关政策的改变；

e) 填写《康复服务面谈记录表》(参见附录 D)。

6.5 评估

评估环节主要包括如下工作：

a) 定期对患儿康复服务进行过程性评估，内容包括：患儿康复变化、服务过程中所运用的理论与技巧适用性及有效性、下一步跟进工作等；

b) 根据康复服务内容选择适宜的评估方法；

c) 收集和分析相关资料；

d） 撰写评估结果；

e） 发现不适宜进行康复服务的，及时转介；

f） 康复计划实施完成后，对患儿进行终结性评估；

g） 填写《康复服务评估表》（参见附录E）。

6.6 结案

结案环节主要包括如下工作：

a） 与患儿照料人员或监护人回顾服务的过程，确定结案时机是否成熟；

b） 提前告知患儿结案的时间，帮助患儿处理好离别情绪；

c） 协助患儿巩固已经取得的成果，正向表达感受；

d） 康复服务终结后，告知患儿照料人员或监护人在需要时将继续提供帮助；

e） 对整个康复过程进行总结，填写《康复服务结案表》（参见附录F），并存档。

7 服务质量控制

7.1 儿童福利机构应确定康复服务质量目标，在服务设施与设备、用品、用具、服务内容、程序、方法等方面制定具体的质量目标。

7.2 儿童机构应设置服务质量的检查部门，制定服务质量检查方案、程序和要求，配备专兼职的服务质量检查人员，对康复服务现场和记录进行检查或抽查，对发现的问题提出整改措施，并再次检查。

附　录　A
（资料性附录）
康复服务接案登记表

康复服务接案登记表见A.1。

表A.1　康复服务接案登记表

编号：　　　　　　　　　　　　　　　　　　　　　　年　月　日

<table>
<tr><td>姓名</td><td></td><td>性别</td><td></td><td>出生年月</td><td></td><td>类别</td><td></td></tr>
<tr><td colspan="8">个案来源</td></tr>
<tr><td colspan="8">□ 儿童主动求助
□ 机构发现
□ 转介
转介来源：
转介原因：</td></tr>
<tr><td colspan="8">儿童面临的问题和需要</td></tr>
<tr><td colspan="8">1.
2.
3.</td></tr>
</table>

康复服务人员(签字)：

附 录 B
（资料性附录）
康复服务预估表

康复服务预估表见表 B.1。

表 B.1 康复服务预估表

编号： 年 月 日

<table>
<tr><td>姓名</td><td></td><td>性别</td><td></td><td>出生年月</td><td></td><td>类别</td><td></td></tr>
<tr><td colspan="8">1. 背景资料</td></tr>
<tr><td>接案原因及当时出现的问题</td><td colspan="7">1.
2.
3.</td></tr>
<tr><td>表现
（包括学前）</td><td colspan="7">学业表现：□好 □一般 □差
同学关系：□好 □一般 □差
师生关系：□好 □一般 □差
适应能力：□好 □一般 □差
具体说明：</td></tr>
<tr><td>朋辈关系</td><td colspan="7">关系好坏：□好 □一般 □差
朋辈交往时间：
朋辈交往范围：
具体说明：</td></tr>
<tr><td>重要成长经历</td><td colspan="7"></td></tr>
<tr><td>其他</td><td></td><td></td><td></td><td></td><td></td><td></td><td></td></tr>
<tr><td colspan="8">2. 接案评估过程</td></tr>
<tr><td>评估结果及服务方式</td><td colspan="7">问题诊断/介入焦点：
□ 属服务范围，开启个案：
确定服务方式：
□ 个别访谈□儿童游戏治疗□家庭/婚姻治疗□亲职教育/咨询
□ 团体治疗□其他介入模式：
服务方式
备注说明：
□ 非服务范围，建议转介：
建议转介资源：
原因说明与建议：</td></tr>
</table>

附　录　C
（资料性附录）
康复服务计划表

康复服务计划表见表 C.1。

表 C.1　康复服务计划表

编号：　　　　　　　　儿童姓名：　　　　　　　　　　　　　日期：　　年　月　日

问题描述	预期目标	具体策略和方法	执行者	预计执行时间	执行状况	备注

康复服务人员(签字)：

附　录　D
（资料性附录）
康复服务面谈记录表

康复服务面谈记录表见表 D.1。

表 D.1　康复服务面谈记录表

日期/时间	
地 点	
目 标	
主要内容	
评估及反思	
跟进计划/ 下次面谈安排	（需说明本次面谈需跟进的事项及下次面谈时间、议题）
督导者意见	

康复服务人员（签字）：

附　录　E
（资料性附录）
康复服务评估表

康复服务评估表见表E.1。

表 E.1　康复服务评估表

编号：　　　　　　　　　　　　　　　　　　　　　　　　　　　年　月　日

姓名		性别		出生年月	
个案描述					
服务目标				服务起止日期	
提供的服务及进展情况					
儿童现状					
结案情况	顺利结案 转介 其他（请注明）				
介入工作反思					
跟踪服务计划					
儿童意见	获得的帮助： □ 没有提供帮助 □ 提供有用资料 □ 生活适应 □ 行为矫正 □ 学习辅导 □ 人际关系支持 □ 关系调适 □ 健康服务 □ 经济援助 □ 情绪辅导 □ 就业辅导 □ 转介服务 □ 其他（请注明） 是否达到预期： □ 比预期好得多 □ 比预期好 □和预期一样 □ 比预期差 □ 比预期差得多				
督导意见					

康复服务人员（签字）：

附　录　F
（资料性附录）
康复服务结案表

康复服务结案表见表E.1。

表F.1　康复服务结案表

编号：　　　　　　　　　　　　　　　　　　　　　　　　年　月　日

姓名		性别	
出生年月		转介者/转介（申请）日期	
立案/重开个案日期结束		个案日期	
个案性质及简单描述：			
辅导目标：			
提供的服务及个案进展：			
儿童现状：			
结案原因： □ 目标达到　□不能提供所需服务 □ 专业人员认为不适宜继续提供服务 （请注明） □ 儿童不愿意继续接受服务 （请注明） □ 情况有变化（如服务对象转学、迁居等） （请注明） 其他 （请注明）			

康复服务人员（签字）：

参 考 文 献

[1] DB46/T 265 儿童福利机构康复工作规范
[2] DB11/T 1377.1 残障儿童康复机构服务规范 第1部分:通则
[3] 综合医院康复医学科建设与管理指南(卫医政发〔2011〕31号)

ICS 03.080.99
A 16

DB54

西 藏 自 治 区 地 方 标 准

DB54/T 0218—2020

儿童福利机构教育服务规范

Specification of educational services for child welfare institution

2020-07-21 发布

2020-08-19 实施

西藏自治区市场监督管理局 发 布

前 言

本标准按照 GB/T 1.1—2009 给出的规则起草。

本标准由西藏自治区民政厅提出并归口。

本标准起草单位:中国标准化研究院、西藏自治区民政厅、拉萨市民政局、山南市民政局、西藏自治区标准化研究所。

本标准主要起草人:徐凯程、张莺、苏萌、王金安、徐增英、旦增曲珍、次仁央宗、普布卓玛、李文武、张剑、李坤威、魏利伟、石维彬、扎西央宗、贡桑卓玛。

儿童福利机构教育服务规范

1 范围

本标准规定了儿童福利机构儿童教育服务的基本要求和服务质量控制，提供了学前教育、义务教育保障、课外辅导、特殊教育、就业指导、教育素质等服务内容参考和服务规范。

本标准适用于儿童福利机构教育服务。

2 规范性引用文件

下列文件对于本文件的应用是必不可少的。凡是注日期的引用文件，仅注日期的版本适用于本文件。凡是不注日期的引用文件，其最新版本(包括所有的修改单)适用于本文件。

GB 7793 中小学校教室采光和照明卫生标准

GB/T 17226 中小学校教室换气卫生要求

3 术语和定义

下列术语和定义适用于本文件。

3.1

特殊儿童 exceptional child

与正常儿童在智力、感官、情绪、肢体、行为及言语等方面有显著差异的各类儿童。

4 基本要求

4.1 儿童福利机构应具备独立固定的教育服务场所，具有与所提供服务匹配的专职服务人员，建立教育服务管理制度并有效实施。

4.2 教育服务场所应满足如下要求：

a) 室内采光和照明符合 GB 7793 的要求；

b) 室内通风换气符合 GB/T 17226 的要求；

c) 环境整洁、美观，有学习氛围；

d) 显著位置放置禁止大声喧哗提示牌和消防通道指示牌。

4.3 教育服务设备的配置应符合下列要求：

a) 课桌椅大小、高度等与儿童身高、坐高、手臂、跨度相符合；

b) 体育器械和游戏用具，摆放位置合理；

c) 教学用具和多媒体设备完好，可满足使用要求；

d) 玩教具实用、安全、卫生无毒。

4.4 教育服务人员应配备教学人员，教学人员应符合下列要求：

a) 持有教师资格证书；

b) 具有师范学校学历，或教育专业大专及以上学历；

c) 具备与其所教育内容相应的专业知识与技能，有支持教育服务顺利实施的工作能力；

d) 具备恰当的教学方法，善于运用多媒体等方式进行教学服务活动。

4.5　儿童福利机构应按照以下要求开展教育服务活动：
- a)　教育服务的内容和形式有助于学习目标的实现；
- b)　满足儿童的实际需求，促进儿童身心发展，注重趣味性；
- c)　面向全体儿童，重视个别差异；
- d)　坚持鼓励、启发正面教育；
- e)　确保学习资源安全及儿童信息安全。

5　服务内容与要求

5.1　学前教育

5.1.1　学前教育应包括健康、语言、社会、科学、艺术等五个领域。各领域的内容相互渗透，促进幼儿情感、态度、能力、知识、技能等方面的发展。

5.1.2　学前教育应符合下列要求：
- a)　健康：
  - 1)　树立正确的健康观念，重视幼儿的心理健康，让幼儿在集体生活中感到温暖，心情愉快，形成安全感、信赖感；
  - 2)　建立科学的生活常规，培养幼儿良好的饮食、睡眠、盥洗、排泄等生活习惯和生活自理能力；
  - 3)　教育幼儿爱清洁、讲卫生，注意保持个人和生活场所的整洁和卫生；
  - 4)　开展有益于幼儿健康的比赛、表演或训练等，培养幼儿参加体育活动的兴趣和习惯，增强体质，提高对环境的适应能力和动作的协调性、灵活性。
- b)　语言：
  - 1)　建立与幼儿积极应答的互动环境，培养幼儿乐意与人交谈、讲话礼貌的能力；
  - 2)　通过丰富多彩的活动，提供促进幼儿语言发展的条件，注意倾听幼儿讲话，帮助幼儿理解日常用语；
  - 3)　开展与幼儿的个别交流、幼儿之间的自由交谈活动等，使幼儿能清楚地说出自己想说的事；
  - 4)　对有语言障碍的儿童给予特别关注，帮助他们提高语言能力。
- c)　社会：
  - 1)　创设一个能使幼儿感受到接纳、关爱和支持的良好环境，引导幼儿参加各种集体活动，体验与教师、同伴等共同生活的乐趣，帮助他们正确认识自己和他人，养成对他人、社会亲近、合作的态度，学习初步的人际交往技能；
  - 2)　引导幼儿认识、体验并理解基本的社会行为规则，学习自律和尊重他人；
  - 3)　教育幼儿爱护玩具和其他物品，爱护公物和公共环境；
  - 4)　培养幼儿对劳动者的热爱和对劳动成果的尊重。
- d)　科学：
  - 1)　引导幼儿对身边常见事物和现象的特点、变化规律产生兴趣和探究的欲望；
  - 2)　创造条件让幼儿实际参加探究活动，使他们感受科学探究的过程和方法，体验发现的乐趣；
  - 3)　培养他们对科学的兴趣和对科学家的崇敬。
- e)　艺术：
  - 1)　引导幼儿接触周围环境和生活中美好的人、事、物，丰富他们的感性经验和审美情趣，激发他们表现美、创造美的情趣；
  - 2)　提供自由表现的机会，鼓励幼儿用不同艺术形式大胆地表达自己的情感、理解和想象；
  - 3)　指导幼儿利用身边的物品或废旧材料制作玩具、手工艺品等来美化自己的生活或开展其他活动；

4） 为幼儿创设展示自己作品的条件，引导幼儿相互交流、相互欣赏、共同提高。

5.2 义务教育保障

义务教育保障应符合下列要求：

a） 做好适龄特殊儿童入学的统计工作；

b） 为符合入学条件的儿童联系学校、报名、准备材料，做好入学工作；

c） 宜配备校车和人员，接送儿童上下学。

5.3 课外辅导

课外辅导应符合下列要求：

a） 配备具有专业知识与经验的服务人员，指导儿童建立正确的学习方法，激发学习兴趣，培养正确思维和解决问题能力；

b） 配合学校老师的工作，了解儿童在校期间的情况，及时与老师沟通解决出现的问题；

c） 帮助儿童巩固课堂教学成果、夯实基础，提供答疑辅导；

d） 督促儿童完成课堂教学作业，提醒儿童对知识重点、难点进行课前预习和课后复习；

e） 组织儿童寒暑假期间的各学科课外辅导，做好开学准备。

5.4 特殊教育

5.4.1 特殊教育对象为身体或心理发展上有缺陷的儿童。

5.4.2 特殊教育应符合下列要求：

a） 配备熟悉特殊教育方针、政策和法规，掌握评估各类特殊儿童基本方法的人员；

b） 提供适合的学习环境，运用特别设计的课程、教材、教法和教学组织形式及教学设备，发展特殊教育儿童的潜能，增长知识、获得技能、完善人格，增强社会适应能力；

c） 关注特殊儿童的身心发展，开设心理健康课程，举办心理健康讲座，组织各种心理健康教育活动等；

d） 帮助特殊儿童融入到普通学校中学习，提供差异性引导和扶助。

5.5 就业指导

5.5.1 针对年满16周岁，具有劳动能力且将回归社会、自食其力生活的少年，开展技能培训和社会能力训练，做好就业相关准备，如心理准备、知识能力准备、职业素养准备，指导就业面试技巧等。

5.5.2 就业指导应符合下列要求：

a） 开展职业能力评估，了解少年的职业潜力和优势；

b） 帮助寻找就业信息；

c） 寻找少年的职业能力与工作岗位的契合点，提供职业教育和技能训练；

d） 根据少年的实际能力和工作岗位对职业技能的要求，为其制定个性化职业教育计划；

e） 对少年开展就业心理辅导，为用人单位安排就业提供必要的支持。

5.6 素质教育

儿童福利机构应开展、组织各类素质教育，并填写《素质教育活动登记表》(参见附录A)。开展的素质教育活动应包括但不限于：

a） 爱国主义教育。增强儿童的责任感和使命感，教育形式宜包括但不限于每周组织升国旗仪式、组织参观爱国主义教育基地、组织观看爱国主义电影等。

b） 思想品德教育。培养学生的勤俭节约、艰苦奋斗、不怕挫折、文明礼貌、诚实守信、尊老爱幼、助人为乐、扶危济困、讲究卫生、遵守秩序的良好品质。

c） 科普教育。普及各类相关知识，开阔眼界。包括但不限于科普知识讲座，参观博物馆。

d） 各类安全教育。包括但不限于消防安全、交通安全、用电安全、食品安全、生理卫生。开展形式宜包括但不限于专家讲座、参观、观看纪录片等。

6 服务质量控制

儿童福利机构应设置教育服务质量的检查部门，制定教育服务质量检查方案、程序和要求，配备专兼职的教育服务质量检查人员。结合实际情况，定期抽查现场，检查记录填写情况，填写《儿童教育抽查记录》（参见附录B），对发现的问题进行总结分析，提出整改措施，并再次检查。

附　录　A
（资料性附录）
素质教育活动登记表

素质教育活动登记表见表A.1。

表A.1　素质教育活动登记表

序号	活动名称	活动日期	活动类别	活动形式	参加人数	备注
1						
2						
3						
4						
5						
6						
7						
注1："活动类别"填写：爱国教育、思想品德教育、科普教育、安全教育。 注2："活动形式"可为讲座、参观、观看影片等。						

附　录　B
（资料性附录）
儿童教育抽查记录

儿童教育抽查记录见表 B.1。

表 B.1　儿童教育抽查记录

<table>
<tr><td colspan="2">日期：</td><td>抽查人：</td></tr>
<tr><td colspan="2">抽查对象：</td><td>抽查区域：</td></tr>
<tr><td>抽查情况</td><td colspan="2"></td></tr>
<tr><td>整改情况</td><td colspan="2"></td></tr>
</table>

ICS 03.080.99
A 16

DB54

西藏自治区地方标准

DB54/T 0219—2020

儿童福利机构文娱服务规范

Specification of entertainment services for child welfare institution

2020-07-21 发布 2020-08-19 实施

西藏自治区市场监督管理局 发布

前　言

本标准按照GB/T 1.1—2009给出的规则起草。

本标准由西藏自治区民政厅提出并归口。

本标准起草单位：中国标准化研究院、西藏自治区民政厅、拉萨市民政局、山南市民政局、西藏自治区标准化研究所。

本标准主要起草人：张莺、徐凯程、苏萌、王金安、徐增英、旦增曲珍、次仁央宗、普布卓玛、李文武、张剑、李坤威、魏利伟、石维彬、扎西央宗、贡桑卓玛。

儿童福利机构文娱服务规范

1 范围

本标准规定了儿童福利机构文娱服务的基本要求，以及针对日常文娱活动、体育活动、节日庆典等活动的服务要求。

本标准适用于儿童福利机构的主题文化与节日庆典、运动会、生日庆祝、过林卡等活动。

2 术语和定义

下列术语和定义适用于本文件。

2.1

文娱服务 cultural and recreation services

为福利院内儿童提供休闲文化娱乐的全过程。

3 基本要求

3.1 应根据儿童特点和需求开展相应的文娱服务。

3.2 应提供适合儿童开展文娱服务的场所。场所包括但不限于多功能室、图书室、室外活动场，有条件的可配备开展球类运动的场地。

3.3 活动场所的地面应防滑、防水、有弹性，环境应整洁，设施设备布局应符合儿童的需要。

3.4 开展文娱服务的场所应有明显标志。设置的标志应统一、清晰、无破损，使用规范。标志应安装在醒目、没有视线遮挡的位置。

3.5 应根据活动内容和参加儿童数量合理配备服务人员。

3.6 服务人员应具备一定的活动组织能力，熟练操作各种文娱设备（如多媒体设备、视听播放设备），并具备基本的维护技能。

3.7 儿童娱乐设施及用品应安全、无破损，各种设备应无锐角。

3.8 户外文娱服务设备、娱乐设施应有安全防护措施。

3.9 儿童娱乐设施、玩具应定期检查、维护、消毒。

3.10 应制定文娱服务计划并实施。

3.11 活动时，应将儿童组织在服务人员视线之内，并及时清点人数。

3.12 活动中，应观察儿童精神状态、面色变化，发现异常应停止，并采取相应措施。

3.13 活动后，服务人员应填写《文娱服务工作记录》（参见附录A）。

4 服务内容与要求

4.1 日常文娱活动

4.1.1 文娱活动应结合实际情况，宜选择阅读图书、书法、绘画、音乐、舞蹈、手工、各种棋类等活动内容。

4.1.2 各类文娱活动室应定时向儿童开放。

4.1.3 各类文娱活动室关闭前应打扫干净，整理和清点各类设施，确保齐全和正常运行。

4.2 体育活动

4.2.1 体育活动包括但不限于跳绳、毽子、羽毛球、乒乓球、足球、篮球等。
4.2.2 各类体育活动场地应定时向儿童开放。
4.2.3 应定期检查体育用品的完好情况，损坏缺少时及时补充。
4.2.4 每年组织运动会不少于1次。

4.3 节日庆典与主题文化

4.3.1 节日庆典

4.3.1.1 节日庆典主要包括元旦、春节、藏历新年、五一、六一、国庆等具代表性的节日。
4.3.1.2 节日庆典活动的策划方案应在每个节日前一个月内完成。策划方案完成后，组织召开活动方案讨论会，并完善方案内容，经院长办公会审核通过，派发工作任务，填写方案材料《活动计划与总结》(参见附录B)。
4.3.1.3 节日庆典活动策划方案应包括但不限于下述内容：
a) 活动名称；
b) 活动时间；
c) 活动地点；
d) 活动内容；
e) 活动负责人；
f) 拟邀请的嘉宾和演出单位；
g) 经费预算；
h) 所需物资；
i) 活动预案。
4.3.1.4 庆典活动前期准备应符合下列要求：
a) 根据活动策划方案，编写活动实施方案，明确各项工作的具体负责人；
b) 提前协调人员，活动现场至少有1名医生；
c) 提前联系拟邀请的嘉宾和演出单位，确定出席的嘉宾，确定演出单位的参演节目，做好场地设计、节目安排、服装设计定制；
d) 购买所需的相关物资；
e) 活动开始前，检查多媒体、音响、麦克等各种所需设备工作状态；
f) 活动开始前，检查活动现场的安全工作，开启防火门，检查紧急逃生通道，布置活动室场所，清洁卫生，摆放座椅，开窗通风，保持场地空气清新无异味。
4.3.1.5 现场服务应符合下列要求：
a) 协助参演儿童和工作人员化妆、更衣等；
b) 组织儿童按次序进入活动场所，安排就座；
c) 组织安排接待嘉宾和演出单位人员，引导入座，并负责外来车辆的登记和引导停放工作；
d) 组织安排专人负责拍照和录像，调试相关设备，保障设备正常工作；
e) 组织安排会务茶水服务；
f) 组织安排专人负责活动过程中的疏导及安全工作。
4.3.1.6 活动结束后应做好以下工作：
a) 引导嘉宾退场，组织儿童按次序退出活动场所，返回居室；
b) 清理场地，做好清洁卫生工作，摆放好桌椅，关闭门窗；
c) 将设备归位，检查设备状况，如有问题及时处理，做好记录。

4.3.1.7 宣传、归档应符合下列要求：
a) 编写活动简报，做好宣传工作；
b) 为儿童洗印现场照片，并赠与儿童保留；
c) 收集活动计划与总结、活动简报、具有收藏价值的照片以及录像等资料，整理后并归档。

4.3.2 主题文化

4.3.2.1 方案策划

方案策划应满足以下要求：
a) 主题文化活动包括运动会、集体生日等。
b) 主题文化活动策划方案应在活动前1个月内完成。策划方案完成后，组织召开活动方案讨论会，并完善方案内容，经院长办公会审核通过，派发工作任务。
c) 活动策划方案应包括但不限于下述内容：
1) 活动名称；
2) 活动时间；
3) 活动地点；
4) 活动内容；
5) 参加人数；
6) 天气情况；
7) 活动负责人；
8) 经费预算；
9) 所需物资；
10) 活动预案。

4.3.2.2 运动会

运动会应满足以下要求：
a) 应根据报名儿童的数量，制定运动会比赛项目次序及安排裁判。
b) 运动会现场应至少安排1名医生。
c) 运动会前期准备应符合下列要求：
1) 将参加运动会的儿童按项目分为不同的代表队；
2) 提前与各活动项目负责人和裁判员讲解项目规则、场地布置要求；
3) 布置场地，做好清洁卫生，摆放座椅，调试音响和麦克；
4) 准备运动会所需的体育器材和计分板、发令枪、发令弹、口哨、秒表、卷尺等辅助物资；
5) 项目负责人和裁判员检查道具的准备情况，道具应能正常使用；
6) 准备相机、垃圾袋、桶装水、一次性纸杯、胸牌等物品；
7) 准备急救箱及相关药品；
8) 查看活动当天的天气情况，依据天气做好紧急预案。
d) 现场服务应符合下列要求：
1) 引导现场人员依次进入活动现场就位，参加开幕式和闭幕式；
2) 安排专人调试影像设备，拍照和录像；
3) 安排专人提供现场活动保障服务；
4) 安排专人负责活动过程中的疏导及安全工作。
e) 活动结束后应做好以下工作：
1) 提醒儿童带好随身物品，引导儿童按次序离开活动场所，返回居室；

2） 清理现场，收集垃圾，并将垃圾装入垃圾桶；
3） 检查体育器材，清点辅助用具等，做好记录。

4.3.2.3 集体生日

集体生日应满足以下要求：

a） 集体生日活动策划方案应在活动前1个月内完成。策划方案完成后，组织召开活动方案讨论会，并完善方案内容，经院长办公会审核通过，派发工作任务。
b） 活动策划方案应包括但不限于下述内容：
  1） 活动名称；
  2） 活动时间；
  3） 活动地点；
  4） 活动内容；
  5） 参加人数；
  6） 天气情况；
  7） 活动负责人；
  8） 经费预算；
  9） 所需物资；
  10） 活动预案。
c） 前期准备工作应符合下列要求：
  1） 现场布置符合民族特点，温馨、有生日意境；
  2） 挑选活动的音乐曲目，编写生日祝福语，音乐、文字内容符合民族习俗；
  3） 提前预订或制作生日食品，食品符合民族习俗；
  4） 清扫现场，检查安全，调试多媒体、音响、麦克等各种所需设备。
d） 现场服务应符合下列要求：
  1） 引导儿童进入现场，安排就座；
  2） 组织儿童唱生日歌，分享食物，合影留念。
e） 活动结束后应做好以下工作：
  1） 清点儿童数量，引导儿童离场，提醒儿童带好随身用品；
  2） 清理现场，收集垃圾，整理设备，做好记录。

4.4 过林卡

4.4.1 活动应结合机构人员、机构地理位置、民俗特点、天气时期等实际情况，制定适宜的出行策划方案。

4.4.2 出行策划方案应在活动前1个月内完成。策划方案完成后，组织召开活动方案讨论会，并完善方案内容，经院长办公会审核通过，派发工作任务。

4.4.3 出行策划方案应包括但不限于下述内容：

a） 活动名称；
b） 活动时间；
c） 活动地点；
d） 活动内容；
e） 参加人数；
f） 天气情况；
g） 活动负责人；
h） 经费预算；

i） 所需物资；

j） 活动预案。

4.4.4 前期准备工作应符合下列要求：

a） 根据报名儿童的数量，配备工作人员或志愿者；

b） 明确大巴车的接送地点和时间；

c） 根据季节，选择携带矿泉水或水果等；

d） 准备相机、抽纸、胸牌等物品；

e） 准备急救箱及相关药品。

4.4.5 现场服务应符合下列要求：

a） 出发前分发胸牌，清点儿童数量，组织儿童上下车；

b） 活动过程中，将儿童组织在服务人员视线之内，注意看护儿童，防止走失；

c） 定时为儿童提供饮用水和分配食物等。

4.4.6 活动结束应做好以下工作：

a） 清理现场，组织儿童收集垃圾，并将垃圾放入垃圾桶或用垃圾袋装好放于随行车辆上；

b） 清点儿童数量，提醒儿童带好随身用品；

c） 组织儿童按次序上下车，再次清点人数，收回胸牌。

5 服务质量控制

儿童福利机构应设置文娱服务质量的检查部门，制定文娱服务质量检查方案、程序和要求，配备专兼职的文娱服务质量检查人员，对文娱服务现场和记录进行检查或抽查，对发现的问题提出整改措施，并再次检查。

附 录 A
（资料性附录）
文娱服务工作记录

文娱服务工作记录见表 A.1。

表 A.1 文娱服务工作记录

序号	活动名称	活动日期	活动地点	活动类型	负责人
注：活动类型填写为主题文化、过林卡、运动会、生日庆祝、节日庆典等。					

附 录 B
（资料性附录）
活动计划与总结

活动计划与总结见表 B.1。

表 B.1 活动计划与总结

<table>
<tr><td colspan="4">活动名称：</td></tr>
<tr><td>活动日期</td><td></td><td>活动时间</td><td></td></tr>
<tr><td>活动地点</td><td></td><td>负 责 人</td><td></td></tr>
<tr><td>活动经费</td><td></td><td>邀请嘉宾</td><td></td></tr>
<tr><td colspan="4">活动内容：</td></tr>
<tr><td colspan="4">人力投入：</td></tr>
<tr><td colspan="4">所需物资：</td></tr>
<tr><td colspan="4">其他(含注意事项)：</td></tr>
<tr><td colspan="4">评估与总结(建议)</td></tr>
<tr><td colspan="4"></td></tr>
</table>

ICS 03.080.99
A 16

DB54

西藏自治区地方标准

DB54/T 0220—2020

儿童福利机构心理慰藉服务规范

Specification of psychological services for child welfare institution

2020-07-21 发布　　2020-08-19 实施

西藏自治区市场监督管理局 发布

前　言

本标准按照GB/T 1.1—2009给出的规则起草。

本标准由西藏自治区民政厅提出并归口。

本标准起草单位:中国标准化研究院、西藏自治区民政厅、拉萨市民政局、山南市民政局、西藏自治区标准化研究所。

本标准主要起草人:张莺、徐凯程、苏萌、王金安、徐增英、旦增曲珍、次仁央宗、普布卓玛、李文武、张剑、李坤威、魏利伟、石维彬、扎西央宗、贡桑卓玛。

儿童福利机构心理慰藉服务规范

1 范围

本标准规定了儿童福利服务机构心理慰藉服务的人员与环境等基本要求、心理咨询、服务流程、服务管理等具体服务内容与要求、服务质量控制。

本标准适用于儿童福利机构心理慰藉服务。

2 规范性引用文件

下列文件对于本文件的应用是必不可少的。凡是注日期的引用文件，仅注日期的版本适用于本文件。凡是不注日期的引用文件，其最新版本(包括所有的修改单)适用于本文件。

GB/T 30446.3　心理咨询服务　第3部分：咨询信息管理

3 术语和定义

下列术语和定义适用于本文件。

3.1

心理咨询　psychological counseling

由具有行业或主管部门认定资格的专业人员，运用心理学理论和技术，通过语言与非语言交流，给予个人和群体帮助、启发和教育，使其改变认识、情感、态度和行为，解决其在生活、学习、工作等方面出现的问题，促进其人格的发展和社会适应能力的改善的活动。

[GB/T 30446.1—2018，定义 2.1]

3.2

心理咨询服务　psychological counseling service

由通过行业或主管部门考核审批、具备相关资质的组织机构提供的满足个人或群体心理咨询需求的服务行为。

[GB/T 30446.1—2018，定义 2.2]

4 基本要求

4.1 人员要求

4.1.1 应配备心理咨询服务从业人员和社会工作者。

4.1.2 心理咨询服务从业人员应具备以下条件：

a) 具有儿童心理咨询经验；

b) 接受心理咨询等培训；

c) 热爱儿童福利事业、熟悉与儿童相关的法律法规、政策；

d) 掌握与儿童沟通的技巧、儿童安全保护及应急处置知识；

e) 保护儿童隐私，尊重民族、文化及信仰。

4.2 心理咨询室的要求设置

心理咨询室设置，包括但不限于：

a) 面积宜为 10 m^2～15 m^2；
b) 环境应安静舒适，采光通风良好，温湿度适宜；
c) 房间平面布局应满足心理咨询服务要求，地面平整且符合防滑和无障碍要求；
d) 室内空间色彩应为柔和的暖色调，并配备装饰用品；
e) 应配备适宜儿童的家具；
f) 应配备心理咨询及测量用具。

5 服务内容与要求

5.1 环境适应

应帮助新入住的儿童，认识和熟悉居室和周边环境，介绍人员、活动场所和服务内容，指导建立和发展与其他儿童的社会关系，消除儿童到陌生环境的恐惧感，使儿童尽快适应新环境，融入集体生活。

5.2 共情陪伴

应定期与儿童互动交流，倾听儿童倾诉的问题，帮助儿童建立自信心。

应了解儿童的需求，遵守儿童的成长规律，发掘儿童的潜能，陪伴儿童的成长。

应尊重理解儿童的观点及行为，换位思考，多从儿童的角度出发，理解儿童的想法。对儿童提出的问题，给予帮助和鼓励，给予足够回应。

应相信并鼓励儿童，培养儿童的阳光心态，提升独立的安全感。

5.3 情绪疏导

应运用社会工作的理论与技巧，对心理方面出现问题并希望解决的儿童，需了解儿童情绪变化的原因，通过语言、文字、图片、娱乐活动等形式进行疏导交流，引导儿童改变消极认知，建立对生活的积极态度。

5.4 心理健康辅导

应与儿童之间建立融洽关系，帮助儿童正确认识自己，克服成长中的障碍，改变不良意识和倾向，发挥个人潜能。

应耐心倾听儿童的倾诉，给予相应的安慰和鼓励，化解生活中遇到的困惑。

应指导有心理障碍的儿童，克服障碍、缓解症状、恢复心理平衡。

应根据儿童身心发展的规律和特点，帮助不同年龄阶段的儿童，解决心理矛盾，促进个性的发展和人格完善。

5.5 心理健康教育

5.5.1 心理健康教育主要包括以下内容：

a) 自我认知教育；
b) 学习能力教育；
c) 坚强意志教育；
d) 人际交往教育；
e) 社会适应教育；

f) 性心理健康教育；

g) 健康情感教育；

h) 健全人格教育。

5.5.2 儿童福利机构应邀请相关心理专家为院内儿童开展讲座，普及心理健康知识，树立心理健康意识，讲解心理调节方法，认识心理异常现象，掌握心理保健常识和技能。

5.5.3 儿童福利机构应通过培训、讲座、沟通、座谈、张贴及发放宣传材料等方式，为儿童提供心理指导、情感教育、关系指导，帮助儿童保持健康的心理状态。

5.5.4 儿童福利机构应结合当地情况，培养和训练儿童对外界环境的适应能力，提高儿童的承受能力。

5.5.5 心理健康教育活动结束后，应请儿童对教育效果进行反馈，并针对反馈结果及时调整教育内容或形式。

5.6 心理咨询

5.6.1 服务方法

5.6.1.1 儿童福利机构心理咨询应包括个体心理咨询和团体心理咨询。

5.6.1.2 个体心理咨询由心理咨询服务从业人员与儿童进行一对一心理咨询，使儿童的不良情绪或行为得以改善。

5.6.1.3 团体心理咨询由心理咨询服务从业人员通过团体活动形式，引导儿童就共同关心的主题进行讨论，观察和分析有关自己和他人的心理与行为反应、情感体验和人际关系，从而使儿童的不良情绪或行为得以改善。

5.6.2 服务流程与要求

5.6.2.1 预约沟通

5.6.2.1.1 应向儿童介绍服务内容、服务流程、服务时间等。

5.6.2.1.2 应了解儿童的需求及存在问题并作登记。

5.6.2.2 初步评估

5.6.2.2.1 应通过沟通、交流与观察，了解儿童的主要心理问题与服务需求，确定适合的心理咨询服务。

5.6.2.2.2 实施服务前，应对儿童进行心理评估。评估应通过与儿童交流、观察以及心理测量等方式进行。

5.6.2.2.3 应使用适用于儿童的评估指标。

5.6.2.2.4 对不适合提供心理咨询服务的儿童，心理咨询服务从业人员应为其进行转介。

5.6.2.3 方案确定

5.6.2.3.1 应根据评估结果，制定咨询服务方案，方案主要包括：预期目标、协助解决人员、解决顺序及步骤、所采用方法、时间、周期等。

5.6.2.3.2 咨询服务过程中，心理咨询服务从业人员应根据儿童身体状况、情绪变化、日常生活表现等情况调整咨询服务方案，并随着服务的逐渐深入不断补充完善咨询服务方案。

5.6.2.4 服务实施

5.6.2.4.1 应按照咨询服务方案，运用心理咨询的技术和方法，针对儿童的需求及存在的问题进行咨询性谈话，根据方法的不同，可为儿童布置作业或者对儿童进行训练等。

5.6.2.4.2 个体心理咨询服务的频率宜为每周1次，每次时间宜为45 min～60 min。当儿童情况比较稳定、趋于好转时，可每两周1次或每月1次。团体心理咨询服务的频率宜为每周1次，每次时间宜为60 min～90 min，整个周期宜为6次～8次。

5.6.2.4.3 咨询服务过程中，心理咨询服务从业人员应与儿童建立良好的服务关系，根据问题和需求开展适宜的心理咨询服务，定期进行阶段性心理评估，了解咨询服务效果，并将其作为调整咨询服务方案和开展下一步咨询服务的依据。

5.6.2.4.4 当儿童出现心理问题较严重或存在自杀观念时，心理咨询服务从业人员应及时通知其监护人进行转介。

5.6.2.4.5 咨询服务结束时，应引导儿童对整个咨询服务过程进行回顾，巩固咨询服务效果，填写《心理服务登记表》(参见附录A)。

5.6.2.5 效果评估

5.6.2.5.1 咨询服务结束时，应对咨询服务效果进行评估，确认是否达到预期目标。

5.6.2.5.2 预期目标达成或儿童与心理咨询服务从业人员另有约定时，咨询服务结束。

5.6.2.5.3 预期目标未达成时，应分析原因，并根据原因和评估情况，采取有效措施进行处理。

5.6.2.6 回访

5.6.2.6.1 心理咨询服务结束后，应对儿童及其监护人进行回访，听取儿童及其监护人对服务的反馈。

5.6.2.6.2 回访方式宜采用现场回访的形式。

5.6.2.7 信息管理

咨询服务的信息管理应符合GB/T 30446.3的相关要求。

6 服务质量控制

儿童福利机构应设置心理慰藉服务质量的检查部门，制定心理慰藉服务质量检查方案、程序和要求，配备专兼职的服务质量检查人员。结合实际情况，抽查相关谈心记录，填写《心理服务抽查记录》(参见附录B)，对发现的问题进行总结分析，提出整改措施，并定期回访。

附　录　A
（资料性附录）
心理服务登记表

心理服务登记表见表 A.1。

表 A.1　心理服务登记表

序号	服务日期	服务对象	服务内容	服务方法	服务效果评估

附　录　B
（资料性附录）
心理服务抽查记录

心理服务抽查记录见表 B.1。

表 B.1　心理服务抽查记录

日期：	抽查人：
抽查对象：	抽查区域：
抽查情况	
整改情况	

参 考 文 献

[1] GB/T 30446.1—2018 心理咨询服务 第1部分:基本术语

ICS 03.080.99
A 16

DB54

西藏自治区地方标准

DB54/T 0221—2020

儿童福利机构环境管理规范

Specification of environment management for child welfare institution

2020-07-21 发布 2020-08-19 实施

西藏自治区市场监督管理局 发布

前　言

本标准按照 GB/T 1.1—2009 给出的规则起草。

本标准由西藏自治区民政厅提出并归口。

本标准起草单位：中国标准化研究院、西藏自治区民政厅、拉萨市民政局、山南市民政局、西藏自治区标准化研究所。

本标准主要起草人：陈煌、张剑、李文武、张莺、魏利伟、李坤威、张荫芬、苏萌、王金安、徐增英、旦增曲珍、次仁央宗、普布卓玛、石维彬、扎西央宗、贡桑卓玛。

儿童福利机构环境管理规范

1 范围

本标准规定了儿童福利机构室内外环境与卫生、公共区域保洁、绿化、公共信息标志和环境保护等方面的基本要求。

本标准适用于儿童福利机构的环境管理。

2 规范性引用文件

下列文件对于本文件的应用是必不可少的。凡是注日期的引用文件，仅注日期的版本适用于本文件。凡是不注日期的引用文件，其最新版本(包括所有的修改单)适用于本文件。

GB/T 2893.1 图形符号 安全色和安全标志 第1部分:安全标志和安全标记的设计原则

GB 2894 安全标志及其使用导则

GB 3096 声环境质量标准

GB 5768.2 道路交通标志和标线 第2部分:道路交通标志

GB/T 10001.1 公共信息图形符号 第1部分:通用符号

GB/T 10001.9 公共信息图形符号 第9部分:无障碍设施符号

GB 13495.1 消防安全标志 第1部分:标志

GB/T 15566(所有部分) 公共信息导向系统 设备原则与要求

GB 18483 饮食业油烟排放标准

GB/T 18883 室内空气质量标准

GB 18918 城镇污水处理厂污染物排放标准

GB/T 19095 生活垃圾分类标志

GB/T 31200 电梯、自动扶梯和自动人行道乘用图形标志及其使用导则

GB 36246—2018 中小学合成材料面层运动场地

HJ 421 医疗废物专用包装袋、容器和警示标志标准

MZ 010 儿童福利机构基本规范

3 术语和定义

MZ 010界定的术语和定义适用于本文件。

4 儿童室内外环境与卫生

4.1 居室环境

4.1.1 儿童居室环境应通风换气，保持室内空气新鲜、无异味，温度、湿度适宜，室内空气质量应符合GB/T 18883的要求。

4.1.2 儿童居室灯光照度应柔和，避免光线直射到儿童的头面部，以防发生目眩。设置壁灯，以便儿童夜间使用。

4.1.3 儿童居室噪声应符合 GB 3096 中 0 类要求。噪声值建议控制为:白天小于 50 dB、夜晚小于 40 dB,不应有强噪声源。

4.1.4 出现疾病时,应加大床位之间距离,适当加大患儿与非患儿空间距离,呼吸系统疾病按呼吸道隔离规定处理。病情需要时应加床栏保护。

4.2 居室卫生

4.2.1 桌面、地面应每日清洁,无尿迹、便迹、纸屑,门窗、墙面洁净。

4.2.2 床应每日湿拭清扫,床套用后浸泡消毒 30 min,洗净晾干备用。

4.2.3 床位应摆放整齐;被褥应每周晾晒;床单、被罩和枕套应每周更换,污染时随时更换;床宜每周用消毒液擦拭。

4.2.4 衣柜内物品应摆放整洁,暖气、窗台、床栏、柜顶不应有杂物。

4.2.5 洗漱池、洗浴床和浴盆用后应清洁。

4.2.6 便池应每日刷洗,无尿渍、便迹,无异味;大小便器用后应及时清洗,消毒液浸泡后应用清水冲洗干净,晾干备用;便纸篓应定时清理。

4.3 室外环境

4.3.1 地面宜设置考虑环保性和安全性的地坪。若设置塑胶地坪,应符合 GB 36246—2018 的要求。

4.3.2 户外设备、娱乐设施应有安全防护措施。

4.3.3 有条件的可建造多功能运动场以及儿童戏水池。

5 公共区域保洁

5.1 公共区域管理的范围

应包括:

a) 公共区域;

注:办公区域、活动娱乐场地、公共走廊、公共卫生间、楼梯、室外场地、道路、绿化带、停车场。

b) 餐厅;

c) 厨房;

d) 垃圾收集和处理区域;

e) 医务室/医院。

5.2 公共区域保洁

5.2.1 每日应清扫地面、树叶、纸屑、丢弃物等,做到无异物、无尘土、无污迹。

5.2.2 每日应擦拭公共区域桌、椅、开关盒、楼层扶手、楼道扶手、装饰物等。

5.2.3 每日应清洁院内垃圾箱、运动器械、外围座椅、栏杆扶手等物品。

5.2.4 每日应清运垃圾至少 1 次。

5.2.5 每日应对公共区域进行巡视检查清洁状况,发现污渍及时清理。

5.2.6 遇刮风或雨雪等特殊天气,应清理道路雨雪和杂物。

5.3 餐厅

5.3.1 餐厅应保持环境干净整洁,地面、台面、墙角、桌面等部位应做到无积水、无油垢、无杂物、无卫生死角,沟渠通畅;干净见本色,无灰尘油垢,餐桌不应有餐纸、杂物,地面不应有污泥脚印。

5.3.2 垃圾桶应加盖密封,保持外观整洁。

5.3.3 每餐前后应进行打扫，环境干净、清洁、无异味。
5.3.4 餐厅的物品、桌椅应存放整齐，桌椅、餐具等干净、卫生，保持餐厅通风。
5.3.5 应每日定时进行卫生清理、巡视。
5.3.6 餐厅应配备除蝇设施。

5.4 厨房

5.4.1 有水龙头冲洗地面的操作间应有单独下水道，且应布置明沟。每日应清洁加工场所地面、排水沟及设施设备等。
5.4.2 操作间应有良好的通风设备，厨房应安装排烟罩、排气罩。
5.4.3 厨房垃圾桶应加盖密封并及时清理。
5.4.4 厨房应配置防鼠设施。

6 垃圾的收集和处理

6.1 垃圾收集

公共区域应设置垃圾收集装置，垃圾收集装置应按 GB/T 19095 的要求进行分类和标识。垃圾收集应符合以下要求：

a） 收集装置摆放位置固定；
b） 收集装置和场地清洁；
c） 每日定时收集。

6.2 垃圾处理

6.2.1 生活垃圾

6.2.1.1 应设置可回收垃圾、厨余垃圾、有害垃圾、其他垃圾的容器，表面张贴显著标志，并符合 GB/T 19095 的规定。
6.2.1.2 垃圾收集容器应符合相关环境卫生安全要求，密封、防渗透，及时维护和更换。应定期清扫垃圾收集容器内部及周边区域，喷洒消毒药水，消杀控制蚊、蝇、鼠、蟑螂等，做好卫生防疫工作。
6.2.1.3 应使用黑色塑料袋进行收集，存放到指定地点，集中进行处置。
6.2.1.4 可回收垃圾应统一收集后进行回收处理。

注：可回收垃圾包括废纸、废塑料、废玻璃、废织物。

6.2.1.5 厨余垃圾应采用密闭、防腐专用容器盛放；应做到日产日清，并应直接运输到垃圾转运站或处理厂，存放、运输过程中，应采取防止发生霉变措施。
6.2.1.6 有害垃圾应定点存放并定期消除。
6.2.1.7 废电池、水银温度计、过期药品等，应交与相关专业处理机构处置。

6.2.2 医疗废物

6.2.2.1 应设置专用回收设备，张贴医疗废物标志，并由专人定期集中处置。
6.2.2.2 应使用黄塑料袋进行分类收集，不应使用没有医疗废物标识的包装容器。
6.2.2.3 医疗机构废弃物的处理应符合《医疗废物管理条例》和《医疗废物分类目录》的规定，专业回收单位处理。

6.2.3 建筑垃圾

建筑垃圾应由施工方按国家规定负责处理。

7 废水、废气(油烟)

7.1 废水排放应符合 GB 18918 的要求。
7.2 厨房油烟排烟应符合 GB 18483 的要求。

8 化粪池

应委托专业清掏机构定期清掏化粪池;应定期对化粪池进行巡视,发现堵塞情况立即通知清掏机构进行处理。

9 绿化

9.1 植物配置

绿化植物主要包括木本、草本、藤本、水生等类型,其配置应遵循以下原则:

a) 满足绿地的性质和功能的要求;
b) 植物造景与绿地总体布局相一致;
c) 根据植物生态环境条件选择恰当的植物种类;
d) 合理的密度;
e) 体现植物的季节变化;
f) 具有一定的多样性和层次性。

9.2 绿化管理

9.2.1 在植物生长的各个阶段,应定期巡检、养护、补栽,调整与充实,使植物群落完整,层次丰富,有整体观赏效果。
9.2.2 应定期对树木进行修剪。树木应无徒长枝、病虫枝、过密枝、枯枝、伤损枝、宿根植物及时翻种和断根、植物无死株。
9.2.3 应有效控制病虫害,使树木具有较高的成活率。
9.2.4 儿童福利机构宜建立植物养护管理档案,制定各类植物标志牌等。

10 灭蟑灭鼠

10.1 每年委托防疫站等专业机构定期开展灭蟑灭鼠工作,并对消杀后的虫体进行无害化处理。
10.2 消杀处理时,应设警示标识,并记录相关内容。
10.3 应定期巡查消杀效果,发现虫害密度增高时,增加防治次数。

11 公共信息标志

11.1 公共区域应设有明显的公共信息标志,标志应按 GB/T 2893.1、GB 2894、GB 5768.2、GB/T 15566(所有部分)、GB/T 10001.1、GB/T 10001.9、GB 13495.1、GB/T 19095、GB/T 31200 和 HJ 421 的要求进行设置,或根据机构实际情况进行设计。
11.2 设置文字标志牌时,应使用藏汉文字联用,藏文在上,汉文在下。
11.3 设置的标志应统一、清晰、无破损,使用规范。

11.4 标志应安装在醒目、没有视线遮挡的位置。标志宜图文并茂，便于儿童和社会公众识别和查看。

11.5 应根据标志的大小、重量和位置选择适宜的安装方式，标志应安装牢固。

11.6 应建立标志管理规范，明确管理维护人员，应定期对标志进行清洁，保持清晰和完整。如有破损或内容发生变化，及时修整或更换。

12 环境管理控制

儿童福利机构应设立负责环境管理的部门，主要包括：

a） 专人负责对儿童福利机构环境的监督检查，并有记录；

b） 定期对儿童居室、公共区域、餐厅、厨房进行监督检查，并有记录；

c） 向院内儿童和工作人员宣传环境保护的知识，开展宣传与教育活动。

参 考 文 献

［1］ GB 18597 危险废物贮存污染控制标准
［2］ DB11/T 933—2012 儿童福利机构儿童日常生活照料技术规范
［3］ 儿童福利机构管理办法
［4］ 中华人民共和国未成年人保护法
［5］ 互联网上网服务营业场所管理条例

ICS 03.080.99
A 16

DB54

西 藏 自 治 区 地 方 标 准

DB54/T 0222—2020

儿童福利机构能源管理规范

Specification of energy management for child welfare institution

2020-07-21 发布　　2020-08-19 实施

西藏自治区市场监督管理局　发 布

前　言

本标准按照GB/T 1.1—2009给出的规则起草。

本标准由西藏自治区民政厅提出并归口。

本标准起草单位：西藏自治区民政厅、拉萨市民政局、山南市民政局、中国标准化研究院、西藏自治区标准化研究所 。

本标准主要起草人：魏利伟、刘贺、李文武、张莺、张剑、苏萌、王金安、徐增英、旦增曲珍、次仁央宗、普布卓玛、李坤威、石维彬、扎西央宗、贡桑卓玛。

儿童福利机构能源管理规范

1 范围

本标准规定了儿童福利机构能源管理的基本要求、能源计量设备管理、节能降耗措施以及能源统计与分析。

本标准适用于儿童福利机构使用的水、电、燃气、汽油及柴油的节能降耗管理。

2 规范性引用文件

下列文件对于本文件的应用是必不可少的。凡是注日期的引用文件，仅注日期的版本适用于本文件。凡是不注日期的引用文件，其最新版本(包括所有的修改单)适用于本文件。

GB 17167 用能单位能源计量器具配备和管理通则

3 术语和定义

3.1

能源 energy

水、电、燃气、汽油等介质。

4 基本要求

4.1 儿童福利机构应遵守法律法规要求，制定能源方针和目标，建立相应的能源管理和统计制度。

4.2 儿童福利机构应制定年度能源使用管理目标。

4.3 儿童福利机构应使用符合国家节能产品认证的产品，不应采用国家明令淘汰的用能产品和设备。

4.4 儿童福利机构的能源使用应有监控。

4.5 儿童福利机构宜使用新技术新产品(如太阳能)。

5 能源计量设备管理

5.1 能源计量器具的配备

5.1.1 儿童福利机构应按 GB 17167 的要求对机构内的水、电、气等能源计量器具进行配备和管理。

5.1.2 儿童福利机构应做好能源计量器具的监视工作，及时识别不合格计量器具，定期对计量器具进行校准。

5.2 能源设备的使用和管理

设备的使用和管理要求如下：

a) 对能源计量器具加强日常管理和维护，保证正常使用；

b) 应每月对能源消费情况进行统计，并建立台账；

c) 计量器具应依据计量法进行年检、校准。

6 节能降耗措施

6.1 应开展节能宣传，倡导节约用水、用电，提高节能意识，公共场所设置节约用水标识。
6.2 应选用节能型设备，并合理使用。
6.3 应安装和使用节能灯具。在满足照明亮度且不降低服务质量的前提下，根据需要开启照明灯，减少照明灯具使用。
6.4 应定期开展能源设备和器具的巡查和保养，出现故障，及时检修，不应出现“跑、冒、滴、漏”现象。
6.5 应建立主要耗能设备台账，填写耗能记录。
6.6 儿童福利应根据自身特点积极推广与采用高效空调冷热源设备、热回收技术、LED 照明、智能控制、空气源热泵等节能新产品和新技术，有条件的儿童福利机构宜采用太阳能热水等可再生能源技术。
6.7 应定期组织儿童开展节能知识教学，培养节能意识。

7 能源统计与分析

7.1 能源统计

7.1.1 能源统计内容包括：

a） 综合能耗，如：电量、冷热量、蒸汽量、水量、燃气量、燃油量等；
b） 系统能耗，如：照明和插座、通风系统、取暖和制冷系统、动力设备、热水供应等；
c） 设备能耗，如：用电办公设备；
d） 公务用车能耗。

7.1.2 统计的数据应直接来源于独立运行设备或过程的计量仪表或账单。
7.1.3 统计的数据应尽量详尽和准确，必要时，对部分耗能设备、配套设备进行必要的测试，以便后续的能源评估和分析以及相关制度的制定。
7.1.4 统计的数据应至少能够覆盖一个完整的周期，数据频次至少为季度。
7.1.5 每年应填写《年用能统计记录》（参见附录 A）。

7.2 能源分析

7.2.1 应将采集的能耗和管理信息进行整理，确定分析范围，对能源使用和管理进行分析，分析结果宜形成文件。
7.2.2 应对能耗数据进行对比分析，分析周期内总体用能情况和能耗水平，以及重要用能设备、设施的用能情况和能耗水平。
7.2.3 应定期分析能耗分布状况和运行数据，分析节能潜力，提出节能运行和改造建议。
7.2.4 应分析能耗构成及所占比例，总结变化规律。
7.2.5 应定期分析主要设备运行能耗及低能效运行时段。
7.2.6 应对能源管理活动和管理制度进行评价，评价设备设施运行和维护保养制度的适宜性和有效性，分析它们对能源绩效的影响。

附 录 A
（资料性附录）
年用能统计记录

年用能统计记录见表 A.1。

表 A.1 年用能统计记录

月份	用电量/(°)	(　　)号水表 用水量/t	(　　)号水表 用水量/t	(　　)号水表 用水量/t	汽油用量/L	天然气/m^3
1						
2						
3						
季计						
4						
5						
6						
季计						
7						
8						
9						
季计						
10						
11						
12						
季计						
合计						

ICS 03.080.99
A 16

DB54

西藏自治区地方标准

DB54/T 0223—2020

儿童福利机构设施设备及用品管理规范

Specification of facilities and appliances management for child welfare institution

2020-07-21 发布　　2020-08-19 实施

西藏自治区市场监督管理局　发布

前　　言

本标准按照 GB/T 1.1—2009 给出的规则起草。

本标准由西藏自治区民政厅提出并归口。

本标准起草单位:西藏自治区民政厅、拉萨市民政局、山南市民政局、中国标准化研究院、西藏自治区标准化研究所。

本标准主要起草人:魏利伟、徐凯程、李文武、张莺、张剑、苏萌、王金安、徐增英、旦增曲珍、次仁央宗、普布卓玛、李坤威、石维彬、扎西央宗、贡桑卓玛。

儿童福利机构设施设备及用品管理规范

1 范围

本标准规定了儿童福利机构设施设备及用品管理的基本要求，以及设施设备和用品的采购、验收、使用、运行和维护保养等管理要求。

本标准适用于儿童福利机构设施设备及用品的管理。

2 规范性引用文件

下列文件对于本文件的应用是必不可少的。凡是注日期的引用文件，仅注日期的版本适用于本文件。凡是不注日期的引用文件，其最新版本(包括所有的修改单)适用于本文件。

GB/T 34272 小型游乐设施安全规范

GB 50016 建筑设计防火规范

GB 50116 火灾自动报警系统设计规范

GB 50140 建筑灭火器配置设计规范

GB 50763 无障碍设计规范

建标 145—2010 儿童福利院建设标准

3 基本要求

3.1 儿童福利机构应配备与服务提供相匹配的设施设备及用品。

3.2 儿童福利机构应建立健全设施设备及用品日常管理、维护保养等各项管理制度，建立事故隐患排查以及设备故障应急处置预案。

3.3 儿童福利机构应定期对员工进行设施设备、工具和劳动防护用品的使用、维护保养技能培训。

3.4 儿童福利机构应建立健全设施、设备安全管理制度和操作技术规程。

3.5 儿童福利机构应建立健全设备日常巡检、定期维保、维修、应急处置等过程的相关记录和档案。

3.6 儿童福利机构应对运行的设施设备进行日常的维护管理，设专人负责，建立台账，每日检查设备的运行状态，设备应能正常使用。

4 设施设备及用品分类

设施设备及用品分类如下：

a) 设施：建筑本体、配电室、中控室、无障碍设施、消防设施、供暖设施、小型游乐设施、危化品储存室等。

b) 设备：特种设备、电气设备、医疗设备、电教设备、交通工具、康复设备、娱乐设备(含健身设备)、消防设备、照明器具、家具、餐厨设备、办公设备、洗涤设备、监控设备、采暖设备等。

c) 用品：办公用品、生活用品(如衣服、牙膏牙刷、床单被罩等)、清洁用品、消毒用品、一次性卫生用品、文具用品、儿童玩具等。

5 设施设备配备要求

5.1 儿童福利机构设施设备应符合建标145—2010的要求,配备生活、医疗、康复、电教、通信、交通和其他相关设备等。

5.2 设施设备配置应符合相关法律法规、政策文件和相关的规定。

5.3 小型游乐设施配置应符合GB/T 34272的相关规定。

5.4 消防设施设备配置应符合GB 50016、GB 50116和GB 50140的相关规定。

5.5 无障碍设施应符合GB 50763的相关规定。

5.6 应配置监控系统,监控范围应覆盖公共区域。应在醒目位置设置视频监控提示标志。

5.7 应在公共服务区配置呼叫系统的终端设备。

5.8 应配置室内温度控制设施设备。

5.9 应配置满足服务需求和办公需要的设施设备。

5.10 应配置儿童所需的基本生活用具。

6 设施设备管理

6.1 采购

6.1.1 应根据每年度设施设备的实际需求提出采购计划,针对欲采购的设施设备提出性能、型号、质量、数量等要求,组织相关人员开展技术论证,制定科学合理的设施设备及用品采购申请建议。

6.1.2 设施设备采购应按照国家法律法规和自治区相关的要求进行采购,并纳入预算管理,按照上级主管部门批复的预算执行。

6.1.3 采购流程应按照相关规定执行。

6.2 验收

设备到货后,应根据设备采购合同和相关标准进行验收,符合要求的设备予以接收。

6.3 使用

6.3.1 设备需要安装时,应在查验符合要求后,联系供应商进行安装、调试。指定设备操作人员或者维护人员,厂家负责对操作人员或维护人员开展培训,安装、调试后,进行质量验收,填写《设施设备验收表》(参见附录A),设备验收合格后方可使用。

6.3.2 设备使用时,应执行各类设备安全管理规范,由设备管理人员负责检查落实。

6.3.3 应在设备危害部位安装安全保护装置和张贴安全警示标志。

6.3.4 专用设施设备应专人管理,建立设备技术档案,存档保存。

6.3.5 设施设备的使用应按照使用说明书或操作规程进行安全操作。操作者应熟悉设施设备的构造和使用方法,应能识别设备的主要危险部位,有效地自我保护。

6.4 运行管理

6.4.1 人员管理

应由专人对设施设备的运行、维修保养进行管理,人员要求如下:

a) 定期参与职业道德教育和专业技能培训;

b) 特种设备(如:电梯、锅炉)、消防设备、医疗设备,康复设施,交通车等的控制室如消防控制室、配电室、水泵房、监控室等的操作人员还应接受专业技能培训,持证上岗;
c) 掌握各项管理制度、技术规程和安全操作规程;
d) 熟悉设施设备的结构、工作原理、工艺流程、各项技术指标和参数;
e) 掌握维修、保养相关技术知识和要求;
f) 具备设施设备运行、维保、维修和应急处置相应技能,能及时发现并排除故障隐患的能力。

6.4.2 巡检

6.4.2.1 应实行 24 h 巡视检查,重点巡检设备的运行状态。设备应性能良好,运转正常。安全保护装置齐全、可靠。如发现问题应进行处置和报告,填写《设施设备运行/巡检情况记录表》(参见附录 B)。
6.4.2.2 定期对设施设备进行技术检修、及时维护保养,并记录相关数据。
6.4.2.3 维保单位按照维保合同对设施设备状态和效果进行巡视检查,发现问题及时进行处理。

6.4.3 安全管理

6.4.3.1 电梯、锅炉、压力容器、压力管道等特种设备的使用、检验和维护保养应符合相关法律法规、标准的规定。
6.4.3.2 特种设备应设置专人负责管理,对在用特种设备每月应进行 1 次自查,发现问题及时处理。不能自行处理的,应及时联系厂家或相关单位。特种设备应由生产制造单位或指定的维护、保养单位定期对设备进行维护和保养。
6.4.3.3 监控系统控制室、配电室的入口处应设置明显标志。监控系统控制室、配电室应配备专(兼)职人员 24 h 值班。专(兼)职人员应持证上岗。非工作人员进入时,应进行登记,进入后不应随意触动设备。

6.4.4 档案管理

6.4.4.1 设施管理中,应收集以下资料:
a) 设计、施工、竣工验收及接管验收的基础档案资料;
b) 设施设备工艺流程图;
c) 接管验收过程中形成的相关资料。
6.4.4.2 设备管理中,应收集以下资料:
a) 质量证明文件;
b) 设施设备清单及出厂随机资料;
c) 使用说明书;
d) 安装调试记录、安装调试查验记录。
6.4.4.3 设施设备的运行管理中,应收集以下资料:
a) 巡检工作记录;
b) 定期维保计划、维保记录等;
c) 维修计划、方案、维修记录等;
d) 运行故障及事故处置记录等;
e) 各类计量器具的校准、检测报告等。
6.4.4.4 设施设备应归档管理,归档文件材料应为原件,并真实、准确、齐全、完整。
6.4.4.5 档案应字迹清楚、图样清晰、图表整洁、签字手续完备、材料完整、无破损。
6.4.4.6 档案应实行分级负责、集中统一管理的原则。

6.5 维护维修

6.5.1 维护保养

6.5.1.1 定期对设施设备进行技术检修、及时维护保养，并记录相关数据。

6.5.1.2 维保单位按照维保合同对设施设备状态和效果进行巡视检查，发现问题及时进行处理。

6.5.1.3 设施设备大中小修，应制定计划，根据预算资金按程序报批并实施。

6.5.2 故障及应急处理

设施设备出现故障或紧急事故，应立即排除故障，排除不了的要立即上报情况，防止事故扩大。应确保水、电、暖、气等基础设施符合相关规范要求，每次故障维修及时进行记录和存档，填写《设施设备故障维修记录》(参见附录C)。

6.5.3 检定

设备检定(校准)应符合下列要求：

a) 制定设备检定(校准)计划，按时进行检定(校准)；

b) 列入国家强制检定目录的计量器具，应由法定计量检定机构或者授权的计量检定部门检定，签发检定证书；

c) 设备的检定(校准)证书和自校准记录应归档保存；

d) 经检定合格的设备应加贴检定合格标志，标明有效期。设备应在检定有效期内使用。

6.6 报废

6.6.1 设备存在下列问题之一，且经过改造仍不能满足安全要求，应报废：

a) 在设计规定的运行范围内不能安全运行；

b) 对运行、维修人员的人身安全有威胁；

c) 设备本身有严重缺陷。

6.6.2 设备发生严重损坏且不能修复或无修复价值的设备，应报废。

6.6.3 超过规定的折旧年限，经检测存在较大安全隐患的设备，应报废。

6.6.4 未到规定折旧年限，但技术状况差且无配件来源的设备，或设备陈旧、技术落后，可报废。

6.6.5 国家其他政策规定报废的设备，按相应政策执行。

6.6.6 设备报废后不应对环境造成污染。

7 用品管理

7.1 采购

7.1.1 采购前，应制定采购计划，了解市场行情、询价，选择供应商，按照国家法律法规和自治区相关的要求进行采购，纳入预算管理的应按照上级主管部门批复的预算执行。

7.1.2 应制定采购检查、批准和处理的程序，保证所接收的用品均来自合格供应商。

7.1.3 采购的用品应符合采购要求和国家有关标准的规定。

7.1.4 采购时应查验用品的质量和有关标识。

7.2 验收与保管

7.2.1 应对用品进行验收,验收合格后进行登记,办理入库手续,填写《用品验收入库记录》(参见附录D)。不合格用品退回或拒绝接收。

7.2.2 入库的用品应按性能、规格等分类分区存放,并进行标识。

7.2.3 库房应由专人进行管理,定期对所保管的用品进行盘点、核实账物等情况,并将盘点表交财务部门存档。

7.2.4 库房应有防火、防盗、防鼠、防潮等措施。

附　录　A
（资料性附录）
设施设备验收表

设施设备验收表见表A.1。

表A.1　设施设备验收表

<table>
<tr><td colspan="3">需求部门</td><td colspan="3"></td><td colspan="2">验收组织人(签字)</td><td colspan="3"></td></tr>
<tr><td>序号</td><td>仪器设备名称</td><td>规格/型号</td><td>数量台</td><td>金额万元</td><td>到货日期</td><td>所属项目编号</td><td>供应商</td><td>出厂编号</td><td>安装地点</td><td>保管人</td></tr>
<tr><td>1</td><td></td><td></td><td></td><td></td><td></td><td></td><td></td><td></td><td></td><td></td></tr>
<tr><td>2</td><td></td><td></td><td></td><td></td><td></td><td></td><td></td><td></td><td></td><td></td></tr>
<tr><td>3</td><td></td><td></td><td></td><td></td><td></td><td></td><td></td><td></td><td></td><td></td></tr>
<tr><td>4</td><td></td><td></td><td></td><td></td><td></td><td></td><td></td><td></td><td></td><td></td></tr>
<tr><td>5</td><td></td><td></td><td></td><td></td><td></td><td></td><td></td><td></td><td></td><td></td></tr>
<tr><td>6</td><td></td><td></td><td></td><td></td><td></td><td></td><td></td><td></td><td></td><td></td></tr>
<tr><td>7</td><td></td><td></td><td></td><td></td><td></td><td></td><td></td><td></td><td></td><td></td></tr>
<tr><td>…</td><td></td><td></td><td></td><td></td><td></td><td></td><td></td><td></td><td></td><td></td></tr>
<tr><td colspan="3">售后服务信息</td><td colspan="8">质保期　　年，　　年　月　日—　　年　月　日
售后服务联系人：　　电话：</td></tr>
<tr><td colspan="3">开箱检查情况</td><td colspan="8">1. 外观完好□；有破损□、变形□、碰撞□、锈蚀□
2. 技术资料齐全□，不全□；已□未□进行基本操作培训
3. 附件/配件数量及货号与合同相符□，不符□
（附明细清单）</td></tr>
<tr><td colspan="3">仪器设备测试</td><td colspan="8">测试指标与合同要求相符□，不符□；有□无□测试报告</td></tr>
<tr><td colspan="3">仪器设备安装</td><td colspan="8">正常安装□，有□无□安装报告
非正常安装□原因及解决方案</td></tr>
<tr><td colspan="3">验收结论</td><td colspan="8">□通过验收；□不通过验收；□调试后再次验收

验收组成员（签名）

年　　月　　日</td></tr>
</table>

附　录　B
（资料性附录）
设施设备运行/巡检情况记录表

设施设备运行/巡检情况记录表见表 B.1。

表 B.1　设施设备运行/巡检情况记录表

序号	设备名称	日期	使用人	使用时间	设备运行情况		故障维修记录及维修人员（施工单位）	检查人	备注
					正常	故障			

附 录 C
（资料性附录）
设施设备故障维修记录

设施设备故障维修记录表见表C.1。

表C.1 设施设备故障维修记录表

序号	报修时间	设备故障描述	更换零部件的名称及金额	修复时间	维修人员签字	报修人签字	备注

附　录　D
（资料性附录）
用品验收入库记录

用品验收入库记录表见表 D.1。

表 D.1　用品验收入库记录表

年　　　月　　　日

序号	物品名称	采购数量	供货方	入库时间	保存期限	保存地点	入库人

参 考 文 献

[1] 中华人民共和国特种设备安全法.
[2] 中华人民共和国计量法.
[3] 强制检定的工作计量器具实施检定的有关规定(试行).
[4] 中华人民共和国强制检定的工作计量器具检定管理办法.

ICS 03.080.99
A 16

DB54

西藏自治区地方标准

DB54/T 0224—2020

儿童福利机构人员管理规范

Specification of staff management for child welfare institution

2020-07-21 发布

2020-08-19 实施

西藏自治区市场监督管理局 发布

前　言

本标准按照 GB/T 1.1—2009 给出的规则起草。

本标准由西藏自治区民政厅提出并归口。

本标准起草单位：中国标准化研究院、西藏自治区民政厅、拉萨市民政局、山南市民政局、西藏自治区标准化研究所。

本标准主要起草人：陈煌、张剑、李文武、张莺、魏利伟、李坤威、张荫芬、苏萌、王金安、徐增英、旦增曲珍、次仁央宗、普布卓玛、石维彬、扎西央宗、贡桑卓玛。

儿童福利机构人员管理规范

1 范围

本标准规定了儿童福利机构服务人员的总体要求、人员配置、职责与任职要求、培训、监督考核等管理要求。

本标准适用于儿童福利机构服务人员的管理。

2 规范性引用文件

下列文件对于本文件的应用是必不可少的。凡是注日期的引用文件，仅注日期的版本适用于本文件。凡是不注日期的引用文件，其最新版本(包括所有的修改单)适用于本文件。

DB54/T 0216—2020 儿童福利机构医疗保健服务规范

DB54/T 0217—2020 儿童福利机构康复服务规范

DB54/T 0218—2020 儿童福利机构教育服务规范

DB54/T 0219—2020 儿童福利机构文娱服务规范

DB54/T 0220—2020 儿童福利机构心理慰藉服务规范

MZ 010 儿童福利机构基本规范

3 术语和定义

MZ 010 界定的以及下列术语和定义适用于本文件。

3.1

管理人员 managers

在儿童福利机构中从事领导、管理、组织等工作的人员，能妥善处理突发事件和一般矛盾，有较强的工作协调能力。

3.2

儿童护理员 orphans and disabled children care workers

在儿童福利机构中从事儿童日常生活照料和护理，并协助专业人员对儿童进行康复、教育、保健服务的人员。

3.3

专业技术人员 professional and technical personnel

在儿童福利机构中指导儿童护理员，从事膳食营养、康复保健、心理咨询、文化教育、社会工作、医疗卫生等专业技术工作的人员。

3.4

工勤人员 rear service staff

在儿童福利机构中从事保洁、安保、餐饮等服务工作的人员。

3.5

志愿者 volunteer

自愿贡献自己的时间和精力，义务为儿童福利机构提供服务的人员。

4 总体要求

4.1 服务人员应按照法律法规及行业要求经培训合格后上岗,具备儿童服务相关知识和技能。

4.2 服务人员应守法诚信,具有良好的职业道德。

4.3 服务人员应使用文明用语,具备与儿童良好沟通的能力。

4.4 服务人员应尊重民族习俗和宗教信仰,保护儿童隐私和信息安全。

4.5 服务人员应熟练掌握本岗位设施设备的安全使用、操作要求及卫生清洁要求。

4.6 应对各类专业技术人员建立专业技术档案,定期参加继续教育。

4.7 服务人员在服务过程中应做好服务相关资料的保存工作,并做好服务记录,记录应及时、准确、完整,字迹清晰,并签字确认。

5 人员配置

5.1 儿童福利机构服务人员主要由管理人员、护理人员、专业技术人员和工勤人员等组成。

5.2 人员配置的比例应根据本机构的实际情况与西藏自治区人民政府相关规定结合进行。

5.3 儿童福利机构宜配置医疗卫生人员、社会工作者、康复师、心理咨询师、营养师等专业技术人员,至少配置 1 名社会工作者指导开展社会工作服务。

6 人员职责与任职要求

6.1 管理人员

6.1.1 基本要求

具有大专及以上文化程度,5 年及以上的相关工作经验。

6.1.2 职责

管理人员职责应包括:

a) 制定儿童福利机构的各项规章制度;

b) 做好各类经费的使用;

c) 对儿童福利机构内的儿童进行评估;

d) 收集儿童福利机构服务信息,管理各自记录、档案;

e) 招募、培训和管理护理人员;

f) 建立相应的安全机制并制定严格的护理人员上岗程序;

g) 签订有关服务协议;

h) 对护理人员的服务态度和服务质量进行考评;

i) 做好儿童福利机构服务工作的宣传与咨询;

j) 查验相关材料。

6.1.3 道德规范

管理人员道德规范应包括:

a) 遵守社会公德;

b) 具有爱心且责任心强;

c） 关心、爱护儿童和护理人员；
d） 严格履行服务承诺。

6.1.4 管理技能

管理人员应关注儿童的需求，学习先进的管理理念和方法，不断提高管理技能，主要包括：

a） 具备宣传相关法律、法规及组织内部规章制度的能力；
b） 有一定的社会学、心理学、法学、管理学、儿童护理等基础知识；
c） 掌握与儿童、护理人员、专业技术人员、工勤人员、志愿者以及第三方服务机构的沟通技巧；
d） 能操作计算机，满足工作需求；
e） 根据地方特点做好相关安置工作。

6.2 儿童护理员

6.2.1 基本要求

宜具有初中及以上学历，经培训后持证上岗。

6.2.2 职责

护理员职责应包括：

a） 为儿童提供生活照料、健康保健等服务，协助专业技术人员对儿童进行康复护理、心理咨询、学习辅导等服务；
b） 掌握儿童护理专业知识和技能操作规程等能力。

6.2.3 道德规范

护理员道德规范应包括：

a） 遵守社会公德；
b） 具有爱心且责任心强；
c） 尊重儿童的生活习惯、宗教信仰；
d） 保护儿童的个人隐私；
e） 严格履行服务承诺。

6.2.4 服务技能

6.2.4.1 生活照料

护理员应掌握生活照料的基本知识，根据儿童的生理和心理特点，对儿童的生活进行照料。生活照料基本技能应包括：

a） 儿童居室的日常整理、清洁、消毒；
b） 帮助儿童清洁个人卫生（如洗头、洗澡、清洁口腔、修剪指甲和整理仪表仪容等）；
c） 衣物的清洗与保养；
d） 照料不能自理的儿童生活；
e） 科学、合理调配饮食；
f） 及时、准确配送饮食；
g） 正确使用基础家用电器、炉具和炊具；
h） 协助儿童完成正常进食、饮水、排泄和给药；
i） 对儿童的情况进行观察；

j） 常见病的预防和陪护；

k） 儿童出现意外情况时能及时呼叫救援。

6.2.4.2 医疗保健

护理员应掌握医疗保健基本知识，帮助儿童掌握保健知识，树立健康观念，促进健康，提高儿童生活质量。

6.2.4.3 康复护理

护理员应掌握康复护理基本知识，在专业技术人员的指导下，协助儿童进行康复锻炼。

6.2.4.4 教育

护理员应培养儿童的生活自理能力和社会适应能力，生活自理能力培训应与特殊教育及康复训练相结合。

6.2.4.5 心理咨询

护理员应掌握心理/咨询的基本知识，在专业技术人员的指导下，协助对儿童的心理进行护理指导。

6.2.4.6 文化娱乐

护理员应根据儿童身心状况需求，在专业技术人员的指导下，开展文艺、美术、游艺、观看影视、参观游览等活动。

6.3 专业技术人员

6.3.1 基本要求

应持有与其岗位相适应的专业资格证书。

6.3.2 职责

专业技术人员职责应包括：

a） 指导儿童护理员，为儿童提供膳食营养、康复护理、心理咨询、文化教育、社会工作、医疗保健等服务；

b） 掌握专业技术知识和技能操作规程等能力。

6.3.3 道德规范

专业技术人员道德规范应包括：

a） 遵守社会公德；

b） 具有爱心且责任心强；

c） 尊重儿童的生活习惯、宗教信仰；

d） 保护儿童的个人隐私；

e） 严格履行服务承诺。

6.3.4 服务技能

6.3.4.1 膳食营养

应掌握膳食营养的基本知识，根据儿童的生理和心理特点，对儿童的膳食进行评价、管理和指导。膳食营养的基本技能应包括：

a) 进行儿童膳食营养状况评价；
b) 进行儿童膳食营养评价、管理和指导；
c) 对儿童食谱进行营养评价；
d) 进行膳食营养知识的咨询与宣教。

6.3.4.2 医疗保健

应掌握医疗保健基本知识，根据儿童的生理和心理特点，对儿童的生活习惯进行医疗保健指导，帮助儿童掌握保健知识，树立健康观念，消除或减轻影响儿童健康的不利因素，预防疾病，促进健康，提高儿童生活质量。

医疗保健指导基本技能应包括：

a) 对儿童常见病、多发病和传染病的咨询与预防指导；
b) 对儿童生活习惯的健康指导；
c) 组织或安排预防接种工作。

具体要求见 DB54/T 0216—2020。

6.3.4.3 康复护理

应掌握康复护理基本知识，根据儿童疾病特点，协助儿童进行康复锻炼。康复护理基本技能应包括：

a) 帮助特殊儿童进行肢体被动运动；
b) 协助完成个体康复计划的制度与实施。

具体要求见 DB54/T 0217—2020。

6.3.4.4 教育

具体要求见 DB54/T 0218—2020。

6.3.4.5 心理咨询

应掌握心理咨询的基本知识，根据儿童的生理和心理特点，对儿童的心理进行护理指导。心理咨询基本技能应包括：

a) 向儿童讲解心理保健知识；
b) 观察儿童情绪变化，并能对儿童进行心理疏导；
c) 与儿童进行情感交流并予以心理支持。

具体要求见 DB54/T 0220—2020。

6.3.4.6 文化娱乐

应根据儿童身心状况需求，开展文艺、美术、游艺、观看影视、参观游览等活动。具体要求见 DB54/T 0219—2020。

6.4 工勤人员

6.4.1 职责

工勤人员职责应包括：

a) 定期进行消防、安全等方面的检查，保障安全；
b) 保障儿童福利机构平稳运行；
c) 保障食品安全。

6.4.2 道德规范

工勤人员道德规范应包括：

a) 诚实守信、遵纪守法、遵章守制；

b) 勤勉敬业、履行责任、优质高效；

c) 团结协作、务实创新、奉献进取。

6.4.3 服务技能

工勤人员应具备相关领域的职业技能和资格。

6.5 志愿者

6.5.1 职责

志愿者职责应包括：

a) 协助护理员开展儿童护理服务；

b) 利用专业知识为儿童提供相关服务。

6.5.2 道德规范

志愿者的道德规范应符合 6.2.3 的要求。

6.5.3 服务技能

志愿者应尊重儿童生活习惯，为儿童提供生活照料、精神慰藉等服务。其服务技能主要包括：

a) 具有一定的儿童护理基本知识；

b) 具有与儿童的沟通技巧；

c) 具有专业特长，能用专业知识为儿童服务。

7 人员培训

7.1 培训方式

儿童福利机构服务人员培训包括岗前培训和在职培训，分为内部培训和外部培训两种方式。

内部培训主要包括：

a) 由老职工向新员工介绍本机构的规章制度、文化以及基本护理操作和员工；

b) 邀请具有一定资质的专业人员，通过讲座的方式对儿童福利机构的工作人员进行培训；

c) 组织员工现场观摩，提高员工服务技能；

d) 通过个案分析，提升员工对突发事件的应对能力；

e) 开展工作经验交流会及技能比赛等活动。

外部培训主要包括：

a) 儿童福利机构组织参观考察学习培训；

b) 儿童福利机构服务人员参加相关部门组织的业务培训。

7.2 培训内容

7.2.1 文化培训

从儿童福利机构制度建设、核心价值观、团队精神、关爱儿童、养生文化等方面培训。

7.2.2 安全培训

安全培训应满足以下要求：

a) 安全管理相关法律、法规、规章、标准；

b) 危险源识别、评价以及控制措施；

c) 安全应急预案的有效实施。

7.2.3 技能培训

技能培训应满足以下要求：

a) 基础技能，包括儿童的生理心理特点、护理特点、营养需求等；

b) 日常生活照护，包括清洁卫生的照护、睡眠、饮食、排泄、安全等；

c) 常见疾病和治疗的照护等。

7.2.4 心理培训

从心理压力管理、情绪释放、EQ型情绪管理与生命素质修炼等方面对儿童福利机构服务人员进行培训。

注1：EQ型情绪管理主要包括认识自己的情绪、妥善管理情绪、自我激励、认识他人情绪、人际关系管理。

注2：生命素质修炼主要包括认识生命价值、找到生命目标、实现自我价格。

7.3 有效性评价

每个项目培训实施后，应进行有效性评价：

a) 对于内部培训评价，可由相关部门对参加培训的人员进行培训有效性评价，可采用试卷、现场操作及工作业绩评估等方式进行，形成记录；

b) 对应外部培训评价，以获得培训部门发放的相应资格证为准；

c) 评价不合格的儿童福利机构服务人员，应重新进行培训。

8 人员考核

儿童福利机构应定期对服务人员进行满意度调查及绩效考核。

对于优秀的人员，宜制定相应的奖励或晋级措施。

对于不合格的人员，根据情节的严重程度宜采取以下措施：

a) 批评告诫；

b) 进行再培训；

c) 降低其职业等级；

d) 解除劳动合同。

ICS 03.080.99
A 16

DB54

西藏自治区地方标准

DB54/T 0225—2020

儿童福利机构档案管理规范

Specification of archives management for child welfare institution

2020-07-21 发布　　2020-08-19 实施

西藏自治区市场监督管理局　发布

前　言

本标准按照 GB/T 1.1—2009 给出的规则起草。

本标准由西藏自治区民政厅提出并归口。

本标准起草单位:西藏自治区民政厅、拉萨市民政局、山南市民政局、中国标准化研究院、西藏自治区标准化研究所。

本标准主要起草人:魏利伟、刘贺、李文武、张莺、张剑、苏萌、王金安、徐增英、旦增曲珍、次仁央宗、普布卓玛、李坤威、石维彬、扎西央宗、贡桑卓玛。

儿童福利机构档案管理规范

1 范围

本标准规定了儿童福利机构档案管理的基本要求，以及档案的分类、收集、整理、立卷、归档、保管、鉴定、销毁和利用等管理要求。

本标准适用于儿童福利机构的档案管理。

2 术语和定义

下列术语和定义适用于本文件。

2.1

档案 archives

国家机构、社会组织或个人在社会活动中直接形成的有价值的各种形式的历史记录。

[DA/T 1—2000，定义 2.1]

2.2

档案管理 archives management

档案的收集、整理、保管、借阅和提供利用等活动。

3 基本要求

3.1 儿童福利机构应按照国家有关政策要求建立档案的管理制度、审批授权制度、监督检查制度、人员管理培训制度等，具体要求如下：

a) 明确工作流程，编制技术操作手册和管理要求等；

b) 明确审批授权的范围、权限内容、方式和程序等；

c) 明确监督检查的内容、方式、频率和责任人等；

d) 明确人员岗位职责和要求，以及人员培训的内容、方式、对象和频率等。

3.2 儿童福利机构应对本机构形成的业务材料做好收集、整理、立卷、归档、保管、鉴定、销毁、统计、利用和移交等工作，档案应真实、完整、安全和有效。

3.3 档案应由机构集中保存。

3.4 儿童福利机构应对档案中记载的信息负有保密责任。

3.5 档案同时存在纸质和电子两种载体形式的，在内容、相关说明及描述上应保持一致。不一致时应以纸质档案记载信息为准。

3.6 儿童福利机构应设置档案室和配备档案管理人员。

3.7 儿童福利机构应对所有档案进行分类管理，且每份档案应有唯一的档案号，即唯一的编码。

3.8 档案管理人员应遵守保密守则和保密纪律，无关人员不应随意浏览档案柜或翻阅档案资料，不应在私人通信、电话、公共场所或与无关人员谈论工作中透露档案内容和档案机密，不携带任何档案外出。绝密档案应存入保险柜，借出或归还的档案应仔细清点登记，不应擅自提供或复制保密档案。

3.9 档案应进行定期或不定期检查，注意查看永久保存的档案，发现破损、字迹模糊应及时加以修补和复制。

3.10 档案记录应满足如下要求：

a） 记录应及时、准确、完整，内容简明扼要、实用，医用、安全等专用术语应准确。

b） 字迹清楚、端正。出现错字时，应当用双线划在错字上，保留原记录清楚、可辨，并注明修改时间，修改人签名。不得采用刮、粘、涂等方法掩盖或去除原来的字迹。

c） 眉栏、页码填写完整，记录者签全名。

d） 宜使用钢笔、签字笔，颜色为蓝黑色或黑色。

4 档案分类

4.1 档案按类别分为：

a） 儿童档案：入院档案、健康档案、成长档案、离院档案；

b） 文书档案：行政管理档案、服务档案、党务档案；

c） 科技档案：工程建设档案、设施设备档案；

d） 人事档案：入职档案、培训档案、职位档案、薪酬考核档案、其他档案；

e） 会计档案：会计凭证、会计账簿、财务报表、账簿备份数据及单位经济活动相关的其他资料；

f） 声像实物档案：照片、磁性载体、电子文件、电子邮件及实物等。

4.2 档案按材质分为纸制档案和电子档案。

4.3 档案保管期限按时间分为永久、长期、中期和短期，具体保管时限如下：

——永久保管；

——长期保管：30 年；

——中期保管：10 年；

——短期保管：5 年。

5 档案管理

5.1 收集

5.1.1 范围

档案材料收集范围见表 1。

表 1 档案材料收集范围

<table>
<tr><th>序号</th><th colspan="2">档案分类</th><th>收集范围</th><th>保管期限</th><th>归档时间</th></tr>
<tr><td rowspan="2">1</td><td rowspan="2">儿童档案</td><td>入院档案</td><td>——公安部门出具的捡拾证明、弃婴(儿)证明；
——接收弃婴入院登记表(3 岁以下按脚印、3 岁以上按手印等存档)入院照片；
——基本情况登记表(包括家属信息)；
——身份证和户口本复印件，儿童亲属身份证和户口本复印件</td><td rowspan="2">永久</td><td rowspan="2">第二年第一季度完成</td></tr>
<tr><td>健康档案</td><td>——入院时体格检查记录(含救治记录)，入院后的观察记录；
——心理测试报告单、门诊病历(包含病史，既往史，过敏史)；
——婴幼儿生长发育体检表(包括每年常规体检)、出院小结(含手术内容)、主要的辅助检查(附检查报告如心脏彩超、核磁、智力测试等)；
——每年的体检报告、预防接种记录(原件或复印件)；
——康复和治疗记录、指导方案、评估报告等</td></tr>
</table>

表 1（续）

<table>
<tr><th>序号</th><th colspan="2">档案分类</th><th>收集范围</th><th>保管期限</th><th>归档时间</th></tr>
<tr><td rowspan="2">1</td><td rowspan="2">儿童档案</td><td>成长档案</td><td>——幼儿园、小学、初中、高中、大学或职业教育的基本信息表、入学通知书、毕业证、每学期成绩单和在校期间各种获奖证明；
——特长和就业等培训记录；
——儿童在院期间形成的具有一定保存价值的其他各种材料</td><td rowspan="2">永久</td><td rowspan="2">第二年第一季度完成</td></tr>
<tr><td>离院档案</td><td>——离院申请书；
——成年孤儿参加工作安置通知单；
——家属认领证明和亲子鉴定证明（认领孤儿）等</td></tr>
<tr><td rowspan="3">2</td><td rowspan="3">文书档案</td><td>行政管理档案</td><td>外来文件、内部文件、法律法规、产权产籍、资质、合同协议、质量管理体系文件、标准化建设文件等</td><td>中期</td><td rowspan="3">第二年第一季度完成</td></tr>
<tr><td>服务档案</td><td>为儿童提供服务或相关支撑保障过程中所形成的材料，例如清洁卫生服务记录、膳食服务记录、能源统计记录和消防巡视演练记录等</td><td>短期</td></tr>
<tr><td>党务档案</td><td>党务工作中形成的文件材料</td><td>中期</td></tr>
<tr><td rowspan="2">3</td><td rowspan="2">科技档案</td><td>工程建设档案</td><td>工程申请、设计、施工、验收等过程中形成的基础性的文件材料</td><td rowspan="2">长期</td><td rowspan="2">验收完成后即时登记归档</td></tr>
<tr><td>设施设备档案</td><td>说明书，采购、安装、调试和验收过程中的技术性与凭证性文件材料，运行、维修记录、设备改进、改装和报废的文件材料等</td></tr>
<tr><td rowspan="5">4</td><td rowspan="5">人事档案</td><td>入职档案</td><td>个人简历、员工登记表、身份证、学历学位证书、英语等级证书、计算机等级证书、各类资格证书复印件等个人入职基本信息，劳动合同、劳务合同、保密协议、补充协议等实习协议等</td><td rowspan="5">永久</td><td rowspan="5">三个月内</td></tr>
<tr><td>培训档案</td><td>入职培训试卷、培训总结或结业证、培训登记表、培训申请表</td></tr>
<tr><td>职位档案</td><td>职务任命书、职务变动申请表、职位职务变更记录表</td></tr>
<tr><td>薪酬考核档案</td><td>试用期考核、年度考核、调薪申请</td></tr>
<tr><td>其他档案</td><td>个人党团相关资料、各类奖励和处罚记录，离职申请、离职交接表、离职证明存根、补偿金协议等</td></tr>
<tr><td>5</td><td colspan="2">会计档案</td><td>会计凭证、会计账簿、财务报表、账簿备份数据及单位经济活动相关的其他资料</td><td>长期</td><td>第二年第一季度完成</td></tr>
<tr><td>6</td><td colspan="2">声像实物档案</td><td>处以上领导检查指导工作等重大活动、本院重大会议活动所拍摄的照片、录像，还有奖旗、奖状、奖杯、奖章、证书等材料</td><td>长期</td><td>第二年第一季度完成</td></tr>
</table>

5.1.2 **要求**

5.1.2.1 各部门应定期收集应归档的材料，按照档案分类结合办结时间进行归集。

5.1.2.2 收集材料时应按照“业务用表在前、审核凭证在后，重要凭证在前、次要凭证在后”的原则顺序排列。业务审核凭证排列顺序应与业务报表名册中人员顺序保持一致。

5.1.2.3 材料的字迹、印章和日期应完整、清晰、准确。

5.1.2.4 各部门档案管理人员应对收集的材料进行检验，经检验合格后与经办人员办理交接手续，做到账物相符。

5.2 **整理**

5.2.1 各部门档案管理人员应按照档案分类对收集的材料进行整理。

5.2.2 归档材料所使用的载体应符合档案保管及保护的要求。

5.2.3 纸质材料宜采用国际标准 A4 幅面，表头方向应向上或向左。

5.2.4 材料应剔除影响档案保管保护的附着物。

5.3 **立卷**

5.3.1 **组卷**

5.3.1.1 经收集整理的材料应及时组卷，视情况可按月、季或年度组卷，不应跨年组卷。材料以办结日期确定形成时间。

5.3.1.2 案卷内材料应按照案卷封面、卷内文件目录、材料、卷内备考表的顺序依次排列。

5.3.2 **编号**

5.3.2.1 档案的案卷档号包括：年度、保管期限代码、档案类别、案卷类别、案卷号。

5.3.2.2 档案的文件档号包括：年度、保管期限代码、档案类别代码、案卷类别代码、案卷号、件号。

5.3.2.3 档号编制要求为：

——年度：以四位阿拉伯数字表示；

——保管期限：以中文表示；

——档案类别：以中文表示；

——案卷号：在分类的最低一级案卷类别内从“0001”开始依次标注；

——件号：在案卷内从“001”开始依次标注。

5.3.2.4 案卷内材料应编制页码，以三位阿拉伯数字表示，在案卷内从“001”开始依次标注。页码位置在材料右上角处，背面有正文的页码在左上角相同位置。

5.3.2.5 案卷内以“件”为单位组卷的，应在卷内文件目录中标注材料的页数。

5.3.3 **编目**

5.3.3.1 案卷封面项目应包括：全宗名称、档案类别、案卷题名、案卷档号、材料形成起止年月、保管期限、材料件数、材料页数。

5.3.3.2 卷内文件目录项目应包括：件号、单位名称（姓名）、文件题名、材料形成年月、页号（页数）。

5.3.3.3 卷内备考表项目应包括：本卷情况说明（卷内材料缺损、修改、补充、移出、销毁等情况的说明，由档案管理人员注明发生或发现问题的时间、人员）、立卷人、立卷日期、检查人、检查日期。

5.3.3.4 案卷目录项目应包括：全宗名称、年度、保管期限、档案类别、案卷题名、案卷号、材料件数、材料页数、存放位置、备注。

5.3.4 装订

5.3.4.1 材料装订时应使用对纸张无害的装订工具及耗材。
5.3.4.2 具有电子文件形式的纸质材料可不装订，采取封装方式保管。

5.4 归档

5.4.1 档案形成后应按表 1 中归档时间要求归集到本机构档案管理部门集中保管。
5.4.2 实物档案应原件归档。
5.4.3 档案归档时，档案管理员应对档案进行检验，根据档案目录，查收档案，合格后与各部门办理归档交接手续，做到账物相符。
5.4.4 交接时，双方应在档案交接清单上(一式两份)签字，双方各自保存 1 份。
5.4.5 档案管理员按类将拟归档的档案存放于档案室中，填写《档案归档登记记录》(参见附录 A)。

5.5 保管

5.5.1 要求

5.5.1.1 档案实体应避免受到人为因素和自然因素的损害，在保管和利用过程中应始终有序。
5.5.1.2 儿童福利机构应设置专门的档案室，采取防护设备和管理措施，维护档案实体的完整与安全。
5.5.1.3 档案室档案宜按照保管期限(见表 1)、档案类别和年度划分区域，入库档案应按统一规则定位。
5.5.1.4 档案管理人员应定期清点库存档案，检查受损情况，并对受损档案采取措施进行抢救和修复。
5.5.1.5 有条件的儿童福利机构宜采用档案室安全保护智能化综合管理、物联网等技术提高库房管理水平。

5.5.2 档案室管理

5.5.2.1 档案室面积不少于 15 m^2。
5.5.2.2 档案室应指定专(兼)职的档案管理人员管理，其他人员未经批准不应进入。进入时，应由专职档案管理人员陪同并登记进入人员、进入事由和进出时间。
5.5.2.3 档案室应配备必要的防火、防盗、防水、防潮、防光、防紫外线、防尘、防高温、防有害生物以及照明等设备。
5.5.2.4 档案室内温、湿度应符合相关要求，设备应定期进行保养和维护。

5.5.3 应急预案

档案管理部门应对可能发生的突发事件和自然灾害制定应急预案，提高对各种险情的应急抢险能力，最大限度地防止灾害对档案可能造成的损害。

5.6 鉴定和销毁

5.6.1 儿童福利机构应由相关负责人、档案管理人员和经办人员组成档案鉴定小组，负责鉴定材料的归档范围和保管期限，并对到期档案进行销毁鉴定。
5.6.2 档案保管时间自形成之日的次年 1 月 1 日开始计算。
5.6.3 对达到或超过保管期限的档案应定期组织鉴定。鉴定时，应对照材料归档范围和保管期限的条款从档案的内容、来源、产生时间和利用价值等方面综合分析判断档案的保存价值，提出销毁或延长保管期限的意见。
5.6.4 对经过鉴定可以销毁的档案应编制销毁清册，报机构主要负责人批准。
5.6.5 销毁档案时，应由两人或两人以上监销，在档案行政管理部门指定地点实施销毁。

5.6.6 销毁人员和监销人员应在销毁清册上签字确认。销毁清册应永久保存。

5.7 利用

5.7.1 档案利用包括阅览、复制、摘录、外借、编研等方式。

5.7.2 儿童福利机构应按相关规定提供检索和查询服务。

5.7.3 查阅、借阅档案应填写《档案借阅登记记录》(参见附录 B),履行审批手续,采取保护措施,避免造成档案损害和遗失。

5.7.4 查阅人员对借用的档案应妥善保管和爱护,不应涂改、转借、拆散、毁损、复印。

5.7.5 确因工作需要外带、借走,应写情况说明,领导批准后方可外带。外带时间一般不超过 3 个工作日。外带时应保管好档案,确保档案的安全。

5.7.6 凡使用、借阅档案时,应注意档案安全、保密,不应自行转借、涂改、拆散、抽取,未经领导批准不应复印。

5.7.7 档案室管理人员对借阅、外带归还的档案应检查、确认档案无差错、无短缺、无破损后办理归还手续。

5.7.8 借阅、外带的档案发生丢失、损坏、泄密时,档案管理人员应立即报告,并采取措施妥善处理,撰写处理情况说明。

附　录　A
（资料性附录）
档案归档登记记录

档案归档登记记录见表 A.1。

表 A.1　档案归档登记记录

序号	档案类别	归档范围	档案编号	保管期限	归档时间	归档人

附　录　B
（资料性附录）
档案借阅登记记录

档案借阅登记记录见表 B.1。

表 B.1　档案借阅登记记录

序号	借阅日期	文件名	目的	期限	文件编号	借阅人签字	归还日期	备注

参考文献

[1] DA/T 1—2000 档案工作基本术语
[2] 中华人民共和国档案法
[3] 中华人民共和国档案法实施办法
[4] 机关档案管理规定

ICS 03.080.99
A 16

DB54

西 藏 自 治 区 地 方 标 准

DB54/T 0226—2020

儿童福利机构安全管理规范

Specification of safety management for child welfare institution

2020-07-21 发布 2020-08-19 实施

西藏自治区市场监督管理局 发布

前　言

本标准按照 GB/T 1.1—2009 给出的规则起草。

本标准由西藏自治区民政厅提出并归口。

本标准起草单位：中国标准化研究院、西藏自治区民政厅、拉萨市民政局、山南市民政局、西藏自治区标准化研究所。

本标准主要起草人：张剑、陈煌、李文武、张莺、魏利伟、李坤威、张荫芬、苏萌、王金安、徐增英、旦增曲珍、次仁央宗、普布卓玛、石维彬、扎西央宗、贡桑卓玛。

儿童福利机构安全管理规范

1 范围

本标准规定了儿童福利机构在组织、场所环境、设备设施、消防、食品、照料、医疗护理、康复、教育、出行、交通、内部治安、信息和应急处置等方面的安全管理要求。

本标准适用于儿童福利机构安全管理工作。

2 规范性引用文件

下列文件对于本文件的应用是必不可少的。凡是注日期的引用文件，仅注日期的版本适用于本文件。凡是不注日期的引用文件，其最新版本(包括所有的修改单)适用于本文件。

GB 2894 安全标志及其使用导则

GB/T 5296.5 消费品使用说明 第5部分:玩具

GB 6675(所有部分) 玩具安全

GB 13495.1 消防安全标志 第1部分:标志

GB/T 13869—2017 用电安全导则

GB 15630 消防安全标志设置要求

GB 17945 消防应急照明和疏散指示系统

GB 24436 康复训练器械 安全通用要求

GB 25201 建筑消防设施的维护管理

GB/T 31200 电梯、自动扶梯和自动人行道乘用图形标志及其使用导则

GB/T 45001 职业健康安全管理体系 要求及使用指南

GB 50016 建筑设计防火规范

GB 50045 高层民用建筑设计防火规范

GB 50054 低压配电设计规范

GB 50140 建筑灭火器配置设计规范

GB 50222 建筑内部装修设计防火规范

CJJ 51—2016 城镇燃气设施运行、维护和抢修安全技术规程

MZ 010—2013 儿童福利机构基本规范

WS/T 313 医务人员手卫生规范

WS/T 367 医疗机构消毒技术规范

DB54/T 0217—2020 儿童福利机构康复服务规范

DB54/T 0225—2020 儿童福利机构档案管理规范

DB54/T 0227—2020 儿童福利机构突发事件应急管理规范

3 术语和定义

GB 50045、GB 50140、GB 50222、MZ 010 界定的以及下列术语和定义适用于本文件。

3.1

安全　safety

免除了不可接受的损害风险的状态。

3.2

特种设备　special type equipment

涉及生命安全、危险性较大的锅炉、压力容器(含气瓶)、压力管道、电梯等。

注：改写 AQ 7002—2007,定义3.8。

3.3

职业健康安全　occupational health and safety

影响工作场所内员工、临时工作人员、合同方人员、访问者和其他人员健康和安全的条件和因素。

3.4

安全管理人员　safety management personnel

具体实施安全工作的专(兼)职人员,包括安全责任人、安全工作人员等。

3.5

安全管理部门　safety management department

儿童福利机构建立的,由安全管理人员、相关工作人员组成的安全管理工作组织。

4　安全组织管理要求

4.1　安全管理部门及人员

4.1.1　应明确安全管理部门和安全管理人员。

4.1.2　安全管理部门应负责以下工作：

a)　安全的综合管理、协调和信息汇总上传工作；

b)　组织、协调应急处置工作；

c)　组织制定本机构安全管理制度及安全事故应急预案；

d)　组织制定并实施本机构安全生产教育和培训计划；

e)　督促、检查本机构安全管理工作,及时消除生产安全事故隐患；

f)　分析安全问题,督导落实整改情况,督促、落实隐患整改工作。

4.1.3　儿童福利机构主要负责人、安全管理人员及其他岗位从业人员均应接受安全生产教育和培训,掌握本职工作所需的安全生产知识,提高安全生产技能,增强事故预防和应急处理能力。

4.1.4　各岗位从业人员应具有相应岗位的专业资质和技能。

4.2　安全管理制度

4.2.1　儿童福利机构应遵守国家法律法规要求,建立健全各项安全管理制度。制度应包括但不限于：

a)　安全管理责任制度；

b)　安全教育制度；

c)　安全检查制度；

d)　消防安全管理制度；

e)　特种设备安全管理制度；

f)　事故隐患排查整改制度；

g)　突发事件应急预案；

h)　意外防范安全管理制度；

i) 考核与奖惩制度。

4.2.2 安全管理制度应明确相关部门及主要负责人、安全管理人员、各岗位从业人员的安全生产职责、权限、工作内容、工作流程及要求,应建立健全岗位操作规范。

4.3 安全教育与培训

4.3.1 安全教育与培训内容包括但不限于:

a) 安全工作涉及的法律法规和规章;

b) 本部门或岗位的安全管理制度和操作规范或规程;

c) 设备设施、工具和劳动防护用品的使用、维护和保养知识;

d) 安全事故的防范意识、应急措施和自救互救知识;

e) 岗位危险因素的辨识和应急预案的演练;

f) 法律法规规定的其他内容。

4.3.2 教育与培训的组织实施应符合下列要求:

a) 安全责任人负责对安全管理人员的教育和培训,使之全面掌握儿童福利机构安全监测、控制、管理的理论、专业知识和技能,并能指导实际工作;

b) 安全管理人员应组织本机构工作人员的安全教育和培训,使之掌握安全知识和相关安全技能;

c) 采取多种形式进行安全教育和培训;

d) 对教育和培训效果进行检查和考核。

4.3.3 接受教育与培训的人员应包括:

a) 安全管理人员每年应接受在岗安全教育与培训,包括政策法律法规培训;

b) 新员工上岗前应接受岗前安全教育与培训,并通过安全知识考试;

c) 换岗、离岗6个月以上的及采用新技术或者使用新设备、新工艺、新材料的,应接受岗前安全教育与培训;

d) 主要负责人及其他在岗人员每年应接受安全教育与培训;

e) 应对具备一定认知能力的服务对象进行重点安全问题预防知识教育。

4.3.4 应定期对工作人员进行职业病防范和工作防护的安全教育。

4.3.5 应对新员工或换岗人员进行上岗前职业健康安全教育。

4.3.6 儿童安全教育内容包括:通过正确施教方法和技巧,让儿童养成良好的生活习惯,遵守纪律,有序活动。

5 服务场所环境

5.1 地面应采用防滑、防水材料,地面清洁、干燥、无积水,墙壁边角处做钝化处理。

5.2 灯光照度应柔和,居室及通道设有夜灯及应急灯。

5.3 应配备房间空气温度调节设施,室内保持空气清新,温度、湿度适宜,整洁、无异味。

5.4 教育、康复、娱乐用品应选用符合环保要求的材料,家具、各种设备无锐角,宜加保护装置。抽屉、柜门应安装防脱落装置、安全锁扣。窗户、阳台处有防护设施。

5.5 居室内,婴幼儿床距离窗台不应小于600 mm,儿童床距离窗台不应小于800 mm。

5.6 床单位应摆放整齐,儿童床每周应擦拭消毒不少于1次。

5.7 衣柜内物品应整洁;暖气、窗台、床栏、柜顶不应有杂物。

5.8 窗下、阳台不应放置家具、杂物。

5.9 化学品的使用和存放应符合安全规定,警示标识清楚。

5.10 户外设备、娱乐设施应有安全防范措施。

5.11 休息区域的座椅数量、布局应适当、合理，并定期消毒。
5.12 消防通道畅通，消防设施完好，消防设施、器材定期专人维护。
5.13 垃圾应放在指定位置，医疗垃圾与生活垃圾分别存放、处置。垃圾桶(箱)数量、布局应适当、合理，应有可回收垃圾和不可回收垃圾的分类。

6 设备设施

6.1 基本要求

6.1.1 应建立健全设施设备及用品日常管理、维护保养、安全管理等管理制度和操作技术规程，以及事故隐患排查、设备故障应急处置预案。
6.1.2 应定期对员工进行设备设施、工具和劳动防护用品的使用、维护保养技能培训。
6.1.3 应对运行的设施设备进行日常的维护管理，设专人负责，建立台账，每日检查设备的运行状态，设备应能正常使用。
6.1.4 应建立健全设备日巡检、定期维保、维修、应急处置等过程的相关记录和档案。
6.1.5 设施设备使用前后应进行安全检查，按照设施设备维修保养时限做好维护、保养工作。
6.1.6 儿童娱乐设施、玩具、教具应符合安全使用要求，无破损，并定期消毒。

6.2 电器

6.2.1 电器安装、放置应在安全位置，使用时有专人管理。
6.2.2 日常使用的电器，应明示操作流程，并按照操作流程进行安全操作。
6.2.3 电线、电源插座安装的位置高于儿童能触及的高度或采用儿童不能触及电源的插座。浴室、卫生间应使用防水插座。
6.2.4 电器线路、电气设备的安装应由专业人员实施，安装完成后，依法进行检测。用电产品的安装、使用及维修应符合 GB/T 13869—2017 中第 6 章、第 7 章的规定。
6.2.5 变配电室安全管理应符合 GB 50054 的要求。

6.3 燃气

6.3.1 燃气安全的管理应符合 CJJ 51—2016 中第 3 章的要求，使用、储存燃气的场所应有可燃气体报警装置等安全技术防护设备。
6.3.2 不应私自拆、移、改动燃气表、灶、管道等燃气设施，不应私自安装燃气热水器、取暖器和其他燃气器具。
6.3.3 选择使用的燃气灶、热水器和壁挂炉等燃气器具应为合格产品，应按照使用说明书进行操作，并根据说明书了解产品使用时可能出现的危险及需采取的预防措施。
6.3.4 应按要求进行定期检验，做好登记记录。

6.4 特种设备

6.4.1 电梯、锅炉、压力容器、压力管道等特种设备的使用、检验和维护保养应符合相关法律法规、标准的规定。
6.4.2 特种设备应设置专人负责管理，对在用特种设备每月应进行 1 次自查，发现问题及时处理。不能自行处理的，应及时联系厂家或相关单位。
6.4.3 特种设备应由生产制造单位或指定的维护、保养单位定期对设备进行维护和保养。

6.5 监控设备

6.5.1 应设置监控系统或监控设备，并覆盖重点公共区域。

6.5.2 设置监控系统的应有监控系统控制室,入口处应设置明显标志。

6.5.3 控制室应配备专(兼)职人员 24 h 值班,每班且不应少于 2 人。专(兼)职人员应持证上岗。

6.5.4 非控制室人员进入时,应进行登记,进入后不应随意触动设备。

6.5.5 重点部位的监控设备图像信息存储时间应不少于 30 天,其他图像信息存储时间应不少于 15 天,涉及重大事件的录像应永久保存。应对数据进行备份。

6.5.6 监控系统应每年进行检验。

6.6 健身器械

6.6.1 健身器械的使用说明、安全要求、标志应张贴在器械明显位置。

6.6.2 应定期对在用健身器械进行清洁、润滑、调整、检查并维护,做好记录。

6.6.3 器械场地应使用弹性较好、缓冲力强的沙地或者塑胶地面。健身器械以增强柔韧性、耐力为主,易操控。未满 12 周岁的儿童在使用健身器械时应有成人陪同,重度残疾人使用健身器械时应有从事护理、康复等工作的人员陪同。

6.7 娱乐设施设备

6.7.1 各种文化娱乐设施及其配套装置的建设、安装应符合国家有关法律法规要求,确保性能良好,使用安全可靠。

6.7.2 灯光、音响等设施设备的安装、摆放应整齐美观,不应对儿童造成伤害。

6.7.3 玩具应符合 GB/T 5296.5、GB 6675.1 的要求,并定期消毒。

6.8 安全标志

6.8.1 应在有较大危险因素的场所、位置和相关设备、设施上设置安全标志。

6.8.2 安全标志的设置应符合 GB 2894、GB 13495.1、GB 15630 和 GB/T 31200 的规定。

6.8.3 安全出口、疏散通道和楼梯口应设置具有夜间识别功能的标志,安全出口和人员密集场所疏散门正上方应设置灯光指示标志。疏散走道和转角处设置的标志,应设置在距地面 1 m 以下的墙面或地面上;灯光疏散指示标志间距不应大于 20 m;设置在袋形走道时,不应大于 10 m;设置在走道转角区时,不应大于 1 m。应在明显处设置疏散路线示意图。

6.8.4 安全标志及安全使用注意事项应设置在显著位置,保持完好,便于服务对象及社会公众识别。

6.9 其他

6.9.1 建立健全并统一管理各类设备档案,包括但不限于建筑和设备设施平面图、设备明细表、设备技术标准、操作常规和运行记录,并根据情况变化及时进行补充和更新。

6.9.2 设有氧气的机构,应有专门存放氧气瓶的房间,房间应保持干燥,并做到防热、防火、防油、防震。氧气站、氧气房不应有明火,并配有灭火设备。氧气瓶在储存、使用时应直立放置,防止倾倒,不应卧放使用。

6.9.3 大门、阳台门应安装门锁、门吸。阳台应加防护栏,窗户应有安全保护装置,窗下不应放置家具、杂物,地面、墙面应保持清洁、干燥。

6.9.4 户外设备、娱乐设施应有安全防护措施。居住精神残疾人员的院区,应设置围墙或栏杆,围墙及栏杆应设置防攀爬措施。

6.9.5 居室内灯光照度应柔和,居住区不应有强噪声源。每日应进行开窗通风。地面应保持干燥,如正在进行清洁打扫,应摆放“当心滑倒”标志,避免服务对象摔倒。儿童活动区域应安装安全扶手。

6.9.6 居室家具及各种设备应无尖角突出部分,并加装保护装置,抽屉、柜门应安装防脱落装置。

6.9.7 居室内呼叫系统应定期进行检查和测试,对测试中发现的问题及时处理。

6.9.8　冬季应做好供暖、供水管道的防冻防护管理。

7　消防

7.1　消防设计审核、消防验收或消防设计、竣工验收备案抽查应符合相关法律法规的规定。

7.2　建筑防火设计应符合 GB 50016 的规定。

7.3　建筑内部装修设计及使用装修材料的燃烧性能等级，应符合 GB 50222 的规定。

7.4　建筑消防应符合以下规定：

a）按照 GB 50016 的规定，应设置火灾自动报警系统、自动灭火系统、室内外消火栓系统及防排烟设施；

b）按照 GB 50140 的规定配置相应的灭火器材。

7.5　应按 GB 25201 的要求对建筑消防设施进行维护管理。

7.6　消防安全标志牌、应急照明灯及疏散指示系统的设置，应符合 GB 15630 和 GB 17945 的规定。

7.7　应在疏散通道、安全出口和重要场所、重点部位的显著位置设置消防安全警示、提示标识，在消防设施、器材上设置醒目的标识，并标明操作使用方法。

7.8　消防标志牌、设施、器材应定期组织检验维修，每月检查 1 次，确保完好有效，发现问题及时维修或更换。设有自动消防设施的，应委托具有相应资质的消防技术服务机构进行维护保养，每月出具维保记录，每年进行全面检测 1 次。

7.9　消防安全管理人员应每日进行消防安全巡视，包括对重点部位的巡视；每月开展 1 次全方位防火检查；每半年开展 1 次消防安全培训和消防安全自查；每年进行 1 次消防演练。

7.10　任何单位、个人不应损坏、挪用或者擅自拆除、停用消防设施、器材；不应埋压、圈占、遮挡消火栓或者占用防火间距；不应占用、堵塞、封闭疏散通道、安全出口、消防车通道。人员密集场所的门窗不应设置影响逃生和灭火救援的障碍物。

8　食品

8.1　应取得食品经营许可证，应配备食品安全管理人员。从业人员应持证上岗，每年进行健康检查。

8.2　食品的采购、储存、运输、加工、制作、配送应符合食品安全相关法律法规的要求，做到专人、专室、专用工具、专用消毒设备、专用冷藏冷冻设备；食物成品存放做到生熟分开、成品与半成品分开、食物与杂物分开、食物与药品分开。

8.3　采购食品时，应查验供货者的许可证和食品出厂检验合格证或者其他合格证明。

8.4　制作食品应按照原料进入、原料加工、半成品加工、成品供应的流程进行，防止在存放、操作中产生交叉污染。餐具、饮具和盛放直接入口食品的容器，使用前应洗净、消毒，炊具、用具用后应洗净，保持清洁。

8.5　储藏食品的库房应保持干燥通风、清洁整齐，分类、分架存放。

8.6　应按照儿童的年龄阶段和身体发育情况制作食品。食品制作应做到烧熟煮透。

8.7　食品留样在冷藏条件下存放 48 h 以上，每个品种留样量不少于 125 g。留样容器外应记录食品名称、数量和时间等信息。

9　照料

9.1　儿童福利机构应根据评估结果，采取防窒息、防摔伤、防自伤/互伤、防烫伤、防冻伤、防中毒、防走失和交通伤害等安全防护措施，并在相应位置设置安全防范标识。

9.2 应根据儿童的数量，配备相应比例的服务人员及相应的设施设备。

9.3 服务人员应经过专业照料护理安全培训，符合本岗位上岗要求。

9.4 服务人员应按照排班要求值岗、交接班。

9.5 儿童照料应按照 MZ 010—2013 中 10.1 进行安全操作。

9.6 照料服务过程中应加强巡视、看护，观察儿童身体状况和情绪变化，发现异常应停止服务，采取相应措施，必要时送医院救治。

9.7 学龄儿童应做好安全检查，每周检查包括衣兜、床铺、暖气片、窗户、墙角、厕所等，以防儿童将危险品带入发生意外。

9.8 使用针线、绳索、刀具等时应注意安全，用后应清点数量并妥善保管。

9.9 对于需要心理慰藉的儿童，护理员应多陪伴，发现儿童躁动，行为异常等情况，应及时报告。

10 医疗护理

10.1 医疗护理人员应持有专业资格证书，在执业范围内开展医疗护理服务。按照执业要求，参加相应的执业培训及安全培训。

10.2 应为儿童进行综合评估，建立健康档案，制定照顾计划，记录信息准确并妥善保管。

10.3 医生按诊疗常规开展诊疗服务，识别服务对象医疗风险，制定防范措施并组织实施，应向担保人或监护人做好医疗告知工作。

10.4 药品采购、验收、储存、使用应符合《中华人民共和国药品管理法》等相关规定。

10.5 护士应遵医嘱执行护理操作，发药时做好三查八对，严格执行无菌技术操作。

10.6 内服药、外用药应分开放置并贴上标签，严格交接班。

10.7 儿童的口服药应在护士的指导下服用。

10.8 儿童计划免疫应按照相关要求有计划地进行预防接种。

10.9 为儿童提供相应的健康宣教和指导。

10.10 不同传染性疾病的患儿应分室居住、活动，不具备隔离条件的机构送医院处置；通往走廊的门窗应关闭，出入病室随手关门。

10.11 接触性传染病应做好床边隔离，床边加隔离标识，专人护理。

10.12 护理患儿时应着工作服，戴口罩，洗手、消毒按 WS/T 313 规定执行。

10.13 传染病患儿的分泌物、排泄物应消毒，被血液、分泌物、排泄物污染的物品、区域应按 WS/T 367 规定消毒处理。

10.14 应有专人负责儿童的体检评估、免疫接种、药品发放管理等相关工作，并做好记录。

11 康复

11.1 应根据儿童的需求，进行康复评估，制定康复计划，开展康复服务。

11.2 应配备相应比例的康复人员及相应的康复设备。

11.3 康复人员应经过专业安全培训，符合上岗要求。

11.4 康复设备设施应定期检查、维修保养，每次使用前后应再次进行安全检查。

11.5 康复训练器械安全管理应符合 GB 24436 的规定。

11.6 康复服务应按照康复计划和个人康复方案进行实施，应符合 MZ 010—2013 中 10.3 和 DB54/T 0217—2020 的规定。

11.7 康复训练室的用具应无锐角并摆放合理，康复器材专人管理。

11.8 康复教学课程设计符合儿童需求，教具使用安全，无危险。

11.9 康复实施时，儿童应在视线范围内。
11.10 康复档案记录应准确，妥善保管。

12 出行

12.1 儿童福利机构应推行出行安全责任制，明确出行安全责任。
12.2 儿童福利机构应拟定出行计划，包括但不限于出行时间，出行路线，出行过程穿插的活动等。
12.3 应统一安排儿童的集体出行，防止拥挤、嬉闹和私自活动。过马路时，有专人组织和陪护儿童统一走人行横道。
12.4 应为儿童佩戴明显的身份标识，如：小黄帽、胸牌或挂牌等。远行时宜配备GPS定位及快速求救装置。

13 交通

13.1 交通安全教育与培训

13.1.1 儿童福利机构应开展儿童交通安全宣传教育活动，利用各种形式提高宣传教育效果。
13.1.2 儿童福利机构应依据交通法规、管理条例对校车等机动车驾驶员安排或委托安排相关的安全培训和教育，主要内容应包括：

a) 交通安全法律、法规、规定等；
b) 交通安全常识；
c) 交通运输风险识别、控制知识；
d) 安全驾驶技术；
e) 职业道德教育；
f) 交通事故案例；
g) 其他交通安全内容。

13.1.3 儿童福利机构宜定期与驾驶员签订各种交通安全协议书。

13.2 驾驶员安全管理

13.2.1 从事交通运输的驾驶员应通过专业培训，并取得符合国家要求的相应资质。
13.2.2 儿童福利机构应根据自身需求聘用不同条件的校车驾驶员，并加强管理。
13.2.3 儿童福利机构应定期对驾驶员进行健康体检，若健康状况发生变化，影响驾驶能力，则应暂时停止驾驶工作直到合格。

13.3 校车安全管理

13.3.1 儿童福利机构中使用的校车应经检验合格，符合国家有关安全技术标准。
13.3.2 儿童福利机构应按照国家有关规定对校车办理相关保险。
13.3.3 儿童福利机构应在法定节假日期间，对非值班机动车进行严格管理。
13.3.4 儿童福利机构可租用车辆为本单位提供运营服务。租用车辆应与出租方依法签订责、权、明确的机动车租用合同。
13.3.5 儿童福利机构应建立机动车维护保养制度，委托具有资质的机动车维修单位进行定期维修保养。应定期定程对车辆进行保养、维修，不准驾驶有故障车辆上路。
13.3.6 儿童福利机构应建立完整的校车技术档案和相关管理制度。

13.4 校车行驶安全管理

13.4.1 校车行驶应严格按照道路交通信号、标志、标线行驶；在没有限速标志的路段，应与周围障碍物保持足够的安全行驶空间。

13.4.2 校车载人不得超过核定的人数，不得违反规定载货。

13.4.3 校车行驶途中，所有乘车人员应系安全带，防止急开猛拐。应教育和管理好儿童，不得干扰驾驶员的正常驾驶。

13.4.4 下车后应清点人数，防止有儿童遗留被关在车内。

13.5 交通指示标志管理

13.5.1 儿童福利机构中应设置易于识别的交通指示、警告等标志，以确保儿童福利机构的交通安全。

13.5.2 儿童福利机构交通安全标志的设置范围应主要包括：

a） 限制车辆噪声的标志；

b） 限制车辆速度的标志；

c） 限制车辆承载量的标志；

d） 禁止车辆通行的标志；

e） 引导车辆行驶方向的标志；

f） 车辆慢行的标志。

13.5.3 儿童福利机构的停车库或停车场中应设置交通安全的标志(例如：车辆停放标志、指引车辆行驶方向的标志)。

14 内部治安

14.1 应做好防盗窃、防打斗、防违法乱纪等安全管理工作，发现问题及时上报机构安全管理部门进行解决。不能解决的，应上报上级单位或相关单位进行解决。

14.2 如有外来访客，应询问来访事由、部门、受访人等信息，确认无误后指引来访者前往，并按照机构相关规定对出入人员进行管理。

14.3 应做好重点区域的巡查和巡视工作，防止偷盗、抢劫等隐患。

14.4 机构内应禁止工作人员饮酒、吸烟等伤害儿童健康的行为。

15 信息安全

15.1 信息包括但不限于健康档案、管理工作档案、图片信息、影像信息。收集的信息应符合真实性、准确性、全面性、时效性的原则。

15.2 宜建立各类信息系统进行信息管理。

15.3 应遵守国家保密法和保密守则，不泄密，不泄露个人隐私。

15.4 应设有专(兼)职人员负责信息管理，各类信息经过筛选和整理后，应当分类保存。

15.5 应配有温湿度计、防火器材、防盗门，做好防火、防潮、防虫鼠、防霉、防盗等安全措施，确保档案存放安全。

15.6 其他要求应符合 DB54/T 0225—2020 的规定。

16 应急处置

16.1 应急预案

16.1.1 结合本机构实际情况制定处置突发事件应急预案,包括但不限于组织活动突发事件处置预案、设备设施故障处置预案、意外防范预案、群体性事件处置预案、灭火与应急疏散预案、食品安全事故应急预案、传染病防控预案以及机构认为有必要制定的其他预案。

16.1.2 应急预案的内容包括但不限于:

a) 组织机构;
b) 职责分工;
c) 处置原则;
d) 预案等级;
e) 预案启动和报警;
f) 处置程序;
g) 物资储备;
h) 工作要求。

16.1.3 儿童福利机构应每半年进行一次应急预案演练。

16.1.4 儿童福利机构应根据实际情况的变化,对各类应急预案内容进行补充和完善。

16.2 应急处置措施

具体要求见 DB54/T 0227—2020。

ICS 03.080.99
A 16

DB54

西藏自治区地方标准

DB54/T 0227—2020

儿童福利机构突发事件应急管理规范

Specification of emergency management for child welfare institution

2020-07-21 发布 2020-08-19 实施

西藏自治区市场监督管理局 发布

前　言

本标准按照 GB/T 1.1—2009 给出的规则起草。

本标准由西藏自治区民政厅提出并归口。

本标准起草单位：中国标准化研究院、西藏自治区民政厅、拉萨市民政局、山南市民政局、西藏自治区标准化研究所。

本标准主要起草人：张剑、陈煌、李文武、张莺、魏利伟、李坤威、张荫芬、苏萌、王金安、徐增英、旦增曲珍、次仁央宗、普布卓玛、石维彬、扎西央宗、贡桑卓玛。

儿童福利机构突发事件应急管理规范

1 范围

本标准规定了儿童福利机构突发事件应急管理的总则、突发事件分类分级、运行机制、应急预案和典型突发事件的应急处置等。

本标准适用于西藏自治区儿童福利机构突发事件应急管理和处置。

2 规范性引用文件

下列文件对于本文件的应用是必不可少的。凡是注日期的引用文件，仅注日期的版本适用于本文件。凡是不注日期的引用文件，其最新版本（包括所有的修改单）适用于本文件。

GB/T 35561 突发事件分类与编码

GB/T 37228 公共安全 应急管理 突发事件响应要求

MZ 010 儿童福利机构基本规范

WS/T 313 医务人员手卫生规范

WS/T 367 医疗机构消毒技术规范

3 术语和定义

MZ 010、GB/T 35561 和 GB/T 37228 界定的以及下列术语和定义适用于本文件。

3.1

突发事件 emergency events

突然发生，造成或者可能造成严重社会危害，需要采取应急处置措施予以应对的自然灾害、事故灾难、公共卫生事件和社会安全事件。

3.2

危险源 hazard

可能导致人员伤害或疾病、物质财产损失、工作环境破坏或这些情况组合的根源或状态因素。危险源由三个要素构成：潜在危险性、存在条件和触发因素。

4 总则

4.1 儿童福利机构应结合自身特点，建立与保持应急管理体系。应急管理体系应包括以下内容：

a） 应急管理目标与原则；

b） 事故预防与应急准备；

c） 应急预案的编制与实施；

d） 应急响应与恢复；

e） 应急管理评定与持续改进。

4.2 儿童福利机构应明确应急管理的目标与原则，目标与原则应体现事故预防及损失控制、以人为本、预防为主、常备不懈、高效协调以及持续改进。

4.3 儿童福利机构应开展的工作包括：确定应急管理工作计划和方法、分配有关职能和层次的职责及确保完成工作任务所需的资源、建立包括事故预防、应急准备、应急响应、恢复等环节的应急管理机制，保持应急管理体系的实施与持续改进。

5 突发事件的分类分级

5.1 突发事件类别

突发事件主要分为以下几类：

a) 自然灾害：主要包括干旱、洪涝等气象灾害，地震、山体崩塌等地质灾害，森林草原火灾和生物灾害等；
b) 事故灾难：主要包括各类安全事故、火灾、环境污染和生态破坏等；
c) 公共卫生事件：主要包括传染病疫情，食品和药品安全事件以及其他严重影响公众健康和生命安全的事件；
d) 社会安全事件：主要包括恐怖袭击事件、民族宗教事件、群体性事件、涉外突发事件和舆情突发事件等；
e) 儿童意外伤害事件：主要包括窒息、摔伤、烫伤、冻伤、坠床、他伤和自伤、走失、交通伤害等事件。

5.2 突发事件级别

各类突发事件按照其性质、造成损失、社会危害程度和影响范围等因素，由低到高划分为Ⅳ级（一般）、Ⅲ级（较大）、Ⅱ级（重大）和Ⅰ级（特别重大）四个级别。

6 运行机制

6.1 应急组织

6.1.1 儿童福利机构应建立完善的应急组织机构，包括应急管理的领导机构和覆盖各有关职能和层次的应急组织机构。

6.1.2 儿童福利应对应急管理中承担任务的所有应急组织机构，明确相应的职责。应急组织机构和人员的具体职责应同相关机构和人员工作职责紧密结合。

6.1.3 应急组织的职责应包括以下内容：

a) 制定和更新突发事件响应的目标；
b) 确定参与突发事件应急响应的角色、责任和相互关系；
c) 制定突发事件应急响应的规则、限制条件和计划；
d) 制订应急指挥方案和下达任务；
e) 开展安全知识、救援和急救技能的培训及应急预案的实施和演练；
f) 开展日常安全工作检查，督促、落实隐患整改工作，及时消除隐患；
g) 反馈和评估应急指挥方案实施情况；
h) 记录关键决策和决策依据；
i) 应急资源管理；
j) 信息发布。

6.2 风险分析

6.2.1 儿童福利机构应通过风险分析明确应急的对象、事件的性质及其影响，为应急准备和应急响应提供决策和指导依据。风险分析包括危险源辨识、脆弱性分析和风险评价。

6.2.2 儿童福利机构通过开展风险分析应明确：

a） 危险源的种类、数量、特性及分布；

b） 风险等级、脆弱目标、潜在事故的类型、影响范围及后果；

c） 可能对事故应急造成影响的因素。

6.3 潜在风险的控制

儿童福利机构应依据风险分析结果，针对可能发生事故的潜在风险策划并实施风险控制措施。控制措施可包括安全技术措施、管理措施、安全培训与教育等。

6.4 应急能力评估

6.4.1 儿童福利机构应根据风险分析确定的主要风险，开展应急能力评估，明确应急救援所需的资源，包括各类应急力量的组成及分布情况、各种应急设备、物资、用品的准备情况、应急救援组织或周边可用的应急资源等。

6.4.2 儿童福利机构应就其应急能力进行评估，包括但不限于：

a） 内部应急能力，本机构应急救援力量、个人防护用品、应急组织和人员、通讯、监控及报警设备、监视和测量设备、应急电力设备、应急救援所需各种保障制度等；

b） 外部可用资源，区域应急救援力量、医疗救护分布及救护能力、应急专家系统、人群疏散条件等。

6.5 物资与装备准备

6.5.1 儿童福利机构应根据风险分析确定的主要风险，组建专业和社会救援力量，配备应急救援所需的救援手段、各种救援设备设施、监测仪器、堵漏、隔离和洗消材料、交通工具、个人防护设备、医疗设备和药品、生活保障物资等，并定期检查、维护与更新，保证应急物资与装备始终处于完好状态。

6.5.2 儿童福利机构应对机构内固定场所设置应急警报系统。

6.5.3 儿童福利机构在配备应急装备时，应考虑外部可支援的应急能力。

6.6 预防与预警

6.6.1 风险防控

6.6.1.1 儿童福利机构应依法对各类危险源、危险区域进行调查、辨识、评估、分级、登记，定期进行检查、监控，准确掌握本机构的各类风险情况，对可能发生的突发事件进行综合性评估和趋势分析，按照应急预案的程序及时研究应对措施，做好应急准备。

6.6.1.2 儿童福利机构应结合儿童日常生活活动、精神状态、感知觉与沟通、社会参与进行安全风险评估，根据风险评估结果划分风险等级。

6.6.2 监视与测量

6.6.2.1 儿童福利机构应对服务安全和应急管理绩效进行监视和测量，建立监视与测量制度，完善监视与测量机制，加强对监视与测量工作的管理和监督，保证监视与测量质量。

6.6.2.2 监视与测量应包括以下内容：

a） 适合机构需要的定性监视和定量测量；

b） 记录监视和测量的数据和结果，以便改进。

6.6.2.3 监视和测量的范围应包括所有与应急管理相关的场所、环境、人员、设备设施和活动。

6.6.3 预警

6.6.3.1 儿童福利机构应建立健全突发事件预警制度、预警机制，统筹预警信息发布。

6.6.3.2 儿童福利机构的安全管理部门应对可能发生的突发事件进行分析，按照应急预案的程序及时研究应对措施,做好应急准备。

6.7 应急处置和救援

6.7.1 应急预案

6.7.1.1 儿童机构应结合本机构实际情况制定处置突发事件应急预案,包括但不限于:儿童意外伤害事件、群体性事件处置预案、设备设施故障处置预案、火灾处置预案、民族宗教事件处置预案、食物中毒处置预案、传染病处置预案、自然灾害处置预案、恐怖袭击事件处置预案以及机构认为有必要制定的其他预案。

6.7.1.2 应急预案的内容包括但不限于:

a) 组织机构;

b) 职责分工;

c) 处置原则;

d) 预案等级;

e) 预案启动和报警;

f) 处置程序;

g) 物资储备;

h) 工作要求。

6.7.1.3 儿童福利机构应建立应急预案演练制度,应急预案演练应每半年不少于1次。

6.7.1.4 儿童福利机构应根据实际情况的变化,对各类应急预案内容进行补充和完善。

6.7.1.5 儿童福利机构应建立定期评估、灾后评估和演练评估相结合的应急预案评估制度,分析评价预案内容的针对性、实用性和可操作性,实现应急预案的动态化和科学规范管理。

6.7.2 信息报告

6.7.2.1 儿童福利机构应建立健全突发事件报告制度。应按照突发事件报告的相关规定逐级报告。事件发生后,现场有关人员应立即报告安全管理人员或安全责任人,安全责任人接到报告后,应按照相关规定立即向上级主管部门及当地政府报告。

6.7.2.2 特别重大或者重大突发事件发生后,上报时间最迟不应超过4 h。应急处置过程中,应及时续报有关情况。

6.7.2.3 应急处置过程中,要及时续报有关情况。对重大突发事件不应瞒报、迟报、谎报或者授意他人瞒报、谎报,不应阻止他人报告。

6.7.3 应急处置

6.7.3.1 儿童福利机构安全管理部门应及时对突发事件的有关信息进行筛选、整理、评估,由安全责任人按照本标准的分类分级规定,依级启动预案。

6.7.3.2 重大级别以下突发事件应急处置工作由本机构安全管理部门负责组织实施。超出本级应急处置能力时,应及时报请上级安全管理部门提供指导和支持。

6.7.3.3 突发事件应急处置或先期处置工作由本机构安全管理部门负责组织实施,并按要求逐级上报,程序应符合下列要求:

a) 工作人员发现设施故障或在服务过程中发现安全隐患,应向安全管理部门报告,安全管理部门应及时组织力量采取措施,实施营救、疏散、撤离、安置受威胁人员;

b) 控制危险源/隔离传染源,标明危险区域,封锁危险场所,维护秩序,并采取措施控制事态发展,消除隐患,采取防止发生次生、衍生灾害和事件的必要措施,组织先期处置与救援工作,并按规定上报;

c) 发生安全事故或重大疫情,应立即向安全管理部门/机构属地疾病预防控制机构报告,并进行事故详细记录;
d) 安全管理部门应对发生后的突发事件进行分析,按照应急预案的程序及时研究应对措施,做好应急准备;
e) 安全管理部门应对突发事件的过程及处置行为进行评估,并将突发事件和应急处理结果上报上级主管部门。

6.7.3.4 突发事件得到有效处置、事态平息后,经组织专家论证,安全管理部门根据突发事件处置情况终止预案。

6.7.4 舆情管理

6.7.4.1 突发事件发生后,按照突发事件的等级,由本机构应急管理部门统一发布或确定信息发布的形式和内容,授权机构新闻发言人发布,所有员工应严格遵守规定的信息发布纪律,不应擅自对外发布突发事件相关信息。

6.7.4.2 应急管理部门应在突发事件发生后,收集完整的信息和专业见证资料,协助媒体以客观公正的角度报道事实真相,维护与媒体和公众的良好关系。

6.7.5 事后评估

6.7.5.1 突发事件处理后期,应急管理部门应对突发事件的起因、过程、性质、人员伤亡、财产损失等情况进行调查,提交突发事件调查报告,其中应包括对突发事件责任的处理意见和将来对同类事件的防范措施。

6.7.5.2 应将整个事件过程中所有收发信息、领导批示、事故调查报告、现场录像、图片等材料整理归档,总结事件处理过程中的经验和教训。

6.7.5.3 应急处置结束后,应对原突发事件应急预案进行评估和完善。

6.7.5.4 应急管理部门应对突发事件管理工作中做出突出贡献的先进集体和个人给予表彰和奖励;对迟报、谎报、瞒报和漏报突发事件重要情况或者突发事件管理工作中有其他失职、渎职行为的,给予相应的处分;构成犯罪的,依法追究刑事责任。

6.7.6 应急结束

突发事件得到有效处置、事态平息后,经组织专家论证,应急管理部门根据突发事件处置情况终止预案。

7 典型突发事件应急处置

7.1 社会安全事件等突发事件应急处置

社会安全事件应急预案应包括但不限于以下流程:

a) 工作人员应对行为异常及有闹事行为记录的人员限制入内;
b) 工作人员发现社会安全事件时,应及时制止并联络安全保卫人员支援及报警处置;
c) 应急指挥领导组通知各部门做好应急准备,并加强防范;
d) 事件严重的应向上级主管部门报告,做好善后处置工作。

7.2 火灾突发事件应急处置

火灾突发事件应急预案应包括但不限于以下流程:

a) 火灾第一发现人要就近灭火,控制初起火灾,及时拨打 119 火警电话,并向应急指挥领导组报告。

b) 应急小组启动应急预案。

c) 立即启动应急集中救援办法,召集消防救援组灭火。

d) 应急指挥领导组组织机构内各岗位人员参与救援,按照先救人后救物的原则,首先转移疏散在院儿童,及时抢救物品并参与灭火,在消防车到来之前尽量控制火势,减少人员伤亡。

e) 应按照应急预案和日常演练的步骤,相关人员迅速找到各自负责的儿童,清点人数,分批、有序进行逃生疏散。

f) 对不能行走的残疾儿童和婴儿由负责照顾的护理员抱至安全区域,对盲人儿童由当日值班护理员进行疏导逃生。在逃生疏散的过程中全体师生均能按照消防宣传员讲解的要领用毛巾或衣袖捂住口鼻,低身沿疏散通道逃离至安全区域。

g) 火灾发生后,应急指挥领导要及时通知相关人员到场,拨打 120 急救电话,并做好接、领消防车计划,提前制定出消防车行走路线。

h) 做好灾后休养人员的生活安置工作,参加抢救人员物资筹备工作。

i) 机构相关部门领导应在最短时间内到达事故现场,组织抢救和善后处置工作。

j) 相关领导和工作人员,做好各自负责的儿童心理安抚工作。

7.3 食物中毒突发事件应急处置

食物侵害突发事件应急预案应包括但不限于以下流程:

a) 发生食物中毒,应采取自救措施并向上级领导报告或应急指挥领导组报告,拨打 120 将病人送往医院,或等待医护人员到场救援;

b) 应急指挥领导组应组织人员参与救援,进行人员疏散或停止进食;

c) 保护现场,封存留样。对疑似可能产生食物中毒的食品及其原料、有关器具、设备采取必要的措施;

d) 食物中毒人数达到相关规定时,应向相应卫生防疫部门和上级主管部门报告,并做好善后处置工作。

7.4 传染病突发事件应急处置

传染病突发事件应急处置应包括但不限于以下流程:

a) 机构内发生突发传染病,应及时向上级领导报告或应急指挥领导组报告,拨打 120 请求救援。

b) 应急指挥领导组,组织各部门做好应急准备,进行人员疏散或隔离。

c) 向卫生防疫部门和主管部门报告,做好善后处置。

d) 应根据病原菌和传播途径选用相应的隔离措施和消毒隔离方法,按 WS/T 367 规定执行。

e) 不同传染性疾病的患儿应分室居住、活动,不具备隔离条件的机构送医院处置;通往走廊的门窗应关闭,出入病室随手关门。

f) 接触性传染病应做好床边隔离,床边加隔离标识,专人护理。

g) 护理患儿时应着工作服,戴口罩,洗手、消毒按 WS/T 313 规定执行。

h) 传染病患儿的分泌物、排泄物应消毒,被血液、分泌物、排泄物污染的物品、区域应按 WS/T 367 规定消毒处理。

i) 医疗器械用后应按 WS/T 367 规定消毒处理。

j) 患儿生活物品、玩具等应消毒处理。

k) 患儿解除隔离、转院(区)及患儿死亡应做终末消毒。

l) 药车、药盘和餐车等不得进入传染性患儿居室及活动区域。

m) 治疗室、配餐室、居室、厕所等不同区域的擦布、墩布应标记,并分开清洗、消毒、使用。

7.5 自然灾害突发事件应急处置

7.5.1 地震

7.5.1.1 当发生地震时，儿童福利机构应统一指挥工作人员，迅速有序地将全体人员疏散到安全地带。如有可能，在撤离时应关闭、切断输电、供水系统(应急照明系统除外)和各种明火，防止震后次生灾害。

7.5.1.2 来不及撤离的人员，应躲人结实的台子、桌子或凳子下面，臀部及下弯的背部抵住内墙或门框。应远离玻璃、日光灯、文件柜或其他可能坠落、倾斜的物件。地震发生后，除非常有必要或有适当的机会，未撤离的人员应保持在原地，等待救援，不要擅自行动。

7.5.1.3 帮助受伤人员检查伤势，并寻求医生的救助，不要移动重伤人员。

7.5.1.4 应急救援完毕后，工作人员应下达撤离指示，进行善后处理工作。

7.5.1.5 做好地震灾害的记录及上报工作。

7.5.2 雪灾、水灾、风灾、泥石流等其他自然灾害

7.5.2.1 当灾害发生时，儿童福利机构应统一指挥工作人员，迅速地将全体人员疏散到安全地带。

7.5.2.2 儿童福利机构应及时向主管部门上报受灾人员情况、所处环境，并报告儿童福利机构的紧急联络人和安全责任人。同时启动应急响应，工作人员在统一领导下开展自救工作。

7.5.2.3 护理员在对儿童护理的同时，做好安抚工作，防止儿童情绪失控。如有紧急情况发生，及时与主管部门联系。

7.5.2.4 儿童福利机构加强与外界沟通，了解救助渠道。

7.5.2.5 留意媒体有关救助的消息，以便儿童及员工了解灾害的进展情况及自我防范意识。

7.5.2.6 做好灾害的记录及上报工作。

7.6 儿童意外伤害事件应急处置

7.6.1 走失

7.6.1.1 发现儿童走失后，儿童所在区域服务人员应了解儿童走失前后的情况，查看外出记录，查看监控录像，组织人员在本机构区域内进行寻找。

7.6.1.2 若儿童确实不在本机构内，应通知其监护人，询问是否被接走，请监护人协助寻找，并上报主管领导。

7.6.1.3 必要时由应急管理部门报当地公安机关协助寻找。

7.6.2 窒息

7.6.2.1 儿童发生窒息，服务人员宜采取以下方法：

a) 手取法：检查儿童的口腔及咽喉部，发现可视范围内有异物阻塞气道，用手取方式取出。
b) 催吐法：异物在咽喉部可见处，用压舌板(勺子把等)按压舌后部产生呃逆，促使儿童吐出异物。
c) 拍背法：12 个月以内婴儿，倒拎拍其背部促使异物咳出；6 个月～36 个月，急救者取坐位，儿童俯卧在急救者的膝部，头低脚高，用掌根拍击儿童背部促使异物咳出。
d) 海氏急救法：适用于 3 周岁以上儿童。急救者站于儿童身后，双臂环绕儿童腰腹部，一手握拳，顶于儿童的脐部与剑突连线的中点，另一只手重叠在握拳的手上，向内上方快速猛烈挤压上腹部，挤压后放松，反复操作，排出异物。

7.6.2.2 如不能处置时，应立即呼叫 120 或 999 急救车转院处置。在急救车到来之前，密切观察病人的生命体征，采取相应措施，做好病历记录。

7.6.2.3 医护人员处置的同时，服务人员协助医护人员通知监护人或相关第三方，告知病情做好转院

准备。

7.6.3 烫伤

7.6.3.1 发现儿童烫伤，服务人员应立即赶到儿童身边安抚，脱离热源，报告医护人员。

7.6.3.2 医护人员应立即赶往现场处理，脱离热源，脱去衣服，评估烧烫伤程度。服务人员根据烧烫伤程度遵医嘱，配合医生采取相应措施：

a) 轻度烫伤：面积不大，可用凉水冲洗或浸泡 15 min～20 min。

b) 中度烫伤：烫伤伤及真皮层，皮肤表面起水泡，可在创面清洗干净后外涂烫伤药膏，不应将水泡擦破。如水泡已破，护士应用无菌纱布覆盖伤口，等待医生处理。

c) 重度烫伤：护士协助医生去除儿童贴在烫伤创面上的衣物，使用无菌纱布覆盖伤口，保护创面。

7.6.3.3 中度以上大面积烫伤用凉水冲洗，做好转院处置。

7.6.3.4 护理员协助通知监护人或相关第三方，医师告知病情，立即呼叫急救车，做好转院准备。

7.6.3.5 在急救车到来之前，密切观察病人的生命体征，采取相应措施，做好病历记录。

7.6.4 摔伤/坠床

7.6.4.1 发现儿童发生摔伤或坠床时应立即通知医护人员。

7.6.4.2 医护人员应立即赶往现场，来到儿童身旁，评估儿童意识、伤情、生命体征，检查摔伤部位，判断有无出现喷射性呕吐等颅脑外伤症状，暂时制动，安排合适体位。

7.6.4.3 医护人员应根据儿童伤势采取相应急救措施，如局部止血、伤口包扎、冰敷等。冷敷时不应按揉患处，使用冰袋时应用毛巾包裹，预防冻伤。

7.6.4.4 儿童仅为擦伤时，护士配合医生局部止血、伤口包扎、冰敷处理。

7.6.4.5 经医生检查怀疑儿童发生骨折时，医生或护士为儿童制动骨折部位并安抚，开放性骨折应保持伤处清洁。

7.6.4.6 通知监护人，由医生告知病情，并呼叫 120 或 999 急救车转院处置。

7.6.4.7 急救车到来之前，密切观察病人的生命体征，采取相应措施，做好病历记录。

ICS 03.080.99
A 16

DB54

西 藏 自 治 区 地 方 标 准

DB54/T 0228—2020

儿童福利机构接收捐赠管理规范

Specification of accepting donations management for child welfare institution

2020-07-21 发布 2020-08-19 实施

西藏自治区市场监督管理局 发布

前　　言

本标准按照 GB/T 1.1—2009 给出的规则起草。

本标准由西藏自治区民政厅提出并归口。

本标准起草单位：西藏自治区民政厅、拉萨市民政局、山南市民政局、中国标准化研究院、西藏自治区标准化研究所。

本标准主要起草人：刘贺、魏利伟、李文武、张莺、张剑、苏萌、王金安、徐增英、旦增曲珍、次仁央宗、普布卓玛、李坤威、石维彬、扎西央宗、贡桑卓玛。

儿童福利机构接收捐赠管理规范

1 范围

本标准规定了儿童福利机构捐款捐物管理的基本要求，以及捐赠款物的接收、登记、保管、公示和反馈等要求。

本标准适用于儿童福利机构所接收的捐赠资金和捐赠物品的管理。

2 术语和定义

下列术语和定义适用于本文件。

2.1

捐赠款物 donations

个人或者法人团体无偿自愿赠送给儿童福利机构的款项、物品等。

3 基本要求

3.1 儿童福利机构应建立捐款捐物管理制度。

3.2 应设立捐赠捐赠接收管理小组，接收捐赠款物时不应少于2人。

3.3 接收捐赠应确定款物的来源。

3.4 定向捐赠物资应按照捐赠方意愿及协议约定的用途使用，不应改变约定的用途。如确需改变用途的，应征得捐赠方的同意。

3.5 非定向捐赠物资使用，应根据儿童需求统筹使用。

3.6 接收捐赠款物时应做好相应记录。

4 接收

4.1 捐赠接收管理小组应对捐赠款物进行查验，查验内容主要包括：

a) 食品：查验生产日期、保质期、外观、包装、产品许可证等；

b) 设备：查验合格证明文件、使用说明书、数量、外观、包装、出厂日期、规格型号、安全标识等；

c) 生活用品：查验合格证明文件、保质期、包装无破损等；

d) 学习用品：查验数量、包装、安全标识等；

e) 图书期刊类：查验有无破损、折角、涂毁、撕页等。

f) 款项：清点数量，核对金额。

4.2 物品验收后，将受赠物品存入库房待用。

5 登记与保管

5.1 捐赠款物验收合格后，捐赠接收管理小组应填写《接收捐赠登记表》（参见附录A）。接收记录应按实物进行登记，不应有涂改，并归档管理。

5.2 捐赠物品应按物品来源分类登记，规格、数量统计清晰，专账管理。

5.3　单件价值 1 000 元及以上，批量单品价值在 1 000 元以上的设备设施应纳入固定资产，办理固定资产登记手续，并计入固定资产账簿。

5.4　应将低值易保存品和《接收捐赠物品明细表》(参见附录 B)移交库房管理员。库房管理员确认无误后，应及时办理入库登记手续。

5.5　物品管理员应根据捐赠物品类别不同，分别设置总账和明细账进行管理。捐赠物品根据发放情况每月定期盘点一次，做到账物相符，物品存放地标识、编号清晰可查。

5.6　应将捐赠资金现金或支票及《接收捐赠登记表》的复印件移交财务管理部门，财务管理部门确认无误后，应将捐赠资金入账，并开具专用收据。

6　物品分配与发放

6.1　资金

6.1.1　定向捐赠资金

6.1.1.1　捐赠人向捐赠接收管理小组提出申请，经机构负责人审批后，全额拨付相关项目使用。捐赠接收管理小组监督此类资金的使用情况，并负责定期向捐赠人通报。

6.1.1.2　如确需改变捐赠资金用途，应征得捐赠者同意，并将书面材料归档。

6.1.2　非定向捐赠资金

6.1.2.1　非定向捐赠资金应遵守国家有关规定，将捐赠资金用于事业发展，包括：

a)　设施设备的维修、更新、购置；

b)　日常物品；

c)　医疗、康复、安置过程中发生的费用。

6.1.2.2　非定向捐赠资金不应用于院内工作人员的任何支出。

6.1.2.3　每年年初，应向主管部门申请使用非定向捐款资金，填写《非定向捐赠资金使用审批表》(参见附录 C)。

6.1.2.4　使用非定向捐赠资金时，应报相关负责人审批，并写《非定向捐赠资金使用备案表》(参见附录 D)。

6.2　物品

6.2.1　列入固定资产管理的物品应由儿童福利机构统一安排使用，并按照相关要求管理。

6.2.2　低值易保存品管理应按捐赠意愿进行派发或启用，物品结余存入库房待用。

7　公示和反馈

应对捐赠款物的接收使用情况进行公示并向捐赠方反馈使用用途和结果。

附　录　A
（资料性附录）
接收捐赠登记表

接收捐赠登记表见表 A.1。

表 A.1　接收捐赠登记表

<table>
<tr><td colspan="4">捐赠日期：</td></tr>
<tr><td colspan="4">捐赠单位(个人)：</td></tr>
<tr><td rowspan="7">捐赠款物种类(大写)</td><td rowspan="2">货币资金</td><td rowspan="2">人民币：</td><td>外币：</td></tr>
<tr><td>折合人民币：</td></tr>
<tr><td rowspan="5">实物
资产</td><td colspan="2">固定资产：</td></tr>
<tr><td colspan="2">低值易保存品：</td></tr>
<tr><td colspan="2">低值不易保存品：</td></tr>
<tr><td colspan="2"></td></tr>
<tr><td colspan="2"></td></tr>
<tr><td colspan="4">捐赠意向：</td></tr>
<tr><td colspan="3">捐赠单位(个人)盖章：
主管领导：
经办人：</td><td>接收捐赠单位盖章：
主管领导：
经办人：</td></tr>
</table>

附　录　B
（资料性附录）
接收捐赠物品明细表

接收捐赠物品明细表见表 B.1。

表 B.1　接收捐赠物品明细表

单位：元

序号	物品种类	物品名称	规格型号	捐赠单位（个人名字）	单价	数量	金额	备注

经办人：　　　　　　　　　　　　　　　　复核：　　　　　　日期：

附　录　C
（资料性附录）
非定向捐赠资金使用审批表

非定向捐赠资金使用审批表见表 C.1。

表 C.1　非定向捐赠资金使用审批表

<table>
<tr><td colspan="3">预计使用日期：</td></tr>
<tr><td rowspan="2">非定向捐赠资金使用合计</td><td>本年已使用金额（大写）</td><td>小写：</td></tr>
<tr><td>本年计划使用金额（大写）</td><td>小写：</td></tr>
<tr><td colspan="3">用途（附相关资料）：</td></tr>
<tr><td colspan="3">单位意见：
财务负责人：　　　　院　　长：
年　月　日</td></tr>
<tr><td colspan="3">主管部门审批意见（签章）：　　　　分 管 领 导：
年　月　日</td></tr>
</table>

附　录　D
（资料性附录）
非定向捐赠资金使用备案表

非定向捐赠资金使用备案表见表 D.1。

表 D.1　非定向捐赠资金使用备案表

<table>
<tr><td colspan="2">单位:(公章)</td><td>单位:元</td></tr>
<tr><td colspan="3">使用期间:</td></tr>
<tr><td rowspan="5">货币资金
(小写)</td><td>工程类支出</td><td></td></tr>
<tr><td>货物类支出</td><td></td></tr>
<tr><td>儿童支出</td><td></td></tr>
<tr><td>其他支出</td><td></td></tr>
<tr><td>小计</td><td></td></tr>
<tr><td rowspan="4">实物资产
(小写)</td><td>固定资产</td><td></td></tr>
<tr><td>低值易保存品</td><td></td></tr>
<tr><td>低值不易保存品</td><td></td></tr>
<tr><td>小计</td><td></td></tr>
<tr><td colspan="2">合计(大写)</td><td></td></tr>
<tr><td colspan="3">院长:　　　　　　　　　　固定资产管理员:

财务负责人:　　　　　　　接收捐赠部门负责人:

年　　月　　日</td></tr>
</table>

参 考 文 献

[1] 中华人民共和国会计法.
[2] 事业单位会计准则.
[3] 事业单位财务规则.
[4] 会计基础工作规范.
[5] 事业单位会计制度.
[6] 内部会计控制规范——基本规范(试行).

ICS 03.080.99
A 16

DB54

西藏自治区地方标准

DB54/T 0229—2020

儿童福利机构消防安全管理规范

Specification of fire safety management for child welfare institution

2020-07-21 发布　　2020-08-19 实施

西藏自治区市场监督管理局 发布

前　言

本标准按照 GB/T 1.1—2009 给出的规则起草。

本标准由西藏自治区民政厅提出并归口。

本标准起草单位:中国标准化研究院、西藏自治区民政厅、拉萨市民政局、山南市民政局、西藏自治区标准化研究所。

本标准主要起草人:张剑、陈煌、李文武、张莺、魏利伟、李坤威、张荫芬、苏萌、王金安、徐增英、旦增曲珍、次仁央宗、普布卓玛、石维彬、扎西央宗、贡桑卓玛。

儿童福利机构消防安全管理规范

1 范围

本标准规定了儿童福利机构消防安全管理的总体要求、消防组织、火灾风险评估、例会制度、防火和重点部位管理、消防宣传与培训、灭火救援预案和演练、火灾事故处置与善后等。

本标准适用于儿童福利机构及其所在建筑的消防安全管理。

2 规范性引用文件

下列文件对于本文件的应用是必不可少的。凡是注日期的引用文件，仅注日期的版本适用于本文件。凡是不注日期的引用文件，其最新版本(包括所有的修改单)适用于本文件。

GB 2894 安全标志及其使用导则

GB/T 5907(所有部分) 消防词汇

GB 13495.1 消防安全标志 第1部分:标志

GB 15630 消防安全标志设置要求

GB 17945 消防应急照明和疏散指示系统

GB 25201 建筑消防设施的维护管理

GB 50016 建筑设计防火规范

GB 50045 高层民用建筑设计防火规范

GB 50084 自动喷水灭火系统设计规范

GB 50098 人民防空工程设计防火规范

GB 50116 火灾自动报警系统设计规范

GB 50140 建筑灭火器配置设计规范

GB 50222 建筑内部装修设计防火规范

GB 50720 建设工程施工现场消防安全技术规范

CJJ 51 城镇燃气设施运行、维护和抢修安全技术规程

GA 503 建筑消防设施检测技术规程

GA 654 人员密集场所消防安全管理

MZ 010 儿童福利机构基本规范

3 术语和定义

GB/T 5907、GB 50045、GB 50084、GB 50098、GB 50116、GB 50140、GBJ 16、GA 503、GB 25201、GA 654、MZ 010界定的以及下列术语和定义适用于本文件。

3.1

消防设施 firefighting device

火灾自动报警系统、自动灭火系统、消火栓系统、防烟排烟系统以及应急广播和应急照明、安全疏散设施等。

3.2

消防队 private fire brigade

由专/兼职灭火的人员组成，有固定消防站用房，配备消防车辆、装备、通讯器材，定期组织消防训练，能够每日 24 h 备勤的消防组织。

3.3

微型消防站 mini fire station

由本机构消防安全责任人建立，消防安全管理人组织管理，在机构内部配备必要的消防器材的志愿消防队伍，主要承担机构内部防火巡查和初期火灾扑救职能。

3.4

消防设施监控云平台 cloud platform for fire monitoring

为本机构用户提供一种基于互联网的消防设施监控服务，这项服务以软件服务为主，通过这项服务用户可以在任何地点、时间来查询本机构消防设施运行状态。

4 总体要求

4.1 儿童福利机构应遵守消防法律、法规、规章(以下统称“消防法规”)，贯彻“预防为主、防消结合”的消防工作方针，履行消防安全职责，保障消防安全。

4.2 儿童福利机构应制定消防安全管理制度、灭火和应急疏散预案。每年对其消防安全状态进行评估，持续改进消防安全管理。

4.3 儿童福利机构应依法建立并落实逐级消防安全责任制，明确各级、各岗位的消防安全责任。

4.4 儿童福利机构的法定代表人或者主要负责人应对本机构消防安全工作负总责。

4.5 儿童福利机构应确定一名消防安全工作专业人员为消防安全管理人，负责组织实施日常消防安全管理工作，主要履行制定落实年度消防工作计划和消防安全制度，组织开展防火巡查和检查、火灾隐患整改、消防安全宣传教育培训、灭火和应急疏散演练等职责。

4.6 儿童福利机构应明确消防工作管理部门，配备专(兼)职消防管理人员，建立志愿消防队，具体实施消防安全工作。

4.7 儿童福利机构宜采用先进的消防技术、产品和方法，建立完善的消防安全管理体系和机制，定期开展消防安全评估。

4.8 儿童福利机构应按照规定对建筑消防设施、器材进行维护保养和检测，确保完好有效。

4.9 儿童福利机构应针对儿童特点，在疏散通道、安全出口和重要场所、重点部位的显著位置设置消防安全警示、提示标识。安全标志的设置应符合 GB 2894、GB 13495.1、GB 15630 的规定。在消防设施、器材上设置醒目的标识，并标明操作使用方法。

4.10 儿童福利机构应对所有员工每半年至少开展 1 次消防安全培训。

4.11 儿童福利机构的建筑四周不应搭建违章建筑，不应占用防火间距、消防通道、举高消防车作业场地，不应设置影响消防扑救或遮挡排烟窗(口)的架空管线、广告牌等障碍物。

4.12 儿童福利机构不应与甲、乙类厂房、仓库组合布置及贴邻布置，且不应与丙、丁、戊类厂房、仓库组合布置。

4.13 儿童福利机构不应擅自改变防火分区和消防设施、降低装修材料的燃烧性能等级。建筑内部装修不应改变疏散门的开启方向，减少安全出口、疏散出口的数量及其净宽度，影响安全疏散畅通。

4.14 消防安全管理人、消防控制室值班员和消防设施操作维护人员应经过消防职业培训，持证上岗。保安人员应掌握防火和灭火的基本技能。电气焊工、电工、易燃易爆化学物品操作人员应熟悉本工种操作过程的火灾危险性，掌握消防基本知识和防火、灭火基本技能。

4.15 消防队员应掌握消防安全知识和灭火的基本技能，定期开展消防训练和演练，火灾时应履行扑救火灾和引导人员疏散的义务。

5 消防组织

5.1 应根据需要建立消防队和微型消防站。
5.2 设有消防控制室的儿童福利机构应建立微型消防站。同一建筑物由两个以上单位管理或使用的，可联合建立微型消防站。微型消防站建设标准应符合消防法规。
5.3 微型消防站的建设单位应加强队伍建设，定期组织训练演练，加强消防装备配备，积极参与社会消防安全联防联控。

6 火灾风险评估

应委托消防技术服务机构，全面详细地调查了解本机构的消防救援条件、建筑防火、消防设施现状、火灾危险源等相关情况，对建筑本体及所在区域进行火灾风险评估，判定其火灾风险等级。对于被判定为高风险等级的机构，应采取多种方式加强其消防安全保护等级。

7 消防安全例会

7.1 儿童福利机构应建立消防安全例会制度，处理涉及消防安全的重大问题，研究、部署、落实本机构的消防安全工作计划和措施。
7.2 消防安全例会应由消防安全责任人主持，有关人员参加，每月不宜少于1次。消防安全例会应由消防安全管理人提出议程，并应形成会议纪要或决议。

8 防火管理要求

8.1 建筑工程管理

8.1.1 消防设计

8.1.1.1 新建、扩建、改建(含室内装修、用途变更)等建设工程，消防设计审核、消防验收或消防设计、竣工验收备案抽查应符合相关法律法规的规定。
8.1.1.2 建筑防火设计应符合GB 50016的要求。
8.1.1.3 建筑内部装修设计及使用装修材料的燃烧性能等级，应符合GB 50222的要求。

8.1.2 施工现场的消防安全

8.1.2.1 建设工程施工现场的消防安全由施工单位负责，由儿童福利机构实施监督。实行施工总承包的，由总承包单位负责。分包单位向总承包单位负责，服从总承包单位对施工现场的消防安全管理；对建筑物进行局部改建、扩建和装修的工程，建设单位应当与施工单位在订立的合同中明确各方对施工现场的具体消防安全责任；未明确各方消防安全责任的由建设单位承担责任。
8.1.2.2 建设工程施工现场的消防技术要求按照GB 50720执行。

8.2 火灾危险源管理

8.2.1 电气管理

8.2.1.1 应建立用电安全管理制度，制度应包括责任部门、责任人和职责、设施登记、施工人员资格、检查部位和内容、检查工具、发现问题处置程序、情况记录等内容。

8.2.1.2 电气设备应由具有资质的单位或人员负责安装和维修，应执行安全操作规程，不应随意乱接电线，使用的电气、电热设备，应选用合格产品，并应符合有关安全标准的要求。每年应对电气线路和设备进行安全性能检查，同时应委托具有资质专业机构进行电气设备消防安全检测。

8.2.1.3 电气线路改造、增加用电负荷应由有关部门办理审批手续，不应私拉乱接电气设备，施工后应自行或委托具有资质专业机构进行电气设备消防安全检测。

8.2.1.4 未经允许，不应在机构内使用电炉等具有火灾危险性的电热器具、高热灯具。

8.2.1.5 停送电时，应在确认安全后方可操作。

8.2.2 用火、动火管理

8.2.2.1 应建立用火安全管理制度，制度应包括责任部门、责任人和职责、动火审批范围、程序、施工人员资格、发现问题处置程序、情况记录等内容。

8.2.2.2 儿童福利机构应对动用明火实行严格的消防安全管理。禁止在具有火灾、爆炸危险的场所吸烟、使用明火。

8.2.2.3 应严格禁止儿童携带和玩耍打火机、火柴等易燃易爆物品。

8.2.2.4 动火作业人员应具有相应的岗位资格，在批准的动火作业区域内动火。

8.2.2.5 固定用火场所（设施）应落实专人负责。

8.2.2.6 用火、动火安全管理应符合下列要求：

a） 需要动火施工的区域与使用、营业区之间应进行防火分隔；

b） 电气焊等明火作业前，实施动火的部门和人员应按照制度规定办理动火审批手续，清除易燃可燃物，配置灭火器材，落实现场监护人和安全措施，在确认无火灾、爆炸危险后方可动火施工；

c） 不应使用明火照明或取暖，如特殊情况需要时应有专人看护；

d） 炉火、烟道等取暖设施与可燃物之间应采取防火隔热措施；

e） 厨房的烟道应至少每季度清洗 1 次；

f） 厨房燃油、燃气管道应经常检查、检测和保养；

g） 活动场所不应使用明火取暖、照明，当必须使用时，应采取防火、防护措施，设专人负责；

h） 厨房、烧水间应单独设置。

8.2.2.7 燃气安全的管理应符合下列要求：

a） 应按照 CJJ 51 中第 3 章的要求，使用、储存燃气的场所应有可燃气体报警装置等安全技术防护设备；

b） 不应私自拆、移、改动燃气表、灶、管道等燃气设施，不应私自安装燃气热水器、取暖器和其他燃气器具；

c） 选择使用的燃气灶、热水器和壁挂炉等燃气器具应为合格产品，应按照使用说明书进行操作，并根据说明书了解产品使用时可能出现的危险及需采取的预防措施；

d） 燃气具、燃气瓶等设备应按要求进行定期检验，做好登记记录；

e） 儿童居室楼内严禁使用液化石油气罐。

8.2.3 用电防火安全管理

8.2.3.1 儿童福利机构应建立用电防火安全管理制度，并应明确下列内容：

a） 明确用电防火安全管理的责任部门和责任人；

b） 电气设备的采购要求；

c） 电气设备的安全使用要求；

d） 电气设备的检查内容和要求；

e） 电气设备操作人员的岗位资格及其职责要求。

8.2.3.2 用电防火安全管理应符合下列要求：

a） 采购电气、电热设备，应选用合格产品，并应符合有关安全标准的要求。
b） 儿童居室内不应设置电直接加热采暖设备供暖，不应设置生产、加工等大功率动力用电设备。
c） 电动自行车等移动用电设备，应在固定地点统一停放、充电。
d） 电气线路敷设、电气设备安装和维修应由具备职业资格的电工操作。
e） 不应随意乱接电线，擅自增加用电设备。
f） 电器设备周围应与可燃物保持 0.5 m 以上的间距。
g） 对电气线路、设备应定期检查、检测，不应长时间超负荷运行。
h） 儿童居室内不应设置大功率照明灯具和高温照明灯具，宜使用低温照明灯具，并应对灯具的发热部件采取隔热等防火措施。灯头、灯座、镇流器等灯具配件应具有阻燃性能，并且不应直接安装在木质等可燃材料上。
i） 公共区域结束使用时，应切断非必要电源。
j） 应使用带有防漏电功能的标准插座，有条件的机构宜使用附带防儿童手指误插功能的标准插座。

8.2.3.3 儿童福利机构宜通过物联网技术对引发电气火灾的主要因素进行不间断的数据跟踪，实时发现电气线路和用电设备存在的安全隐患，消除潜在的电气火灾危险。

8.3 建筑消防设施管理

8.3.1 儿童福利机构应建立消防设施管理制度，制度应包括责任部门、责任人和职责、设备登记、保管及维护管理要求、情况记录等内容。

8.3.2 应建立建筑消防设施、器材维护管理制度，应加强对消防设施和灭火器材的维护保养，确保其配置齐全、完整好用。

8.3.3 设有自动消防设施的场所，应确定专职人员维护保养或委托具有消防设施维护保养能力的组织或单位进行消防设施维护保养，并与受委托组织或单位签订合同，在合同中确定维护保养内容。维护保养，应保留记录。

8.3.4 应明确各类建筑消防设施日常巡查部位，日常检查每周不应少于 1 次，单项检查应每月不应少于 1 次，建筑消防设施的联动检查应每年不应少于 1 次，并做好记录。

8.3.5 消防设施和消防电源应始终处于正常运行状态；维修时，应采取相应的措施。维修完成后，应立即恢复到正常运行状态。

8.3.6 消防设施和器材不应损坏、挪用或者擅自拆除、停用。

8.3.7 儿童福利机构设置室内消火栓系统的，室内消火栓箱不应上锁，箱内设备应齐全、完好。

8.3.8 与室内供水系统直接连接的消防软管卷盘，设置间距不应大于 30.0 m。

8.3.9 室外消火栓不应埋压、圈占、遮挡消火栓或者占用防火间距。

8.3.10 应按照国家标准、行业标准配置防火门、防火卷帘、疏散指示标志、火灾应急照明、火灾应急广播等消防设施、器材。家具、设备、用品等的摆放不应影响防火门、防火卷帘、室内消火栓、火灾探测器、手动火灾报警按钮、声光报警装置等消防设施的正常使用。

8.3.11 设置火灾自动报警系统和需要联动控制消防设备的儿童福利机构，应设置消防控制室。消防控制室的设置宜符合 GB 50016 和 GB 50116 的规定。

8.3.12 设置消防控制室的儿童福利机构还应设立微型消防站。微型消防站宜布置在儿童照料设施附近。微型消防站的选址及装备配置应按照到达儿童照料设施内任一点不大于 3 min 为原则。当本机构内防火保护区内设置微型消防站确有困难时，宜按照 3 min 原则增设消防器材点。当设置微型消防站确有困难时，应设立消防器材点。微型消防站的建设应符合《消防安全重点单位微型消防站建设标准（试行)》的规定。

8.3.13 供儿童使用且层数大于2层的儿童照料设施,应按核定使用人数配备简易防毒面具。

8.3.14 建筑消防设施的功能测试检查的内容、方法应按照 GB 25201 的规定执行。

8.3.15 每年应委托具有相应资质的检测和维护保养机构按照 GA 503 的要求对消防设施进行1次全面检测。

8.3.16 应根据本机构实际情况与消防设施的特点,配置使用标志,指定专人对消防设施的状态进行调整,并做好记录。

8.3.17 消防安全标志的设置应符合 GB 13495.1、GB 15630 的要求,每月检查1次,检验、维修,确保完好有效,发现问题及时维修或更换。

8.4 安全疏散设施管理

8.4.1 安全疏散设施管理制度的内容应明确消防安全疏散设施管理的责任部门和责任人,定期维护、检查的要求,确保安全疏散设施的管理要求。

8.4.2 应在每层明显位置设置安全疏散图示,图示中应标明疏散路线、安全出口、人员所在位置、消防设施位置和必要的文字说明,不应遮挡。

8.4.3 建筑使用期间安全出口不应上锁,不应在安全出口、疏散通道上安装栅栏、隔断等影响疏散的障碍物,且在其 1.4 m 范围内不应设置台阶。疏散通道、安全出口不应遮挡、覆盖疏散指示标志。

8.4.4 控制人员出入或设有门禁系统的疏散门,应有保证火灾时人员疏散畅通的可靠措施。

8.4.5 封闭楼梯间、防烟楼梯间的门应完好,门上应有正确启闭状态的标识,保证其正常使用。

8.4.6 窗口、阳台等部位不应设置影响逃生和灭火救援的栅栏。

8.4.7 常闭式防火门应经常保持关闭,并在常闭防火门上设有警示文字和符号,因需要必须常开的防火门应安装具备联动关闭功能的装置,且装置应完好、有效。

8.4.8 消防应急照明、安全疏散指示标志应完好、有效,发生损坏时应及时维修、更换。

8.5 防火巡查和检查

8.5.1 应建立防火巡查、防火检查和火灾隐患整改制度,制度应包括责任部门、责任人和职责、检查频次、参加人员、检查部位、内容和方法、火灾隐患认定、处理和报告程序、整改责任和防范措施、情况记录等内容。

8.5.2 应对执行消防安全制度和落实消防安全管理措施的情况进行巡查和检查,落实防火巡查、检查人员,填写巡查、检查记录。

8.5.3 防火巡查、检查人员巡查时应携带必要的器材装备,及时纠正违法行为和处置火灾隐患,无法当场整改的,应当立即向本机构消防安全责任人、消防安全管理人报告。发现初起火灾应立即报警并及时扑救,并做好记录。防火巡查宜采用电子巡更设备。

8.5.4 防火巡查、检查人员应每日对重点部位进行巡视。逢重大节日、重大活动等敏感时期还应对重点部位进行有针对性的防火巡查。

8.5.5 防火巡查应包括以下内容(要点参见附录A):

a) 用火、用电、用油、用气有无违章情况;

b) 安全出口、疏散通道是否畅通,安全疏散指示标志、应急照明是否完好;

c) 消防设施、器材是否保持正常工作状态,消防安全标志是否在位、完整;

d) 常闭式防火门是否关闭严密,防火卷帘下方是否堆放物品影响使用;

e) 消防安全重点部位人员在岗情况;

f) 消防车道、水源、重点单位情况;

g) 清除烟头、发热源等杂物情况;

h） 其他需巡查的情况。

8.5.6 防火检查应包括以下内容：

a） 安全疏散通道、楼梯，安全出口、消防应急照明和疏散指示标志情况；
b） 消防车通道、消防水源状况；
c） 消防安全标志的设置情况和完好、有效情况；
d） 灭火器材配置及其有效和完好情况；
e） 建筑消防设施运行情况；
f） 消防控制室值班情况、消防控制设备运行情况及相关记录；
g） 用火、用电有无违章情况；
h） 消防安全重点部位的管理情况；
i） 防火巡查落实情况及其记录；
j） 火灾隐患的整改以及防范措施的落实情况；
k） 易燃易爆危险物品场所防火、防爆和防雷措施的落实情况；
l） 楼板、防火墙和竖井孔洞等重点防火分隔部位的封堵情况；
m） 消防安全重点部位人员及其他员工消防知识的掌握情况；
n） 其他需要检查的内容。

8.5.7 防火巡查和检查时应填写巡查和检查记录，巡查和检查人员及其主管人员应在记录上签名。巡查、检查中应及时纠正违法违章行为，消除火灾隐患，无法整改的应立即报告，并记录存档。

8.6 火灾隐患整改

8.6.1 应建立火灾隐患整改制度，制度应包括责任部门、责任人和职责、发现问题处置程序、情况记录等内容。

8.6.2 对存在的火灾隐患，应当及时予以消除。消防安全责任人为火灾隐患整改第一责任人，提供人员、场地、资金等资源，由消防安全管理人负责组织人员、落实火灾隐患的整改措施，整改完毕，负责整改的部门或人员应逐级上报至消防安全责任人。未能及时整改火灾隐患的个人或部门，儿童福利机构应根据相关奖惩措施对责任人进行惩处。

8.6.3 对责令限期改正的火灾隐患，应在规定的期限内改正，对于确有正当理由不能在限期内改正完毕的，应在期限届满前提出书面延期申请。

9 消防安全重点部位管理

9.1 儿童福利机构应将儿童居室、食堂（餐厅）、活动空间、储油间、变配电室、锅炉房、厨房、空调机房、资料库等确定为消防安全重点部位，应按照有关法律法规和本文件履行消防安全管理职责，明确责任人，应制定和完善事故应急处置程序，并严格执行。

9.2 消防安全重点部位应根据相关标准配备相应的灭火器材、装备和个人防护器材。

9.3 消防安全重点部位应设置明显的防火标志，标明“消防安全重点部位”和“防火责任人”，落实相应管理规定，并严格执行。

9.4 消防安全重点部位应列入防火巡查范围，作为定期检查的重点，填写《每日防火巡查登记表》（参见表A.1）。

9.5 应建立消防档案管理制度，其内容应明确消防档案管理的责任部门和责任人，消防档案的制作、使用、更新及销毁应符合当地应急管理部门的要求。

10 消防宣传与培训

10.1 消防宣传

消防安全宣传包括但不限于下列内容：

a) 悬挂或张贴消防宣传标语，提示场所的火灾危险性，利用展板、专栏、广播、电视、电子显示屏等形式开展消防宣传教育；

b) 应对儿童进行消防知识的普及和启蒙教育，应利用儿歌、游戏、绘画、参观消防站、消防博物馆，参加消防夏令营等形式对儿童开展消防安全常识教育；

c) 应对儿童进行火灾自救，合理使用电器避免火灾方面的宣传教育。

10.2 消防培训

员工上岗、转岗前，应经消防安全培训合格；对在岗人员每半年进行1次消防安全教育，宜包括下列内容：

a) 有关消防法规、消防安全管理制度、保证消防安全的操作规程等；

b) 本机构、本岗位的火灾危险性和防火措施；

c) 建筑消防设施、灭火器材的性能、使用方法和操作规程；

d) 报火警、扑救初起火灾、应急疏散和自救逃生的知识、技能；

e) 本机构的安全疏散路线，引导人员疏散的程序和方法等；

f) 灭火和应急疏散预案的内容、操作程序；

g) 儿童福利机构消防安全责任人、消防安全管理人和员工应熟悉本机构疏散逃生路线及组织人员疏散程序，掌握避难逃生设施使用方法，具备火场自救逃生的基本技能，定期组织疏散演练。

11 灭火救援预案和演练

11.1 灭火救援预案

11.1.1 应建立灭火和应急疏散预案演练制度，制度应包括预案制定和修订、责任部门、组织分工、演练频次、范围、演练程序、注意事项、演练情况记录、演练后的小结与评价等内容。

11.1.2 应制定灭火和应急疏散预案，建立应急反应和处置机制，并定期演练，以减少火灾危害。

11.1.3 火灾发生时，现场工作人员应当组织引导在场儿童疏散，并按照灭火和应急疏散预案要求履行各自职责。

11.1.4 应根据人员集中、火灾危险性较大和重点部位的实际情况，制定有针对性的灭火救援预案。

11.1.5 预案应包括下列内容：

a) 任何人员发现火灾应立即报警并呼喊附近人员参与灭火救援；

b) 火灾现场或附近区域的人员(不包括老年人)应立即赶往失火地点，在1 min内自发组成灭火救援力量，开展初期火灾的报警、扑救和人员疏散；

c) 消防工作管理部门在接到报警后，应立即启动预案，通知消防队和各职能小组向起火部位集结开展灭火和救援工作；

d) 消防队接到火警通知后，应迅速携带应急装备，向火场集结，在3 min内到达现场进行灭火救援；

e) 通讯、疏散、救护等各个职能小组按照分工，积极开展灭火救援和人员疏散行动；

f) 明确火灾现场通信联络、灭火、疏散、救护、保卫等任务的负责人。规模较大的儿童福利机构应由专门机构负责，组建各职能小组，并明确负责人、组成人员及其职责；

g） 火警处置程序；

h） 应急疏散的组织程序和措施；

i） 扑救初起火灾的程序和措施；

j） 通信联络、安全防护和人员救护的组织与调度程序和保障措施。

11.1.6 当确认发生火灾后，应立即启动灭火救援预案，并同时开展下列工作：

a） 向消防救援机构报火警；

b） 当班人员执行预案中的相应职责；

c） 组织和引导人员疏散，营救被困人员；

d） 使用消火栓等消防器材、设施扑救初起火灾；

e） 派专人接应消防车辆到达火灾现场；

f） 保护火灾现场，维护现场秩序。

11.1.7 应定期组织儿童福利机构人员熟悉灭火救援预案，并通过预案演练，逐步修改完善。

11.2 消防演练

11.2.1 儿童福利机构应至少每半年组织1次消防演练，应动员儿童福利机构人员积极参与。

11.2.2 宜选择人员集中、火灾危险性较大和重点部位作为消防演练的目标，根据实际情况，确定火灾模拟形式。消防演练方案可以报告当地消防救援机构，争取其业务指导。

11.2.3 消防演练时，应在建筑入口等显著位置设置“正在消防演练”的标志牌，进行公告。

11.2.4 消防演练应按照灭火和应急疏散预案实施。

11.2.5 模拟火灾演练中应落实火源及烟气的控制措施，防止造成人员伤害。

11.2.6 演练结束后，应将消防设施恢复到正常运行状态，做好记录，并及时进行总结。

11.2.7 儿童福利机构应定期组织儿童进行火灾逃生、危险情况疏散等方面的模拟演练。

12 火灾事故处置与善后

12.1 确认火灾发生后，起火机构应立即启动灭火和应急疏散预案，通知建筑内所有人员立即疏散，实施初期火灾扑救，并报火警。

12.2 儿童福利机构应明确一定数量的疏散引导员。火灾发生时，疏散引导员应通过喊话、广播等方式，按照灭火和应急疏散预案要求通知、引导火场人员正确逃生。

12.3 儿童福利机构员工应对根据儿童的特点，采取必要的防护措施，尽快转移到安全地点；在人员疏散到安全地点后及时清点，对被疏散出的人员进行安抚。

12.4 火灾发生后，受灾单位应保护火灾现场。消防救援机构划定的警戒范围是火灾现场保护范围；尚未划定时，应将火灾过火范围以及与发生火灾有关的部位划定为火灾现场保护范围。

12.5 未经消防救援机构允许，任何人不应擅自进入火灾现场保护范围内，不应擅自移动火场中的任何物品。

12.6 未经消防救援机构同意，任何人不应擅自清理火灾现场。

12.7 儿童福利机构应接受事故调查，如实提供火灾事故情况，查找有关人员，协助火灾调查。应做好火灾伤亡人员及其亲属的安排、善后事宜。

12.8 火灾调查结束后，儿童福利机构应总结火灾事故教训，改进消防安全管理；相关主管部门宜将火灾事故记录纳入该儿童福利机构的信用评价中。

附 录 A
（资料性附录）
防火巡查要点

A.1 消防车道巡查要点

消防车道巡查要点包括：

a） 是否有违停的各类车辆堵塞消防车道；

b） 车道上空是否有电线电缆、广告标语等影响消防车辆通过；

c） 车道两侧是否有开挖的沟渠、管道井等影响消防车辆通过。

A.2 室外消火栓巡查要点

室外消火栓巡查要点包括：

a） 检查消火栓是否被埋压、圈占、遮挡，栓体有无损坏；

b） 查看出水口是否完好，有无缺盖情况；

c） 检查阀门是否能顺利打开，打开阀门看充实水柱是否达到 GB 50016、GB 50974 的规定；

d） 关闭阀门后看栓体内余水能否通过排水孔顺利排出。

A.3 水泵接合器巡查要点

水泵接合器巡查要点包括：

a） 检查水泵接合器是否被埋压、圈占、遮挡，栓体有无损坏，1.5 m 范围内无障碍物；

b） 出水口是否完好，有无缺盖情况；

c） 区分水泵接合器是连接室内消火栓管网还是喷淋管网；

d） 检查阀门是否能顺利打开。

A.4 室内疏散通道巡查要点

室内疏散通道巡查要点包括：

a） 是否有杂物堆放或明显的凸物影响疏散；

b） 是否有铁栅栏、门等锁闭通道，是否有违规敷设的各类液体或可燃气体管道；

c） 顶层、底层通道是否直通顶楼平台或室外；

d） 通道内应急照明灯、消防安全标志是否完整好用。

A.5 防火门巡查要点

防火门巡查要点包括：

a） 是否有影响防火门关闭的障碍物；

b） 检查防火门标签，检查防火门铰链及合页螺丝是否松动，常闭式防火门是否保持关闭状态；

c） 闭门器、顺序器是否好用，打开常闭式防火门后是否会自行按照顺序关闭；

d） 防火门开启方向是否与疏散方向保持一致，并且不得上锁；
e） 防火门外通道是否保持畅通，有无障碍物阻挡通道出口。

A.6 逃生窗巡查要点

逃生窗巡查要点包括：
a） 是否有影响逃生窗开启的障碍物；
b） 是否被锁闭，是否能顺利开启。

A.7 防火卷帘巡查要点

防火卷帘巡查要点包括：
a） 防火卷帘下方是否违规堆放物品影响关闭，卷帘下降区地面警示标志是否清晰；
b） 防火卷帘两侧的控制按钮是否被遮挡，控制器是否处于无障碍状态；
c） 卷帘导轨是否有变形现象，轨道内无阻碍卷帘下降的障碍物；
d） 分别按下"上行""下行"按钮是否能正常升起下降；
e） 测试防火卷帘的手动拉链，检查防火卷帘的升降功能，且无滑行、撞击现象。

A.8 应急照明设施巡查要点

应急照明设施巡查要点包括：
a） 查看灯具外观是否完整；
b） 拔掉电源插头或按下测试按钮，查看应急照明灯是否点亮。

A.9 室内消火栓巡查要点

室内消火栓巡查要点包括：
a） 检查消火栓箱是否完整，是否能顺利打开，标识是否明显；
b） 查看是否配备水带、水枪及出水口接口是否完好，水带与接口绑扎牢固，无霉变损坏；
c） 将卷盘拉出并打开开关，看是否有水流出；
d） 轻启阀门开关，看是否有水流出。

A.10 灭火器巡查要点

灭火器巡查要点包括：
a） 检查灭火器箱是否被埋压、圈占、遮挡、挪动，箱体有无损坏；
b） 打开箱体，取出灭火器，查看喷射软管、灭火器筒体、保险栓是否完好；
c） 查看干粉灭火器压力指针范围(如在中间绿色部分表示正常，黄色表示压力过高，红色表示压力不足)；
d） 查看年检标签，普通干粉灭火器有效期一般为 1 年至 2 年，筒体有效期为 10 年。

A.11 自动喷水灭火系统巡查要点

自动喷水灭火系统巡查要点包括：

a）洒水喷头不应被遮挡、拆除；
b）报警阀、末端试水装置应有明显标识；
c）系统应保持正常工作状态。

A.12 火灾自动报警系统巡查要点

火灾自动报警系统巡查要点包括：
a）探测器等报警设备不应被遮挡、拆除；
b）不得擅自关闭系统，维护时应落实安全措施；
c）应由具备上岗资格的专门人员操作；
d）系统应保持正常工作状态。

A.13 防排烟系统巡查要点

防排烟系统巡查要点包括：
a）自然排烟外窗不应被遮挡，手动开启装置应灵活；
b）布局调整时，每个防烟分区均应设有排烟口且满足规范要求。

A.14 每日防火巡查

每日防火巡查登记表见表 A.1。

表 A.1 每日防火巡查登记表

编号：

<table>
<tr><td>被检查部门</td><td colspan="4"></td></tr>
<tr><td colspan="5">检查内容和情况记录</td></tr>
<tr><td>防火巡查内容</td><td colspan="4">1. 用火、用电、用油、用气有无违章情况：□有 □无
2. 生产、储存、经营场所与居住场所设置在同一建筑物内：□是 □否
3. 疏散通道、安全出口：□畅通 □堵塞 □锁闭
4. 防火门：□完好有效 □常闭试防火门常开 □损坏
5. 疏散指示标志：□完好有效 □损坏 □缺少
6. 应急照明：□完好有效 □损坏 □缺少
7. 电线乱接乱拉：□是 □否
8. 消火栓：□未设置 □完好有效 □损坏 □缺少
9. 灭火器：□未设置 □完好有效 □失效
10. 其他情况：</td></tr>
<tr><td>站房器材</td><td colspan="4">1. 灭火器是否保持完好有效：□是 □否
2. 个人防护器材是否保持完好有效：□是 □否
3. 通信器材是否保持完好有效：□是 □否</td></tr>
<tr><td>整改时间</td><td colspan="4">上述问题请于　　年　　月　　日前完成整改</td></tr>
<tr><td colspan="2">检查人员（签名）</td><td>年</td><td>月</td><td>日</td></tr>
<tr><td colspan="2">部门主管人员（签名）</td><td>年</td><td>月</td><td>日</td></tr>
</table>

参 考 文 献

[1] GB/T 13869 用电安全导则
[2] GB 50054 低压配电设计规范
[3] GBJ 16 建筑设计防火规范

ICS 03.080.99
A 16

DB54

西藏自治区地方标准

DB54/T 0230—2020

儿童福利机构食品安全管理规范

Specification of food safety management for child welfare institution

2020-07-21 发布　　2020-08-19 实施

西藏自治区市场监督管理局　发布

前　言

本标准按照 GB/T 1.1—2009 给出的规则起草。

本标准由西藏自治区民政厅提出并归口。

本标准起草单位：中国标准化研究院、西藏自治区民政厅、拉萨市民政局、山南市民政局、西藏自治区标准化研究所。

本标准主要起草人：张剑、陈煌、李文武、张莺、魏利伟、李坤威、张荫芬、苏萌、王金安、徐增英、旦增曲珍、次仁央宗、普布卓玛、石维彬、扎西央宗、贡桑卓玛。

儿童福利机构食品安全管理规范

1　范围

本标准规定了儿童福利机构食品安全管理的基本要求、人员要求、过程控制、风险管理、评价改进等内容。

本标准适用于西藏自治区儿童福利机构的食品安全管理和过程控制。

2　规范性引用文件

下列文件对于本文件的应用是必不可少的。凡是注日期的引用文件，仅注日期的版本适用于本文件。凡是不注日期的引用文件，其最新版本（包括所有的修改单）适用于本文件。

GB 2760　食品安全国家标准　食品添加剂使用标准

GB 5749　生活饮用水卫生标准

GB 7718　食品安全国家标准　预包装食品标签通则

GB 13432　食品安全国家标准　预包装特殊膳食用食品标签

GB 14934　食品安全国家标准　消毒餐（饮）具

GB/T 22000　食品安全管理体系　食品链中各类组织的要求

GB 28050　食品安全国家标准　预包装食品营养标签通则

MZ 010　儿童福利机构基本规范

3　术语和定义

GB/T 22000、MZ 010 界定的以及下列术语和定义适用于本文件。

3.1

食品安全　food safety

食品无毒、无害，符合应当有的营养要求，对人体健康不造成任何急性、亚急性或者慢性危害。

3.2

原料　raw material

供加工制作食品所用的一切可食用或者饮用的物质。

3.3

半成品　precooked food

原料经初步或部分加工制作后，尚需进一步加工制作的食品，不包括贮存的已加工制作成成品的食品。

4　基本要求

4.1　应取得餐饮服务许可证，并在就餐场所明显处悬挂。

4.2　应建立健全食品安全管理制度、从业人员健康管理制度、食品安全自查制度、食品进货查验记录制度、原料控制要求、过程控制要求、食品安全事故处置方案等，明确各岗位的食品安全责任，强化过程管理。

4.3 应配备食品安全管理人员。从事餐饮的工作人员应持证上岗，每年进行健康检查。

4.4 应制定餐饮的工作人员健康检查、食品安全培训考核及食品安全自查等计划。餐饮的工作人员应具备食品安全和质量意识，加工制作行为符合食品安全法律法规要求。

4.5 应具有与经营的食品品种、数量相适应的场所、设施、设备，且布局合理。

4.6 食品处理区应设置在室内，并采取有效措施，防止食品在存放和加工制作过程中受到污染。

4.7 应按照原料进入、原料加工制作、半成品加工制作、成品供应的流程合理布局。

4.8 应分开设置原料通道及入口、成品通道及出口、使用后餐饮具的回收通道及入口。

4.9 应定期维护食品加工、贮存等设施、设备；定期清洗、检查保温设施及冷藏、冷冻设施。

4.10 应制定并实施食品、食品添加剂及食品相关产品控制要求，并符合儿童生理健康需求和儿童饮食习惯，不应采购不符合食品安全标准的食品、食品添加剂及食品相关产品。

4.11 应对原料采购至成品提供的全过程实施食品安全管理，并采取有效措施，避免交叉污染。

4.12 应通过透明玻璃窗（或玻璃幕墙）、开放式隔断矮墙、橱窗、监控视频显示、APP（应用程序）、设置参观活动等方式，将餐饮服务关键区域及有关环节进行展示。展示画面应当清晰，符合有关规范建设的要求。

4.13 应在屏幕上或公示区（栏）内公开食品原材料采购信息、从业人员健康情况、食品添加剂使用、食品安全检查及检测、投诉电话等管理信息和食品安全知识宣传等内容。

4.14 应建立健全食品安全管理档案（相关目录可参考附录A）。

5 人员要求

5.1 健康管理

5.1.1 餐饮服务人员应每年进行健康检查，取得健康证明后方可上岗，必要时应进行临时健康检查。

5.1.2 食品安全管理人员应每天对餐饮服务人员上岗前的健康状况进行检查。患有发热、腹泻、咽部炎症等病症及皮肤有伤口或感染的人员，应主动向食品安全管理人员等报告，暂停从事接触直接入口食品的工作，必要时进行临时健康检查，待查明原因并将有碍食品安全的疾病治愈后方可重新上岗。

5.1.3 手部有伤口的餐饮服务人员，使用的创可贴宜颜色鲜明，并及时更换。佩戴一次性手套后，可从事非接触直接入口食品的工作。

5.2 培训

5.2.1 应每年对餐饮服务人员进行一次食品安全培训考核，特定餐饮服务提供者应每半年对其从业人员进行一次食品安全培训考核。

5.2.2 培训考核内容应为有关餐饮食品安全的法律法规知识、基础知识及本机构的食品安全管理制度、加工制作规程等。

5.2.3 培训可采用专题讲座、实际操作、现场演示等方式。考核可采用询问、观察实际操作、答题等方式。

5.2.4 应对培训考核及时评估效果、完善内容、改进方式。

5.3 人员卫生

5.3.1 餐饮服务人员应保持良好的个人卫生。

5.3.2 食品加工人员不应留长指甲、涂指甲油。工作时，应穿清洁的工作服，不应披散头发，佩戴的手表、手镯、手链、手串、戒指、耳环等饰物不应外露。

5.3.3 食品处理区内的工作人员不宜化妆，应戴清洁的工作帽，工作帽应能将头发全部遮盖住。

5.3.4 食品加工人员应在加工制作食品前，洗净手部。加工制作过程中，应保持手部清洁。使用卫生间、用餐、饮水、吸烟等可能会污染手部的活动后，应重新洗净手部。加工制作不同类型的食品原料前，宜重新洗净手部。

5.3.5　专间的工作人员应佩戴清洁的口罩和手套。佩戴手套前应对手部进行清洗消毒。手套应清洁、无破损，符合食品安全要求。手套使用过程中，应定时更换手套。

6　过程控制

6.1　原料采购

6.1.1　应选择具有相关合法资质的供货方。

6.1.2　应建立供货方评价和退出机制，对供货方的食品安全状况等进行评价，将符合食品安全管理要求的列入供货方名录，及时更换不符合要求的供货方。

6.1.3　原料采购时，应查验食品原料供货方的经营资质，查看营业执照、食品流通许可证、检验报告、食品生产许可证。

6.1.4　原料采购时，应选择包装完整、清洁、无破损，标识与内容物一致，食品在保质期内的预包装食品。

6.1.5　原料采购时，应查验检疫证明、食品合格证明和食品标识，食品标识应按 GB 7718、GB 13432 和 GB 28050 的要求。供货方能出示按照产品生产批次符合法定条件的检验机构出具的检验报告或者由供货方签字或者盖章的检验报告复印件食品。

6.1.6　采购进口产品时，应查验进口食品的合法证明，出入境检验检疫部门签发的进口食品卫生证明，所有预包装进口食品应加贴中文标签。

6.2　原料运输

6.2.1　原料运输前，应对运输车辆或容器进行清洁，防止食品受到污染。运输过程中，做好防尘、防水，食品与非食品、不同类型的食品原料(动物性食品、植物性食品、水产品，下同)应分隔，食品包装完整、清洁，防止食品受到污染。

6.2.2　运输食品的车辆或容器的温度、湿度应符合相关食品安全要求。

6.2.3　运输过程中，不应将食品与有毒有害物品混装，运输食品和运输有毒有害物品的车辆不得混用。

6.3　验收

6.3.1　进货查验

6.3.1.1　食品的验收应查验其食品生产许可证、产品合格证明文件和货物清单等。

6.3.1.2　食品添加剂、食品相关产品的验收，应查验其营业执照、产品合格证明文件和货物清单等。

6.3.1.3　从食品销售者(商场、超市、便利店等)采购食品的，应查验其食品经营许可证等；采购食品添加剂、食品相关产品的，应查验其营业执照等。

6.3.1.4　从食用农产品个体生产者直接采购食用农产品的，应查验其有效身份证明。

6.3.1.5　从食用农产品生产企业和农民专业合作经济组织采购食用农产品的，应查验其社会信用代码和产品合格证明文件。

6.3.1.6　从集中交易市场采购食用农产品的，索取并留存市场管理部门或经营者加盖公章(或负责人签字)的购货凭证。

6.3.1.7　采购畜禽肉类的，应查验动物产品检疫合格证明；采购猪肉的，还应查验肉品品质检验合格证明。

6.3.1.8　采购食品、食品添加剂、食品相关产品的，应留存每笔购物或送货凭证。

6.3.1.9　索证索票应实现食品可追溯到生产厂家。索取证票的复印件均应加盖供应商的公章，并能清楚查看有关信息。

6.3.2 入库查验

6.3.2.1 入库前，应查验所购产品索证、包装标识、标准、品质、品种，均应符合食品安全法律等有关规定。

6.3.2.2 入库查验还应包括以下内容：

a) 外观：

1) 预包装食品的包装完整、清洁、无破损，标识与内容物一致；

2) 冷冻食品无解冻后再次冷冻情形；

3) 具有正常的感官性状；

4) 食品标签标识符合相关要求；

5) 食品在保质期内。

b) 温度：

1) 冷藏食品表面温度与标签标识的温度不应超过+3 ℃，冷冻食品表面温度不宜高于−9 ℃；

2) 食品品质有无变质等异常情况。

6.3.3 记录

6.3.3.1 应按照采购食品的品种、进货时间先后顺序，建立采购记录，并保存相关凭证。

6.3.3.2 采购记录(台账)宜建立电子记录。采购记录(台账)应如实记录产品的名称、规格、数量、生产批号、保质期、供应单位名称及联系方式、进货日期等。如每笔送货清单信息齐全的，可不再重新登记记录。

6.3.3.3 记录、票据的保存期限不应少于食品保质期满后 6 个月。

6.3.4 贮存

6.3.4.1 食品储存应有专门的食品库房，库房周围应无污染源，进出食品应有登记，遵循先进、先出、先用的原则。定期清理腐败变质等感官性状异常、超过保质期等的食品原料、食品添加剂、食品相关产品。

6.3.4.2 食品应分区、分架、分类、离墙、离地存放，距离墙壁和地面应在 100 mm 以上。主食、副食和调味品等分类分区域存放，各区域应相对独立。

6.3.4.3 应在散装食品(食用农产品除外)贮存位置处标明食品的名称、生产日期或者生产批号、使用期限等内容，宜使用密闭容器贮存。

6.3.4.4 按照食品安全要求贮存原料。有明确的保存条件和保质期的，应按照保存条件和保质期贮存。

6.3.4.5 保存条件、保质期不明确及开封后的，应根据食品品种、加工制作方式、包装形式等确定适宜的保存条件和保存期限，并应有记录。

6.3.4.6 冷冻贮存食品前，宜分割食品，避免使用时反复解冻、冷冻。

6.3.4.7 冷冻(藏)贮存的食品不宜堆积、挤压。

6.3.4.8 库房应配备专职人员每天打扫、通风换气，检查防蝇防鼠、防蟑螂设施。

6.4 食品加工

6.4.1 一般要求

6.4.1.1 加工制作的食品品种、数量与场所、设施、设备等条件应相匹配。

6.4.1.2 加工制作食品过程中，应采取下列措施，避免食品受到交叉污染：

a) 不同类型的食品原料、不同存在形式的食品(原料、半成品、成品)分开存放，其盛放容器和加工制作工具分类管理、分开使用，定位存放；

b) 接触食品的容器和工具不应直接放置在地面上或者接触不洁物；

c) 食品处理区内不应从事可能污染食品的活动；

d) 不应在辅助区(如卫生间、更衣区等)内加工制作食品、清洗消毒餐饮具；

e) 餐饮服务场所内不应饲养和宰杀禽、畜等动物。

6.4.1.3 加工制作食品过程中，不应存在下列行为：

a) 使用非食品原料加工制作食品；
b) 在食品中添加食品添加剂以外的化学物质和其他可能危害人体健康的物质；
c) 使用超过保质期的食品、食品添加剂；
d) 超范围、超限量使用食品添加剂；
e) 使用腐败变质、油脂酸败、霉变生虫、污秽不洁、混有异物、掺假掺杂或者感官性状异常的食品、食品添加剂；
f) 使用被包装材料、容器、运输工具等污染的食品、食品添加剂；
g) 使用无标签的预包装食品、食品添加剂；
h) 使用国家为防病等特殊需要明令禁止经营的食品；
i) 在食品中添加药品(按照传统既是食品又是中药材的物质除外)；
j) 法律法规禁止的其他加工制作行为。

6.4.1.4 对国家法律法规明令禁止的食品及原料，应拒绝加工制作。

6.4.2 粗加工制作与切配

6.4.2.1 冷冻(藏)食品出库后，应及时加工制作。冷冻食品原料不宜反复解冻、冷冻。

6.4.2.2 应缩短解冻后的高危易腐食品原料在常温下的存放时间，食品原料的表面温度不宜超过 8 ℃。

6.4.2.3 食品原料应洗净后使用。盛放或加工制作不同类型食品原料的工具和容器应分开使用。盛放或加工制作畜肉类原料、禽肉类原料及蛋类原料的工具和容器宜分开使用。

6.4.2.4 使用禽蛋前，应清洗禽蛋的外壳，必要时消毒外壳。破蛋后应单独存放在暂存容器内，确认禽蛋未变质后再合并存放。

6.4.2.5 应及时使用或冷冻(藏)贮存切配好的半成品。

6.4.3 成品加工制作

6.4.3.1 烹调前应检查待加工食品，发现有腐败变质或者其他感官性状异常的，不应进行烹调加工。

6.4.3.2 加工制作用水的水质应符合 GB 5749 的规定。

6.4.3.3 烹调加工操作过程应符合要求，炒、烧食品应勤翻动。块状食品应充分加热，烧熟煮透，食物中心温度应高于 70 ℃。

6.4.3.4 烹调的菜肴应做到色、香、味等感官性状俱佳。

6.4.3.5 应遵照当地的民族、风俗习惯，不同民族特色的食物应分开加工。

6.4.3.6 应按卫生要求规范操作，烹调加工时，操作人员不应对着饭菜咳嗽、打喷嚏，不用手抠鼻，上厕所后应洗手，不用抹布或围裙擦拭菜肴容器。

6.4.3.7 烹制加工好的菜肴，应使用清洁、卫生消毒的餐具容器盛装。

6.4.3.8 烹调后至食用前超过 2 h 存放的食品，应在高于 60 ℃或低于 10 ℃的条件下存放，需要冷藏的熟制品，应在清洁操作区凉透后及时冷藏，并标注加工时间等。

6.4.3.9 隔餐隔夜熟制品、外购熟食品应在食用前充分加热煮透。

6.4.3.10 食品烹饪加工结束后，应清洗各种用烹饪器具，打扫灶台、地面等环境卫生，保持器具、灶台清洁，地面无食渣，废物垃圾入桶。

6.5 食品配送

6.5.1 应使用专用的密闭容器和车辆配送食品，容器的内部结构应便于清洁。

6.5.2 配送前，应清洁运输车辆的车厢和配送容器，盛放成品的容器还应经过消毒。

6.5.3 配送过程中，食品与非食品、不同存在形式的食品应使用容器或独立包装等分隔，盛放容器和包装应严密，防止食品受到污染。

6.5.4 配送过程中，应对食品采取有效防护措施，避免食品受到污染。使用传递设施（如送餐车、食梯等）的，应保持传递设施清洁。

6.5.5 配送过程中，应使用清洁的托盘等工具，配送人员的手部不应直接接触食品。

6.6 食品添加剂管理

6.6.1 应选择 GB 2760 规定的食品添加剂品种、使用范围、使用量，使用食品添加剂。不应采购、贮存、使用亚硝酸盐（包括亚硝酸钠、亚硝酸钾）。

6.6.2 应专柜存放食品添加剂，并标注“食品添加剂”字样。使用容器盛放拆包后的食品添加剂的，应在盛放容器上标明食品添加剂名称，并保留原包装。

6.6.3 应专册记录使用的食品添加剂名称、生产日期或批号、添加的食品品种、添加量、添加时间、操作人员等信息。

6.7 食品相关产品使用

6.7.1 各类工具和容器应有明显的区分标识，可使用颜色、材料、形状、文字等方式进行区分。

6.7.2 工具、容器和设备，宜使用不锈钢材料，不宜使用木质材料。应使用木质材料时，应避免对食品造成污染。盛放热食类食品的容器不宜使用塑料材料。

6.7.3 添加邻苯二甲酸酯类物质制成的塑料制品不应盛装、接触油脂类食品和乙醇含量高于 20％的食品。

6.7.4 不应重复使用一次性用品。

6.8 高危易腐食品冷却

6.8.1 需要冷冻（藏）的熟制半成品或成品，应在熟制后立即冷却。

6.8.2 应在清洁操作区内进行熟制成品的冷却，并在盛放容器上标注加工制作时间等。

6.8.3 冷却时，可采用将食品切成小块、搅拌、冷水浴等措施或者使用专用速冷设备，使食品的中心温度在 2 h 内从 60 ℃降至 21 ℃，再经 2 h 或更短时间降至 8 ℃。

6.9 食品再加热

6.9.1 高危易腐食品熟制后，应在 8 ℃～60 ℃条件下存放 2 h 以上且未发生感官性状变化的，食用前应进行再加热。

6.9.2 剩余食品的冷藏或冷冻应标明放入冰箱时的起始日期，时间且应在 24 h 内再加工使用。

6.9.3 食品再加热时，食品的中心温度应达到 70 ℃以上。

6.9.4 食品不应反复加热，再加热食品只能一次。

6.10 食品留样

6.10.1 每餐次的食品成品应留样。

6.10.2 应将留样食品按照品种分别盛放于清洗消毒后的专用密闭容器内，在专用冷藏设备中冷藏存放 48 h 以上。每个品种的留样量应能满足检验检测需要，且不少于 125 g。

6.10.3 应在盛放留样食品的容器上标注留样食品名称、留样时间（月、日、时），或者标注与留样记录相对应的标识。

6.10.4 应由专人管理留样食品、记录留样情况，记录内容包括留样食品名称、留样时间（月、日、时）、留样人员等。

6.11 餐饮具清洗消毒

6.11.1 餐用具使用后应及时洗净，餐饮具、盛放或接触直接入口食品的容器和工具使用前应消毒。

6.11.2 清洗方法应符合下列要求：

a) 手工方法清洗：

1) 刮掉餐用具表面的食物残渣；

2) 用含洗涤剂的溶液洗净餐用具表面；

3) 用自来水冲去餐用具表面残留的洗涤剂。

b) 洗碗机清洗的，按设备使用说明操作。

6.11.3 消毒方法应符合下列要求：

a) 物理消毒：

1) 蒸汽、煮沸消毒，温度一般控制在 100 ℃，并保持 10 min 以上；

2) 红外线消毒，温度一般控制在 120 ℃以上，并保持 10 min 以上；

3) 洗碗机消毒，消毒温度、时间等应确保消毒效果满足国家相关食品安全标准要求。

b) 化学消毒：

1) 使用含氯消毒剂(不包括二氧化氯消毒剂)的消毒，应按照含氯消毒剂产品说明书标明的要求配制消毒液，消毒液中的有效氯浓度宜在 250 mg/L 以上，将餐用具全部浸入配置好的消毒液中 5 min 以上，用自来水冲去餐用具表面残留的消毒液。

2) 使用二氧化氯消毒剂的消毒，应按照产品说明书标明的要求配制消毒液，消毒液中的有效氯浓度宜在 100 mg/L～150 mg/L，将餐用具全部浸入配置好的消毒液中 10 min～20 min，用自来水冲去餐用具表面残留的消毒液。

6.11.4 保洁方法应符合下列要求：

a) 餐用具清洗或消毒后宜沥干、烘干。使用抹布擦干的，抹布应专用，并经清洗消毒方可使用，防止餐用具受到污染。

b) 消毒后的餐饮具、盛放或接触直接入口食品的容器和工具，应定位存放在专用的密闭保洁设施内，保持清洁。

6.11.5 消毒后的餐饮具、盛放或接触直接入口食品的容器和工具，应符合 GB 14934 的规定。

6.12 废弃物管理

6.12.1 应设置废弃物存放容器。废弃物存放容器与食品加工制作容器应有明显的区分标识。

6.12.2 废弃物存放容器应配有盖子，防止有害生物侵入、不良气味或污水溢出，防止污染食品、水源、地面、食品接触面(包括接触食品的工作台面、工具、容器、包装材料等)。废弃物存放容器的内壁光滑，易于清洁。

6.12.3 在餐饮服务场所外适宜地点，宜设置结构密闭的废弃物临时集中存放设施。

6.12.4 餐厨废弃物应分类放置、及时清理，不应溢出存放容器。餐厨废弃物的存放容器应及时清洁，必要时进行消毒。

6.12.5 应索取并留存餐厨废弃物收运者的资质证明复印件(需加盖收运者公章或由收运者签字)，并与其签订收运合同，明确各自的食品安全责任和义务。

6.12.6 应建立餐厨废弃物处置台账，详细记录餐厨废弃物的处置时间、种类、数量、收运者等信息。

7 风险管理

7.1 危害分析与控制措施

在食品加工经营过程中实施危害分析，查找并控制可能出现的危害，以确保食品安全。应按

GB/T 22000 要求进行危害分析与风险控制。

7.2 防控食品安全事件

7.2.1 应识别和确定单位内部潜在的食品安全事故或紧急情况，预先制定食品安全应急预案。

7.2.2 应定期组织开展食品安全应急演练，以检验其有效性，并对日常管理中有关食品安全应急预案的实施情况进行记录。

7.3 不合格食品

7.3.1 常见不合格食品的判定

常见不合格食品的判定应满足以下要求：

a） 采购原料过期、腐败变质等感官异常；

b） 自制食品超过要求的安全保存时间；

c） 经检验不合格的产品；

d） 其他有碍食品安全的食品。

7.3.2 不合格食品的追溯

7.3.2.1 应建立从原料供应、食品加工制作到用餐者全过程的追溯程序。

7.3.2.2 应建立并保持原料采购验收记录、关键过程加工操作记录、上岗前人员健康检查记录、检验记录及其他必要的记录。

7.3.3 不合格食品处理

7.3.3.1 应建立不合格食品处理管理制度，确保发现食品安全问题时能迅速处理。

7.3.3.2 不合格食品处理时应破坏原包装及性状，并做好记录。

7.4 零食(预包装食品)

7.4.1 零食(预包装食品)的标签应符合 GB 7718 的规定。

7.4.2 应经常检查儿童零食(预包装食品)一类的食品，防止儿童摄入超出保质期、疑似含毒品成分、公认垃圾食品等不良和有害零食。

7.5 用餐者投诉

7.5.1 应建立用餐者投诉制度。

7.5.2 用餐者投诉处理，有可疑不合格食品按 7.3 的要求处理。

8 评价改进

8.1 评价

应依据国家相关法律法规，检查儿童福利机构食品加工经营过程，检查规范落实情况，并给予评估。依据评价结果进行综合评价，对存在不合格情况按 8.2 的要求进行改进。

8.2 改进

8.2.1 需要改进的情形

需要改进的情形包括：

a) 有关法律法规发生变化；
b) 评价过程中发现不符合要求；
c) 食物加工经营品种发生较大变化；
d) 品种与经营规模与原有危害分析不相适应；
e) 其他予以改进的情形。

8.2.2 纠正措施

8.2.2.1 应查找需要改进的原因。

8.2.2.2 及时组织有关人员的岗位培训。

8.2.2.3 及时修订原有风险点并修改有关操作规程。

8.2.2.4 及时对新改进的措施进行更新。

8.2.3 持续改进

8.2.3.1 应持续改进本机构内部管理体系的适宜性、充分性和有效性。

8.2.3.2 通过对内部审核、沟通信息和评价结果分析等，确定是否存在持续改进的需求或机会。

附 录 A
（资料性附录）
儿童福利机构食品安全管理档案目录

A.1 制度建设

儿童福利机构具备：

a） 资质证明：餐饮服务许可证、营业执照（事业单位为组织机构代码证）复印件；

b） 食品加工经营场所设计图纸；

c） 食品安全管理组织机构、单位基本情况介绍；

d） 食品安全管理员责任状、培训合格证明；

e） 本单位食品安全事故应急预案。

儿童福利机构建立相关管理制度，包括：1～18 为集体食堂必备，1～10 为其他餐饮单位必备，11～19 依许可使用范围准备，见表 A.1。

表 A.1 管理制度

序号	管理制度	序号	管理制度	序号	管理制度
1	关键风险点防控制度	8	食品仓储管理制度	15	专间食品安全管理制度
2	食品安全综合检查管理制度	9	食品用设备设施管理制度	16	食品留样制度
3	预防食品安全事故制度	10	投诉管理制度	17	餐厨垃圾管理制度
4	食品安全事故处置预案	11	粗加工管理制度	18	餐厅卫生管理制度
5	从业人员健康及卫生管理制度	12	烹调加工管理制度	19	面食糕点制作管理制度
6	从业人员食品安全知识培训制度	13	餐饮具清洗消毒保洁管理制度		
7	食品采购索证验收管理制度	14	食品添加剂使用管理制度		

注 1：专间包括备餐间、冷荤凉菜间、裱花间、沙律间、生食水产品、集体用餐分装间，可综合使用第 14 项；面点、糕点制作可综合使用第 19 项。

注 2：各餐饮单位参照本表，依据实际许可需要建立健全各项管理制度。

注 3：需使用的管理制度悬挂张贴在食品加工经营相应的功能区内。

A.2 员工管理

员工健康管理一览表（花名册）、健康证复印件、食品安全知识培训内容、记录等。

A.3 信息反馈

量化检查表、现场检查笔录、监督意见书等监管记录、餐具等产品抽检记录、奖罚情况（监管部门的奖罚记录）、下发通知、文件、就餐人员意见反馈。

A.4 质量控制

A.4.1 索证、索票

按要求保存索证、索票，建立适合本单位的《食品进货索证和台账登记本》。

A.4.2 台账记录

如实记录采购产品名称、规格、数量、生产批号、保质期、供货方名称及联系方式、进货日期等内容，或者保留载有上述信息的进货票据可不用另记台账，保存期限不应少于原料使用后的3个月。

A.4.3 管理记录

食品安全综合自查记录、食品留样记录、专间消毒记录、餐具消毒保洁记录、员工健康证及健康检查记录、培训记录、食品添加剂使用记录等。

参　考　文　献

[1]　GB/T 19538　危害分析与关键控制点(HACCP)体系及其应用指南

[2]　GB/T 27306　食品安全体系　餐饮业要求

[3]　餐饮服务食品安全操作规范(市场监管总局关于发布餐饮服务食品安全操作规范的公告〔2018〕12号)

[4]　重大活动餐饮服务食品安全监督管理规范(国食药监食〔2011〕67号)

[5]　餐饮服务食品采购索证索票管理规定(国食药监食〔2011〕178号)

[6]　餐饮服务食品安全监督管理办法(中华人民共和国卫生部令第71号)

[7]　学校食堂与学生集体用餐卫生管理规定(中华人民共和国教育部、中华人民共和国卫生部令第14号)

ICS 03.080.99
A 16

DB54

西藏自治区地方标准

DB54/T 0231—2020

儿童福利机构服务评价与改进

Evaluation and improvement of service for child welfare institution

2020-07-21 发布　　2020-08-19 实施

西藏自治区市场监督管理局　发布

前　言

本标准按照GB/T 1.1—2009给出的规则起草。

本标准由西藏自治区民政厅提出并归口。

本标准起草单位:中国标准化研究院、西藏自治区民政厅、拉萨市民政局、山南市民政局、西藏自治区标准化研究所。

本标准主要起草人:李坤威、刘守华、李文武、张莺、张剑、魏利伟、苏萌、王金安、徐增英、旦增曲珍、次仁央宗、普布卓玛、石维彬、扎西央宗、贡桑卓玛。

儿童福利机构服务评价与改进

1 范围

本标准规定了儿童福利机构服务评价的原则、评价内容、评价方法、评价流程和服务质量改进等。

本标准适用于西藏自治区儿童福利机构服务的评价与改进。

2 规范性引用文件

下列文件对于本文件的应用是必不可少的。凡是注日期的引用文件,仅注日期的版本适用于本文件。凡是不注日期的引用文件,其最新版本(包括所有的修改单)适用于本文件。

GB 2894 安全标志及其使用导则

GB/T 10001.1 公共信息图形符号 第1部分:通用符号

GB/T 10001.9 标志用公共信息图形符号 第9部分:无障碍设施符号

GB 13495.1 消防安全标志 第1部分:标志

GB 15630 消防安全标志设置要求

GB 50340 老年人居住建筑设计规范

GB 50763 无障碍设计规范

3 评价原则

3.1 公正性

评价者应独立、客观、公平地实施评价活动,评价结果不应受实施难度、是否收费等因素影响。

3.2 有效性

评价者应制定科学的评价方案并有效实施,使评价活动能够准确评价服务真实水平,查找出实际问题。

3.3 可靠性

评价者应采集、使用真实、客观的数据;评价结果应客观、准确地反映评价活动情况,无差错、可信赖。

3.4 规范性

评价者应按照评价方案实施评价活动,评价行为应符合评价方案要求,避免错误、减少误差。

4 评价内容

4.1 服务质量评价

服务质量评价包括以下两个方面:

a) 服务质量特性评价:对服务质量的功能性、安全性、时间性、文明性、经济性进行评价;

b) 满意度测评:通过发放调查问卷方式进行服务对象满意度测评。调查的内容应全面反映服务质量要求，调查的范围应尽可能广泛。通过对调查反馈的信息进行统计计算，给出满意度测评结果。

4.2 符合性评价

依据儿童服务相关标准，确认实施过程的各个环节是否达到要求。对于服务设施设备、环境条件、服务流程以及服务质量等方面具有定量指标的标准要求，应采用测量、试验等方法得出定量的数据。标准中的定性规定，可采用比较的方法进行衡量，并给出是否合格的结论。

4.3 服务实施效果评价

应按评价方案确定的反映服务实施效果的指标体系、抽样方案、判定规则进行评价。通过验证、核实指标体系中的各项指标，确定服务实施效果达到的程度，给出相应的结论性意见。

5 评价方法

5.1 文献法：收集人员档案、制度文本、日常工作记录、服务档案等信息。

5.2 观察法：观察服务环境、服务内容、服务方法，以及服务人员与服务对象的互动等。

5.3 问卷法：按照取样比例，收集服务对象满意度和服务成效等信息。

5.4 访谈法：按照访谈提纲，与服务人员以及服务对象进行深度访谈。

6 评价流程

6.1 评价准备

6.1.1 组织准备

6.1.1.1 成立服务评价工作组，并明确其职责、权限。评价工作组人员的数量应视评价工作的复杂程度确定。

6.1.1.2 评价组织应具备下列要求：

a) 应有与开展评价工作相适应的专(兼)职评价人员；

b) 应明确评价人员的职责、权限；

c) 应具有保障评价活动的相关文件。

6.1.2 评价人员

6.1.2.1 评价人员应遵纪守法，恪守职业道德，坚持原则，实事求是、科学公正，具有相应的儿童服务工作经验。

6.1.2.2 评价人员应熟悉儿童服务相关的法律法规、政策和标准，具有相应的标准化知识和相应的专业知识，熟练运用评价方法。

6.1.2.3 评价人员应具备识别服务过程中存在问题的能力，承担不当评价所产生的相应风险责任。

6.1.3 物资准备

应配备必要的测量设备、工具、试验用品以及评价用记录表等。

6.2 确定评价目的

应确定评价活动的目的，并将其作为制定评价方案的依据。

6.3 确定评价范围

应确定评价活动的内容范围，即评价对象参与评价活动的内容。

6.4 确定评价方案

应根据评价目的及评价活动的其他特点制定评价方案，评价方案应包括以下内容：

a) 根据评价目的及评价范围，给出评价工作的总体安排，确定任务分工、实施步骤、时间安排、评价内容、评价方法、评价分值计算要求等。

b) 确定评价方法。对于涉及面广、内容复杂的服务项目，可采用抽样的方式进行，所抽取的指标或事项应反映服务实施的总体情况；对于内容简单或较重要的服务项目，应采取逐项检查的方法。对具体项目可采取测量、过程再现或通过标准实施痕迹（包括各种记录、报告等）检查等方法实施评价。

c) 可根据实际需求在一定范围内公开评价方案或其部分内容。

6.5 评价实施

6.5.1 建立评价指标体系

根据评价目的、评价方案、评价对象特点等，筛选合适的评价指标并进行组合、剪裁、细化，形成评价指标体系。儿童福利机构服务评价指标体系见附录 A。

6.5.2 计算评价分数

根据附录 A 给出的评价指标体系，按照满分 100 分进行计分评价，满足指标说明要求的得分，否则不得分，总分 80 分及以上为合格。

6.5.3 评价结果

评价结果应包含：

a) 评价对象情况；

b) 评价方案（含评价目的、评价范围、评价指标体系、评价方法等）；

c) 评价依据；

d) 评价活动过程；

e) 评价分数及解释；

f) 评价结论及描述；

g) 评价时间；

h) 评价组织和人员情况；

i) 总体结论；

j) 存在问题和处理建议。

6.5.4 评价报告

6.5.4.1 评价结果以评价报告的形式呈现。根据需求，亦可包括工作建议、工作方案、基础数据、过程文件等。

6.5.4.2 评价报告一般应包括评价的依据、评价人员、评价时间、评价简要过程、各分项指标评价结果、总体结论、存在问题和处理建议等内容。

6.5.4.3 评价结果应为书面形式。

7　服务质量改进

7.1　改进依据

儿童福利机构服务质量改进依据主要包括但不限于：

a)　适用的有关儿童服务方针、政策、法律法规、目标；

b)　评价结果提出的改进要求；

c)　与服务有关的科研成果、新技术、新工艺等方面的信息；

d)　其他相关方反馈的意见；

e)　测量、检验、试验报告；

f)　各种记录、报表中反映的数据；

g)　社会反映、领导意识、员工建议。

7.2　改进内容

7.2.1　应根据评价结果给出的不合格项，确定信息来源，分析产生原因，制定纠正和预防措施。

7.2.2　应对不合理的服务过程或管理方式进行调整，并对改进情况进行跟踪。

7.2.3　应定期或不定期的分析服务行为与管理方式的符合性和有效性，不断提高服务质量。

7.2.4　应提升全体人员提高服务质量的意识，防止不合格服务的出现。

附　录　A
（规范性附录）
儿童福利机构服务评价指标体系

儿童福利机构服务评价指标体系表见表A.1。

表A.1　儿童福利机构服务评价指标体系表

评价单元	评价指标	分值	指标说明
服务组织	机构设立	2	持有机构设置批准证书，食品经营许可证书。内设医疗机构时，应持有医疗机构执业许可证书
	合规性	2	符合国家现行的安全、消防、卫生、环境保护、劳动合同等相关法律、法规和标准的规定与要求
	规章制度	2	人员管理、消防安全、食品安全、设施设备安全、服务风险控制、突发事件应急处置等方面的制度建设符合要求
	儿童评估机制	2	建立儿童评估机制，依据评估结果和儿童需求，提供相应的服务
	公开服务项目	1	公开服务项目和内容
服务人员	仪容仪表、着装	1	服务人员着装得体、符合要求，佩戴工牌
	服务行为	1	遵守制度、保守秘密、有效服务符合服务设立流程和要求
	服务态度	2	服务热情礼貌、尊重服务对象
	培训	1	服务人员定期接受包括岗前培训在内的职业培训，培训的频次、内容、覆盖面等能有效支撑儿童服务实施
服务场所	建筑	1	建筑设计布局科学合理，符合GB 50340的要求
	标识系统与展示系统设置	2	公共区域设有明显标志，公共信息图形符号符合GB/T 10001.1和GB/T 10001.9的相关要求。疏散通道、安全出口等区域设置消防安全警示和提示标识，安全标志的设置符合GB 2894、GB 13495.1和GB 15630的规定；信息展示和公开内容齐全、及时，方式合理
	服务环境	2	布局合理，清洁整齐。垃圾收集与处理、绿化、灭蟑灭鼠等按规定处理
	服务设施设备配置	2	服务场所消防设施的维护管理符合GB 25201的相关规定，紧急出口保持畅通；配置无障碍设施与设备；公共卫生设施设置合理，卫生状况良好。有配置儿童所需的基本生活用具和教学用具

表 A.1（续）

评价单元	评价指标	分值	指标说明
安全管理	安全组织和人员	1	有明确的安全管理部门和安全管理人员，有明确的职责分工，人员具有相应岗位的专业资质和技能
	设备设施安全	2	电器、燃气、特种设备、健身器材等设施设备为合格产品，有安全防护装置或安全防护措施，定期进行检查和维护
	消防安全	2	消防设施设备完好有效。定期进行检测、维护和保养。有消防演练、应急疏散和灭火预案
	食品安全	2	食品的采购、储存、运输、加工、制作、配送符合食品安全相关法律法规的要求
	出行与交通安全	2	明确出行安全责任，有效开展交通安全教育与培训活动等
	服务安全	4	做到防窒息、防摔伤、防自伤/互伤、防烫伤、防冻伤、防中毒、防走失和交通伤害等
养育	生活照料	5	有效开展卫生照料、晨/晚间生活照料、睡眠照料、进食照料、饮水照料、排泄照料、更换床上用品的活动
	膳食	5	有效开展食谱的制定，婴幼儿辅食的配置与添加。食品加工原料新鲜、无变质、无毒、无害。加工用的工具、容器、设备清洗、消毒，分类存放
	清洁卫生	5	有效开展居室、公共区域、娱乐设施、玩具、教具卫生清洁的活动
	洗涤	5	有效开展衣服、床上用品、窗帘、门帘和桌椅套的收集、洗涤、晾晒、发放的活动
教育娱乐服务	早期教育	2	有效开展视、触、听、嗅、味觉的感觉器官训练，语言能力培养和运动训练
	学前教育	2	有效开展儿童健康、语言、社会、科学、艺术的启蒙和训练，有效促进幼儿情感、态度、能力、知识、技能的发展
	课外辅导	1	有效指导学习方法，激发学习兴趣，培养正确思维和解决问题能力，完成课堂教学作业
	特殊教育	1	对有特殊需要的儿童进行旨在达到一般和特殊培养目标的教育，发展他们的潜能，获得技能、完善人格，增强社会适应能力
	技能培训	1	定期组织开设实用技术课程，制定培训计划和方案，开展综合社会实践活动

表 A.1（续）

评价单元	评价指标	分值	指标说明
教育娱乐服务	就业指导	1	有效开展技能培训和社会能力训练，做好就业相关准备，如心理准备、知识能力准备、职业素养准备，指导就业面试技巧等
	体育健身	2	有效开展体育活动，如跳绳、毽子、羽毛球、乒乓球、足球、篮球、运动会等，增强儿童体质
	文化娱乐	2	有效开展元旦、春节、藏历新年、五一、六一、国庆等具代表性的节日庆典活动。有效开展阅读图书、书法、绘画、音乐、舞蹈、手工、各种棋类等活动
医疗保健服务	医疗保健	2	有效开展体检、发育评估、疫苗接种、卫生保健、诊疗、巡诊、院前急救、健康教育、建立健康档案等活动
	儿童护理	2	遵医嘱执行护理操作，有效开展常用标本采集，给药治疗等护理工作
	安全防护	2	有效开展常见风险因素（环境、生理、药物、疾病、心理、认知和行为）的评估，采取有效的防控措施
	陪同就医	2	有效开展院外就医、住院陪同等工作
康复服务	康复人员	1	配备具有相关技术资格的康复医师、康复治疗师和护士
	场地和设备	2	康复场地规划满足儿童康复训练需求，且符合GB 50763；康复场所配备满足康复训练的器械和必备的用具
	预评估和评估	1	有效开展康复前的预评估和康复后的评估
	康复治疗	2	制定康复计划，有效开展康复治疗活动，安排康复训练
心理支持/慰藉服务	环境适应	1	帮助新入住的儿童认识和熟悉居室及周边环境，介绍人员、活动场所和服务内容，指导建立和发展新的社会关系网，消除儿童到陌生环境的恐惧感，使儿童尽快适应新环境，融入集体生活
	共情陪伴	1	定期与儿童互动交流，倾听儿童倾诉的问题，帮助儿童建立自信心。发掘儿童潜能，陪伴儿童成长
	情绪疏导	1	运用社会工作的理论与技巧，对心理方面出现问题并希望解决的儿童，了解儿童情绪变化的原因，通过语言、文字、图片、娱乐活动等形式进行疏导交流，引导儿童改变消极认知，建立对生活的积极态度

表 A.1（续）

评价单元	评价指标	分值	指标说明
心理支持/慰藉服务	心理健康辅导	1	指导有心理障碍的儿童，克服障碍、缓解症状、恢复心理平衡
	心理健康教育	1	通过培训、讲座、沟通、座谈、张贴或发放宣传材料等方式，为儿童提供心理指导、情感教育、关系指导，帮助儿童保持健康的心理状态
	心理咨询	1	引导儿童就共同关心的主题进行讨论，观察和分析有关自己和他人的心理与行为反应、情感体验和人际关系，使儿童的不良情绪或行为得以改善
接收安置服务		2	有效开展儿童的接收、评估(综合素质评估、家庭寄养评估等)、安置(家庭寄养、托养、涉外送养)、流转、跟踪等活动
社会工作服务		2	根据儿童的生理、心理特点和成长、发展的需要，运用社会工作的专业方法和技巧对儿童开展的服务。通过接案、预评估、计划、介入、评估、结案等服务流程，协助儿童提升解决问题的能力，恢复、改善及提高儿童社会功能，促进儿童健康成长和全面发展
服务质量控制		10	设置服务质量的检查部门，制定服务质量检查方案、程序和要求，配备专兼职的服务质量检查人员。结合实际情况，抽查相关记录，对发现的问题进行总结分析，提出整改措施，建立投诉处理相关机制，并定期回访

参 考 文 献

[1] GB/T 35966—2018 高技术服务业服务质量评价指南
[2] 儿童福利机构管理办法(民政部令第49号)

附　录
西藏自治区儿童福利机构20项地方标准类别统计表

西藏自治区儿童福利机构20项地方标准包括通用基础类、服务提供类、服务保障类、评价与改进类4类，见附表。

附表

序号	地方标准编号	地方标准名称	标准类别
1	DB54/T 0212—2020	儿童福利机构标准体系建设指南	通用基础类
2	DB54/T 0213—2020	儿童福利机构儿童综合评估规范	服务提供类
3	DB54/T 0214—2020	儿童福利机构出入院管理规范	服务提供类
4	DB54/T 0215—2020	儿童福利机构生活照料服务规范	服务提供类
5	DB54/T 0216—2020	儿童福利机构医疗保健服务规范	服务提供类
6	DB54/T 0217—2020	儿童福利机构康复服务规范	服务提供类
7	DB54/T 0218—2020	儿童福利机构教育服务规范	服务提供类
8	DB54/T 0219—2020	儿童福利机构文娱服务规范	服务提供类
9	DB54/T 0220—2020	儿童福利机构心理慰藉服务规范	服务提供类
10	DB54/T 0221—2020	儿童福利机构环境管理规范	服务保障类
11	DB54/T 0222—2020	儿童福利机构能源管理规范	服务保障类
12	DB54/T 0223—2020	儿童福利机构设施设备及用品管理规范	服务保障类
13	DB54/T 0224—2020	儿童福利机构人员管理规范	服务保障类
14	DB54/T 0225—2020	儿童福利机构档案管理规范	服务保障类
15	DB54/T 0226—2020	儿童福利机构安全管理规范	服务保障类
16	DB54/T 0227—2020	儿童福利机构突发事件应急管理规范	服务保障类
17	DB54/T 0228—2020	儿童福利机构接收捐赠管理规范	服务保障类
18	DB54/T 0229—2020	儿童福利机构消防安全管理规范	服务保障类
19	DB54/T 0230—2020	儿童福利机构食品安全管理规范	服务保障类
20	DB54/T 0231—2020	儿童福利机构服务评价与改进	评价与改进类